Marian Keyes

Bin nur schnell
SCHUHE
KAUFEN...

...KOMME WIEDER,
wenn das WICHTIGE
VORBEI IST

Aus dem Englischen
von Susanne Hoebel

WILHELM HEYNE VERLAG
MÜNCHEN

Die Originalausgabe
MAKING IT UP AS I GO ALONG
erschien bei Michael Joseph, einem Imprint
von Penguin Random House UK

Bei dieser Ausgabe handelt es sich um die Übersetzung des ersten Teils
der oben genannten Originalausgabe: die Kapitel »(Bad) Health And
Beauty«, »What Would Scrooge Do?« und »On My Travels«

MIX
Papier aus verantwor-
tungsvollen Quellen
FSC® C014496

Verlagsgruppe Random House FSC® N001967

Vollständige deutsche Taschenbuchausgabe 2/2017
Copyright © 2016 by Marian Keyes
Copyright © 2017 der deutschsprachigen Ausgabe
by Wilhelm Heyne Verlag
Verlagsgruppe Random House GmbH
Neumarkter Str. 28, 81673 München
Printed in Germany
Umschlaggestaltung: Eisele Grafik · Design, München,
unter Verwendung von © Bigstock (a_bachelorette, Lelene)
Innenillustration: © Shutterstock/Lelene
Satz: Greiner & Reichel, Köln
Druck und Bindung: GGP Media GmbH Pößneck

ISBN 978-3-453-42161-5

www.heyne.de

Für Jonathan

Inhaltsverzeichnis

Vorwort

Hallo und willkommen bei »Bin nur schnell Schuhe kaufen … komme wieder, wenn das Wichtige vorbei ist«.

Dies ist eine Sammlung von autobiografischen Artikeln, die ich im Lauf der letzten neun Jahre geschrieben habe. Manche davon wurden bereits in englischsprachigen Magazinen oder Zeitungen veröffentlicht, etwa im *Irish Tatler* oder der *Marie Claire*. Besonders möchte ich mich beim *Sunday Times Style*-Magazin bedanken, die mir eine regelmäßige Kolumne mit dem Titel »Passen Sie auf Ihren Kopf auf!« gegeben haben.

Andere Stücke dieses Buchs wurden aus meinen monatlichen Newslettern rausgepickt, die ich für meine Website geschrieben habe. Und manche sind – keuch! – noch komplett unveröffentlicht!

Ich habe die verschiedenen Texte bestimmten Themen zugeordnet, wie »Gesundheit und Schönheit« und »Marian auf Reisen«. Sie stehen nicht immer in chronologischer Reihenfolge; ich habe sie eher so zusammengestellt, dass Sie hier und dort immer wieder rein- und rauslesen können, ganz wie Sie wollen. Sie könnten sogar ganz hinten mit der Lektüre anfangen, wenn Sie so eine Art von Teufelskerl sind. Brechen Sie bitte gerne alle Regeln. So oder so hoffe ich, dass Sie die Artikel genießen.

Ich bin meiner Verlegerin Louise Moore und meinen Lektorinnen Maxine Hitchcock und Celine Kelly sehr dankbar, die tonnenweise Rohmaterial gesichtet haben, um diese Sammlung zusammenzustellen. Außerdem muss ich Ihm Selbst danken, der immer mein allererster Leser ist, die Stimme der Vernunft, ein Fels in der Brandung und der beste Kollege der Welt.

Und los geht's!

(Schlechte) Gesundheit und Schönheit

In den letzten Jahren habe ich verschiedene Schönheitskolumnen geschrieben. Wer mir hin und wieder auf Twitter folgt, kennt meine große Liebe: Apotheken. Und weiß außerdem, dass ich mich schlechter Gesundheit »erfreue«. Darum geht es hier.

Der Anfang von allem

Meine Liebe zu Kosmetika reicht Jahrzehnte zurück, und ich mache Mammy Keyes dafür verantwortlich, denn – genau wie alle Töchter es tun – gebe auch ich meiner Mutter (vollkommen zu Unrecht) die Schuld für viele meiner Leiden. Ganz klar also, dass ich ihr auch meine tiefgehende und anhaltende Liebe zu Kosmetika in die Schuhe schiebe. In einer meiner frühesten Erinnerungen sehe ich sie an ihrem Toilettentisch sitzen und mit den Fingern eine komische Flüssigkeit in ihrer Handfläche bearbeiten, bis daraus eine weiße Paste entstand, die sie sich auf das Gesicht strich. »Pflege deine Haut«, sagte sie oft, »dann pflegt sie eines Tages dich.«

Seltsamerweise ereignete sich diese Szene im Irland der Sechziger- und Siebzigerjahre des Zwanzigsten Jahrhunderts, als die katholische Kirche alles kontrollierte und Frauen die Botschaft vermittelte, sie sollten Kinder am Fließband produzieren, sich selbst völlig vernachlässigen, riesige Töpfe voll Kartoffeln kochen und rund um die Uhr Gebete sprechen, während sie auf tiefgefrorenen Erbsen knieten. Ein Wochenende mit den Freundinnen bestand aus zwei Tagen auf Holy Island, wo sie verbranntes Toastbrot aßen, »Gesegnet seist du, Maria« sangen und mit nackten Füßen über spitze Steine gingen.

Eitelkeit war komplett untersagt, und meine Mammy war – und ist auch heute noch – eine fromme Frau. Trotzdem konnte sie an keiner Theke mit Schönheitsprodukten vorübergehen. Nicht dass sie über die Stränge schlug und wie ein Filmsternchen mit künstlichen Wimpern herumlief und mich mit parfümierten Küssen überschüttete und »Schätzchen« nannte, aber sie hatte die Grundprodukte da. Und eines Tages, ich war vielleicht zwölf, cremte ich mir das Gesicht mit ihrer Grundierung ein und war verdutzt – ich sah … also, ich sah FANTASTISCH aus! Meine molkeweiße keltische Haut war leuchtend orange – damals gab es, glaube ich, ein Gesetz, wonach Grundierungscremes in Irland ausschließlich diese Farbe haben durften –, und es galt als chic, sie so aufzutragen, dass sie mit dem Kieferknochen aufhörte, wodurch das Gesicht wie ein orangefarbener Lutscher auf einem weißen Hals aussah.

Verzaubert von meiner eigenen Hübschheit betrachtete ich mich im Spiegel, und mir fiel auf, dass das Weiß meiner Augen noch weißer wirkte und das Grün noch grüner und dass meine schändlichen Sommersprossen ganz verschwunden waren. Die transformative Wirkung von Make-up war nie offensichtlicher gewesen, und da ich mir immer wie ein hässliches kleines Entlein vorgekommen war, schwor ich mir, dass dieses Wunderzeug für immer Teil meines Lebens sein sollte.

Die pekuniären Mittel dazu waren anfangs natürlich ein Problem. Aber zum Glück fiel meine neue Liebe zu Kosmetika mit dem frühen Teenageralter zusammen, in dem Ladendiebstähle an der Tagesordnung sind. So war ich also jeden Samstag bei Woolworth in Dún Laoghaire zu finden, wo ich den einen oder anderen Kajal- oder Lippenstift mitgehen ließ. (Inzwischen bereue ich diese Angelegenheit. Wenn ich sie ungeschehen machen könnte, würde ich das tun, aber so ist das nun mal im Leben: Wir alle machen Dinge, die wir anschließend bereuen, und werden mit Schuldgefühlen bestraft.)

Na ja, genug philosophiert und zurück zum Make-up! Mit siebzehn hatte ich meinen ersten Job, und von dem Tag, als ich meinen ersten Gehaltsscheck bekam, bis zu einem Morgen vor ungefähr drei Monaten habe ich das Haus NIE ohne Grundierung verlassen. Das meine ich ganz ernst. Egal wie müde ich war, egal, wie wenig Geld ich hatte, die Grundierung war meine Brücke zur Außenwelt. Ich hatte ehrlich das Gefühl, ohne Grundierung könnte ich keinem anderen Menschen ins Gesicht blicken. Auch auf eine verlassene Insel würde ich Grundierung mitnehmen, denn ohne Grundierung könnte ich nicht am Strand auf- und abspringen und mein T-Shirt schwenken und laut rufen, damit ein vorbeifahrendes Schiff zu meiner Rettung käme. Stattdessen müsste ich mich hinter einer Kokospalme verstecken, damit die Piraten nicht mein sommersprossiges Gesicht sähen und vor Schreck erstarrten. Was geschah vor ziemlich genau drei Monaten? Ich ließ mein Gesicht mit IPL behandeln, mit dem außerordentlichen Effekt, dass alle meine Sommersprossen verschwanden und meine Haut anschließend – es tut mir leid, wenn ich superprahlerisch klinge – absolut frisch und ebenmäßig wirkte. Offenbar hatte die traumatische IPL-Erfahrung (eine Abkürzung für Intense Pulsed Light, also intensive Lichtstöße) bei meiner Haut tatsächlich die Produktion von Collagen angeregt. Mir war gesagt worden, dass das passieren würde, aber tief in meinem Innern war ich überzeugt, dass jemand, der so etwas verspricht, ein

Lügner ist, weshalb ich völlig überrascht war, als genau das eintrat. Ich weiß, es ist nicht für immer. Irgendwann werde ich die Prozedur wiederholen lassen müssen, und das, obwohl sie a) höchst kostspielig und b) unglaublich schmerzhaft ist. Trotzdem!

In meinen Zwanzigern zog ich nach London und wohnte mit zwei anderen Frauen zusammen. In der Zeit war Lippenstift unabdingbar. Und zwar ausgerechnet Lippenstift von Chanel. Wir hangelten uns von Gehaltsscheck zu Gehaltsscheck, wir borgten Geld und machten Tauschhandel und mussten mit unserem Vorrat an Jacob's Creek haushalten, und trotzdem wollten wir auf Lippenstift von Chanel nicht verzichten. Natürlich in Rot. Weil er uns Macht verlieh, wurde uns gesagt. Wir würden befördert, wenn wir Lippenstift trugen, hieß es. Wir würden die Welt regieren, wenn wir roten Lippenstift trugen. Wir würden ein Haus kaufen und Autofahren lernen und einen Mann finden, wenn wir roten Lippenstift trugen …

Trotz des Lippenstifts ging mein Leben auf Talfahrt, als sich herausstellte, dass ich dem Jacob's Creek zu sehr zugeneigt war und eine Entziehungskur machen musste. (Auch in der Zeit habe ich jeden Tag Grundierung getragen.) Nach sechs Wochen war ich wieder draußen, und mein Leben änderte mit rasanter Geschwindigkeit die Richtung. Ich fing an, ein Buch zu schreiben, schloss einen Vertrag mit einem Verlag, lernte einen reizenden Mann kennen und heiratete – vielleicht hat also der rote Lippenstift auf Umwegen doch seine Wirkung gehabt!

Dann wurde ich eines Tages gebeten, eine Make-up-Kolumne zu schreiben. Und bis heute bin ich überzeugt, dass mir nie etwas Besseres passiert ist. Ich schwör's, es ist die

Wahrheit! Von diesem Moment an flatterten in Luftpolsterumschlägen verpackte Gratissendungen mit Make-up ins Haus. Das erste Päckchen war von Lancôme, zu einer Zeit, als Frauen einander in den Kosmetikabteilungen niedertrampelten, um eine Juicy Tube zu ergattern, und mir wurden drei – DREI – der neuen Farben ins Haus geschickt.

Das Ganze war so aufregend, dass eine Familienkonferenz einberufen wurde. Alle meine Brüder und Schwestern und meine Mam und mein Dad saßen um den Küchentisch und bewunderten das Make-up, und keiner mochte es wirklich glauben, und Dad, der Steuerberater war, rechnete aus, wie viel das alles gekostet hätte, wenn ich dafür hätte bezahlen müssen, und wir STAUNTEN über die Zahl, und meine Mammy wurde ganz aufgeregt, weil sie meinte, an der Sache müsse ein Haken sein. Aber alles in allem war es *einfach fantastisch*!

Mit einem Mal fürchtete ich den Postboten nicht mehr als jemanden, der Rechnungen, seltsame Anfragen und so brachte. Stattdessen wartete ich regelrecht auf ihn. Wenn er klingelte, würde der Tag richtig gut werden, denn meistens brachte er einen der ersehnten Luftpolsterbriefe voller schöner Dinge, die in der Regel zu dick waren, um durch den Briefschlitz zu passen. Und wenn der Mann auch noch so früh vor der Tür stand, immer hüpfte ich fröhlichen Herzens die Treppe hinunter und machte ihm auf. Bald wurde ihm klar, dass er mit mir mehr Arbeit hatte als mit der ganzen restlichen Straße, aber ich konnte mich nur dafür entschuldigen und ihm zu Weihnachten ein ordentliches Trinkgeld geben.

Der Gedanke, dass meine Liebe zu Make-up unvereinbar mit meinem feministischen Anspruch sein könnte, trieb mich eine Weile lang um, aber irgendwann schloss ich damit meinen Frieden.

Aber, wie jeder weiß, alles Gute hat sein Ende. Die Zeitschrift, für die ich meine Kolumne schrieb, wurde eingestellt, und es kamen keine Luftpolsterbriefe mit schönen Dingen mehr. (Auch zehn Jahre später spüre ich bei dem Gedanken an diesen Verlust noch einen stechenden Schmerz in der Brust.) Aber natürlich blieb mein leidenschaftliches Interesse an allen Dingen, die mit Schönheit zu tun haben, bestehen und regt sich immer dann besonders, wenn etwas »Neues und Aufregendes« angekündigt wird.

Allerdings bin ich weder eine professionelle Kosmetikerin noch ein Make-up-Artist. Ich bin lediglich eine begeisterte Amateurin – eine über die Maßen begeisterte Amateurin, die immerhin gelegentlich eigene Erkenntnisse gewonnen hat. Haben Sie zufällig schon einmal von dem »Lippenstift-Index« gehört, wonach während einer Rezession der Verkauf von Lippenstift in die Höhe geht, weil Frauen ihr Geld nicht mehr für teure Dinge wie Schuhe und Handtaschen ausgeben, sondern sich auf erschwingliche Erwerbungen wie Lippenstift verlegen.

Inzwischen ist dieser Index vom »Nagellack-Index« überholt worden. Und wissen Sie, was mich umwirft? Ich habe das vorausgesehen. Ich wusste, dass es so kommen würde, weil ich es an meinem eigenen Verhalten beobachtet habe: Ich fing an, die Rimmel-Stände abzuklappern und zwei oder drei Nagellacke in auffallenden Farben zu kaufen – alles für unter zehn Pfund. Leider habe ich niemanden außer Ihn Selbst in meine Theorie eingeweiht. Ich könnte mich dafür treten, dass ich es nicht wie David McWilliams gemacht und einen gelehrten Artikel für die *Sunday Business Post* geschrieben habe, denn dann würde man *mich* jetzt als die neue irische Wirtschaftsweise begrüßen, aber klar, so ist das eben.

Erstmals veröffentlicht im *Irish Tatler*, November 2014.

Wimpernverlängerung

Augenwimpern. So hübsch. Je mehr, desto besser, danke schön. Seit Jahren suche ich regelmäßig den Kosmetiksalon auf und beobachtete dabei die umwerfende Wirkung von künstlichen Wimpern, konnte mich aber nie überwinden, sie selbst zu benutzen.

Dann hörte ich eines Tages von Wimpernverlängerung: künstliche Wimpern, die eine nach der anderen an die eigenen Wimpern geklebt werden und so lange dran bleiben, bis die eigenen Wimpern von selbst abfallen. Nie wieder Wimperntusche. Stattdessen ununterbrochene, ganztägige Hübschheit mit dunklen Wimpern. Das klang wie eine Fantasterei.

Ich ging also hin – es ist schon einige Jahre her – und legte mich auf eine Liege und zu meiner Bestürzung waren die künstlichen Wimpern anschließend so schwer, dass sie meine Augenlider nach unten zogen, und in den Tagen danach sagten mir mehrere Menschen, dass ich wie Salman Rushdie aussehe.

Außerdem fühlte ich mich »zwinkerig«. Immer, wenn ich zwinkerte (und ich stellte fest, dass ich oft zwinkerte), fühlte es sich wie in Zeitlupe an. Und was noch schlimmer war – die Wimpern waren hart und irgendwie störrisch, sodass ich nachts von einem Kratzen an meinem Kissen aufwachte, und wenn ich beim Schlafen auf den Wimpern lag, waren sie beim Aufwachen in seltsame geometrische Formen gebogen.

Und dann – das passierte nach wenigen Tagen – fingen sie an auszufallen, zusammen mit meinen eigenen Wimpern, und schon bald waren meine Augenlider nackt. Das war eine schlimme Erfahrung, und ich dachte: »Na gut, wir lernen ständig dazu.«

Ungefähr neun Monate später beschloss ich, es noch einmal zu versuchen. Ich ging in einen anderen Kosmetiksalon, wo sie entzückende leichte Wimpern benutzten – und danach hatte ich weder schwere Augenlider, noch zwinkerte ich in Zeitlupe, und außer Salman Rushdie selbst sah niemand wie Salman Rushdie aus.

Ich kann gar nicht ausdrücken, wie wunderbar ich mich fühlte. Die Wirkung war umwerfend: Die langen Wimpern veränderten die Form meines Gesichts und meine Augen »stachen hervor«. (Aber in einem positiven Sinne.)

Kurzum, mit Wimpernverlängerungen sieht man fantastisch aus. Man wacht auf und sieht fantastisch aus. Man geht schlafen und sieht immer noch fantastisch aus. Man kann schwimmen gehen und sogar dabei fantastisch aussehen. Es sieht nicht so aus, als würde man falsche Wimpern tragen – besonders wenn man Seidenwimpern nimmt, die teurer sind; man sieht aus, als hätte man tolle lange, natürliche Wimpern, nur mit weit größerer Strahlwirkung, als man sie mit der tollsten Wimperntusche je hinkriegen würde.

Doch große Macht bringt große Verantwortung mit sich, und es ist absolut keine Kleinigkeit, für halb-permanente künstliche Augenwimpern sorgen zu müssen. Sie sind nämlich nervöse Biester, die rund um die Uhr unter großer Anspannung stehen. Man darf sie beispielsweise überhaupt nicht berühren, weil sie sich so leicht aufregen, und wenn sie sich aufregen, verlassen sie einen, und das ist unangenehmer, als ich es zu beschreiben vermag.

Sich die Augen zu schminken wird ebenfalls schwierig. Noch schwieriger ist es, die Schminke wieder zu entfernen. Um den Lidstrich anzubringen, musste ich einen ganz langen Schminkpinsel benutzen und winzige, außerordentlich zarte Pinselstriche machen.

Kennen Sie das Spiel, bei dem man mit einem metallischen Stift eine enge Bahn nachfahren muss, ohne die elektrisch geladenen Ränder zu berühren? (Nennt man das Dr. Bibber?) So ist das mit dem Lidstrich. Es erfordert *intensivste* Konzentration.

Das Abschminken war noch nervenaufreibender. Dazu benutzte ich ein Wattestäbchen, das ich in eine ölfreie Abschminkflüssigkeit getaucht hatte, und wenn ich versehentlich an die künstlichen Wimpern kam, musste ich rufen: »Tut mir leid! Tut mir wirklich leid!«

Um ehrlich zu sein: Das Leben mit Wimpernverlängerungen war wie das Leben in einer schlechten Beziehung.

Nach ein paar Runden mit Acrylwimpern stieg ich zu Seidenwimpern auf – teurer, aber noch leichter, dazu dunkel und dicht. Ich verliebte mich noch mehr.

Es heißt, die Verlängerungen halten »ungefähr sechs Wochen«, aber das ist natürlich gelogen. Selbst bei zartester Pflege fangen sie nach drei Wochen an auszufallen und reißen die eigenen Wimpern mit. Und jede verlorene Wimper ist wie ein kleiner Tod.

Ich füllte die Lücken mit Mascara, der abends entfernt werden musste, was den Verlängerungen nicht behagte, so dass sie schneller und schneller ausfielen – und lange bevor die sechs Wochen um waren, stand ich wieder im Kosmetiksalon und verlangte eine Erneuerung.

Die Tage vor dem Termin waren die schlimmsten. Ich fühlte mich total entblößt und hatte Angst, man würde mich mit Rufen wie »Nacktauge« verspotten.

Demütig und wimpernlos zwinkernd betrat ich den Salon – und nach zwei Stunden wankte ich hinaus und klapperte mit meinen fabelhaften Augenlidern in alle Richtungen, dass die Flugzeuge von ihren Routen abkamen und die Mülltonnen auf der Straße in Bewegung gerieten und miteinander kollidierten, und fühlte mich wie die mächtigste Frau der Welt.

Ich war süchtig nach den Verlängerungen und konnte mir nicht vorstellen, ohne sie zu leben. Aber es gibt da einen Haken: Nach sechs Monaten soll man die Verlängerungen aussetzen, weil man den eigenen Wimpern Sonnenlicht und Sauerstoff und so weiter entzieht.

Aber als die sechs Monate um waren, war mir klar, dass ich AUF GAR KEINEN FALL aufhören konnte. Also fing ich an – wie die Süchtige, die ich in Wirklichkeit bin – zu lügen und zu betrügen. Ich ging in verschiedene Salons, so wie ich früher, in meiner Trinkerphase, in verschiedene Spirituosenhandlungen gegangen war, damit niemand das Ausmaß meiner Sucht erkannte. Wenn die Kosmetikerin mich fragte, seit wann ich Verlängerungen benutzte, antwortete ich mit gekonntem Zögern: »Mhm, mal sehen, vielleicht … so ungefähr … was weiß ich, seit vier Monaten?« Während ich sie in Wirklichkeit *seit anderthalb Jahren* machen ließ.

Aber nach zwei Jahren brach alles um mich herum zusammen. Ich ging damals zu einer Kosmetikerin, die mich in meiner Sucht unterstützte – sie wusste, dass ich log, machte aber mit. Eines Tages war sie nicht da, stattdessen wurde ich von ihrer Vertretung empfangen, und diese Neue stürzte sich auf mich!

Sie entfernte den Mascara und die wenigen Verlängerungen, die sich noch daran festklammerten, und zwang mich dann, mir meine eigenen Wimpern genau anzusehen – ich war entsetzt. Da waren nur noch matte braune Stummel. »Sie müssen damit aufhören«, sagte sie. Sie weigerte sich, mich zu bedienen.

Dann schickte sie mich nach Hause, mit einer Tube Rapid-Lash-Irgendwas und der Anweisung, die Creme zweimal täglich aufzutragen. Sie sagte, ich müsse einen Wimpernverlängerungsentzug machen.

Es war ein schlimmer, schlimmer Moment: Ich war tief gesunken, mein Spiel war aufgeflogen. Ich würde sehr, sehr lange auf Augenwimpernverlängerungen verzichten müssen.

Ich tröstete mich mit bitteren Gedanken, die der Kosmetikerin galten, und heckte Pläne aus, wie ich möglichst schnell wieder an meine Verlängerungen kommen könnte, aber nach einer gewissen Zeit gewöhnte ich mich daran, normale Augenwimpern zu haben. Und es fühlte sich an, als wäre eine Bürde von mir genommen. Es war sehr, sehr anstrengend gewesen, das Leben eines Menschen mit Wimpernverlängerungssucht zu führen – und jetzt war ich davon befreit. Ich wollte nicht befreit werden, aber jetzt, da ich frei war, gefiel es mir.

Und wie es aussieht, habe ich keine Pläne, die Sucht in naher Zukunft wieder aufzunehmen.

Erste Veröffentlichung im *Irish Tatler*, November 2014.

Kunstbräune

Ach du lieber Gott, es ist schon wieder so weit. Jedes Jahr, wenn der Schnee schmilzt und die Osterglocken zu blühen anfangen und es wärmer wird, bricht mir nichts, dir nichts, die Zeit der Kunstbräune an. Oder der Selbstbräune. Oder der sonnenlosen Bräune. Wie immer man es nennt, der Geruch ist immer der gleiche.

Auf den ersten Blick ist Selbstbräuner für Menschen wie mich ein Geschenk des Himmels, denn Sonnenbaden war noch nie mein Ding. Gibt es etwas Langweiligeres als ruhig zu liegen, während einem der Schweiß über die Kopfhaut läuft, dazu noch stillschweigend, weil die begeisterten Sonnenanbeter, mit denen man in Urlaub gefahren ist, der Überzeugung sind, ein Gespräch würde die Wirkkraft der Sonnenstrahlen zunichtemachen? Für mich nicht. Außerdem hat Sonnenbaden bei mir keinen Sinn, weil meine Haut (bin ich die Einzige?) an verschiedenen Stellen meines Körpers ganz unterschiedlich reagiert. Bräune hat bei mir folgendes Aussehen: Füße – golden, Bauch – mahagoni, Schienbeine – thunfischrosa. Gesicht – blauweiß, in der Mitte eine große, rote, sich pellende Clownsnase. Nach zwei Wochen in der Sonne sehe ich aus wie eine Patchworkdecke.

Dennoch weigere ich mich, mich dem Unvermeidlichen zu beugen und bei meiner natürlichen Milchflaschenblässe

zu bleiben. Man könnte also denken, ich wäre von Kunst-
bräunungsmitteln begeistert. Aber alles hat seinen Preis,
und es lässt sich kaum sagen, was daran das Schlimmste ist:

1. der schreckliche Geruch
2. der Fluch der orange gefärbten Hand
3. die Batikfersen
4. die Stunde nackten Herumtanzens, während ich warte,
   dass das Zeug trocknet
5. die bernsteinfarbenen Flecken auf meinem Laken, die
   durch nichts zu entfernen sind
6. alles zusammen

Wenn ich noch einmal auf den Geruch zurückkommen darf.
Als ich mich zum ersten Mal selbst »behandelte«, ging ich
danach zu Bett und wachte mitten in der Nacht von einem
unerträglichen Geruch auf. War das der Teufel? Dem ging
doch angeblich ein schrecklicher Fäkaliengeruch voraus. Vor
Angst zitternd linste ich über die Bettdecke, in Erwartung,
kohlerote Augen und einen gespaltenen Schwanz zu erbli-
cken, nur um schließlich zu entdecken, dass der Atem be-
klemmende Gestank von meiner eigenen, frisch gebräunten
Person kam. In den letzten Jahren haben Kosmetikfirmen
sich Mühe gegeben, etwas gegen den Gestank zu unternehmen, und manche Marken behaupten, sie haben einen »angenehmen Duft«. Und das stimmt, sie haben einen angenehmen Duft, aber – und das ist ganz wichtig – der ist nur
eine Beigabe zu dem höchst unangenehmen Geruch, der das
Markenzeichen aller Selbstbräunungsmittel ist.

Was die Anwendung von Selbstbräunungsmitteln angeht, muss ich gestehen, dass ich keinen Fehler, den man bei
der Anwendung machen kann, ausgelassen habe.

Erster Fehler: Ich hatte es eilig und war der Meinung, dass eine dicke Schicht die gleiche Wirkung hätte wie mehrere dünne, die man nacheinander aufträgt. Das Ergebnis? Mein ganzer Körper sah aus, als wäre er gebatikt worden, und ich konnte eine Woche das Haus nicht verlassen.

Zweiter Fehler: Ich vergaß, mir nach der »Anwendung« die Hände gründlich zu waschen, sodass meine Handflächen hinterher von einem grässlichen, grellen Orangerot waren. Hätte ich sie gen Himmel gereckt, man hätte sie vom Weltall aus sehen können. Immerhin lernte ich aus diesem tragischen Fehler meine Lektion: OP-Handschuhe. Sie bewahren mich nicht nur vor orangen Handflächen, sondern wenn ich sie überstreife, verschaffen sie mir auch einen kleinen Lebensrettermoment: Schwester Keyes steht bereit.

Dritter Fehler: Ich wollte es richtig machen. Ich trug hauchdünne Schichten auf und ließ zwischen den Vorgängen reichlich Zeit zum Trocknen. Nur dass dieser Vorgang fast zu einer Art Obsession wurde, die mein Leben zu bestimmen begann. Ich trug die erste Schicht auf und tanzte im Zimmer herum, während ich wartete, dass sie trocknete, dann trug ich eine zweite Schicht auf und tanzte wieder, und als die Farbe immer noch nicht durchkam, trug ich eine dritte Schicht auf. Beim Tanzen schwenkte ich sogar einen langen roten Schal über meinem Kopf. Irgendwann war das Ergebnis der Bräunungsprozedur nebensächlich: Allein das Tun zählte (und ist das nicht schließlich genau der Rat, den Lebenshilfegurus uns immer mitgeben?).

Dann kam Er Selbst ins Zimmer und rief: »Herr im Himmel!« Ich dachte, es sei mein Tanzstil, und blieb sofort stehen und war verlegen wegen des Schals. »Guck dich mal an«, sagte er. »Guck doch mal.«

Ich betrachtete mich also, und statt golden zu schimmern, wie ich es erwartet hatte, bot ich von oben bis unten den Anblick von billigem Mahagonifurnier; wahrscheinlich überzog die sogar meine inneren Organe. Wieder konnte ich eine Woche lang das Haus nicht verlassen. Schließlich will man nicht die Kränkung erleiden, dass Wildfremde auf der Straße hinter einem herrufen: »Und wer hat das Bräunungsmittel aus der Flasche getrunken?«

Vierter Fehler: die Schlammbehandlung, die ich von einer Kosmetikerin in einem Kosmetiksalon vornehmen ließ. Beim ersten Mal entdeckte ich erst, nachdem ich von oben bis unten damit zugekleistert war, dass das Zeug bis zum nächsten Morgen draufbleiben musste.

»Klar, heute Abend sehen Sie beschissen aus«, sagte die Kosmetikerin, »aber morgen sind Sie überall fabelhaft braun.«

»Gut, gut«, sagte ich mit piepsiger Stimme.

Sie bemerkte meine Verstörtheit. »Wollten Sie heute Abend etwa ausgehen?«

»Nein, eigentlich nicht.« Es ist der Geburtstag meiner Mutter.

Im Restaurant erregte ich einiges Aufsehen. Und als wäre der Geruch nicht schon schlimm genug, fielen Brocken des Schlamms, der sich schwarz und grün verfärbt hatte, von meinem Gesicht ins Essen.

Ich frage mich also: Lohnt sich das alles? Oder werde ich mich dieses Jahr endlich mit meiner blauweißen irischen Haut abfinden? … Vielleicht.

Bisher unveröffentlicht.

Hautpflege

Zum ersten Mal seit Jahren mache ich eine strenge Hautpflege-»Diät« – das heißt, ich benutze nur eine Marke, eine einzige Marke für alles: Make-up-Entferner, Toner, Nachtserum, Augencreme, Tagesserum, Tageslotion. Ich nehme eine französische Marke namens Payot. Zu dieser Maßnahme hat mich die reizende Mihaela überredet, die in meinem Salon Pretty Nails Pretty Face arbeitet. Denn tatsächlich habe ich mir unter den verschiedenen Marken jahrelang nur die Rosinen rausgepickt, die mich jeweils gerade ansprachen.

Ich würde die Marke Payot unbedingt empfehlen – meine Haut sieht gut aus, fühlt sich gut an, und die Produkte sind zwar teuer, kosten aber kein Vermögen. Trotzdem, Freundinnen, ich kann das nicht. Ich tauge nicht zur Hautpflege-Monogamie.

Wenn meine Payot-Produkte zur Neige gehen – und ich hoffe, das wird bald der Fall sein, denn ich *langweile mich ohne Ende* –, ziehe ich weiter. So bin ich nun mal.

Wäre ich ein Mann und Hautpflegemarken wären Frauen, würde ich jede mit einem sexy Knurren warnen: »Verlieb dich nicht in mich, Baby, ich breche dir nur das Herz.«

Ich kann nicht treu sein. Ich werde nie treu sein. Jede neue Marke, die ich entdecke, erregt meine Neugier – und es gibt so viele. Der Markt ist völlig überflutet, und alle kämpfen um meine Aufmerksamkeit und mein Geld, und ich will jede einzelne davon besitzen.

Die ganze Angelegenheit ist höchst kompliziert, aber ich will versuchen zu erklären, wie ich sie empfinde.

Also, das größte Versprechen fast aller Pflegekosmetikhersteller ist ein jugendliches Aussehen. Als Feministin habe ich tiefreichende Einwände gegen eine Aussage wie: »Verehrte Damen, Sie müssen für alle Zeiten jung bleiben«, aber in den letzten Jahren sind auch Männer mit dieser Botschaft behelligt worden. Nicht, dass ich glaube, das macht es fairer oder leichter; es bedeutet einfach, dass die Bürde, jung auszusehen, für alle schwerer wird.

Es geht um die Frage, wie die Wirkung einer Gesichtscreme je bewiesen werden kann. Die meisten Marken werben ja mit Slogans dieser Art: »81 Prozent der Benutzerinnen haben einen Rückgang bei den feinen Fältchen beobachtet« und: »78 Prozent haben eine stärkere Resistenz festgestellt« etc. Aber erst wenn ich sterbe, werden diese Behauptungen bewiesen werden können. Dann nämlich, wenn Gott eine jünger aussehende Version von mir hervorholt und sagt: »Das ist das Gesicht, das du gehabt hättest, wenn du an jedem Tag deines Lebens die Marke XY benutzt hättest. Aber nein! Trotz der ganzen Werbebilder von reizenden, leuchtenden Frauen, die sich mit Zeitlupenwasser besprengen, hast du eine minderwertige Marke gewählt, und deshalb siehst du jetzt so aus. Du dummes Ding!«

Ich weiß, teure Hautpflegeprodukte können nicht verhindern, dass ich alt werde und sterbe, trotzdem reagiere ich mit starken Emotionen auf sie. Ich LIEBE Hautpflegeprodukte. Manchmal, wenn ich durch die Kosmetikabteilung eines Kaufhauses gehe, habe ich einen komischen Geschmack im Mund, ich bekomme Durst und habe das Gefühl, gleich ohnmächtig zu werden.

Die Fläschchen und Töpfchen erreichen mich auf einer primitiven Ebene und umgehen den rationalen Teil meines Gehirns – wenn es lediglich um die Wirksamkeit einer Gesichtscreme ginge, warum reagiere ich dann so stark auf Verpackung, Farbe, Geruch und die jeweilige »Story«? Was macht es für einen Unterschied, ob bei einer Creme ein kleiner Keramiklöffel liegt oder eine Pipette wie im Labor, oder ob die Dose einen metallischen Deckel hat? Oder ob sie aus Zutaten besteht, die ausschließlich um Mitternacht bei Vollmond von nackten Menschen gepflückt wurden, die dabei einen verrückten Tanz aufführten?

Nur um zu zeigen, wie schlimm es um mich steht: Als ich in Florenz war, fand ich ein Glas Nachtcreme von der Officina Profumo Farmaceutica di Santa Maria Novella viel aufregender als Michelangelos *David*. In dieser Farmacia brauchten sie nur Begriffe wie »Mönche«, »Heilkräuter«, »Salbe« und »die älteste Apotheke der Welt« zu erwähnen, und ich war völlig entrückt.

Aber jetzt sitze ich hier mit einem halb vollen Glas Payot-Creme (die wirklich ausgezeichnet ist) und fühle mich wie ein Pferd, das am Zaumzeug zerrt, denn ich will etwas Neues ausprobieren, weshalb ich gleichzeitig ein schlechtes Gewissen habe. Und das macht mich defensiv, sodass ich jedes Mal, wenn ich an das Glas gehe, mehr nehme als nötig und dabei ungeduldig ausrufe: »Hör auf, mich so vorwurfsvoll anzusehen, und sieh zu, dass du leer wirst!«

Erste Veröffentlichung in der *Daily Mail Plus*, August 2013.

Nägel

Darf ich frei und offen mit Ihnen über Nägel sprechen? Gut! Danke! Es ist nämlich so, dass ich immer schon sehr hässliche Hände hatte. Meine Finger sind kurz und stummelig, meine Knöchel haben mich immer an ET's Gesicht erinnert, und was die Nägel angeht – davon wollen wir gar nicht erst reden! Ich spreche nicht abwertend von mir in der Hoffnung, dass Sie mich dann mögen, sondern ich habe wirklich hässliche Nägel, und sie haben mir das Leben schwer gemacht.

Meine Nägel sind sehr kurz und brechen ab, sobald sie auch nur einen Millimeter gewachsen sind. Jeder einzelne Nagel hat eine andere Form. Ich bin wie eine Sammlung von gemischten Nägeln, bei der man von zehn verschiedenen Sorten jeweils ein Exemplar zum Ausprobieren bekommt. Der Zeigefingernagel an meiner rechten Hand ist mit Abstand mein bester Nagel: Er sieht normal aus, hat eine gute Nagelform, er wächst und bricht nicht so leicht. Noch heute erinnere ich mich sehnsüchtig an den Sommer des Guten Fingernagels. (Damals war ich zwölf.)

Um meine Nägel zu stärken, versuchte ich, jeden Tag einen Becher Wackelpudding zu essen, aber a) glaube ich, die stärkende Wirkung von Gelatine ist ein Ammenmärchen, und b) konnte ich es nicht bei einem Becher belassen und verzehrte jedes Mal die ganze Sechserpackung.

Ich habe mich also im Großen und Ganzen nicht viel um meine Fingernägel gekümmert. Selbst an meinem Hochzeitstag habe ich mir keine Maniküre gegönnt! Ich bin einfach mit meinen nackten, schiefgeschnittenen Fingernägeln vor den Altar getreten, und obwohl ich möglichst nichts in meinem Leben bedauern möchte, wäre dies doch ein Bedauern wert.

Aber ich liebe Farben und ich liebe Nagellack, weswegen ich mir immer die Fußnägel lackiert habe. Meinen Fingernägeln aber habe ich den Lack zur Strafe nur von Weitem gezeigt und gesagt: »Hübsch, was? Aber ihr kriegt keinen!«

Dann fing ich an, zu meiner Freundin Helen Cosgrove zur Fußpflege zu gehen. Sie lackierte meine Fußnägel in einer tollen Farbe und bestand darauf, auch meine Fingernägel zu lackieren, obwohl ich das verhindern wollte und ausrief: »Nein, Helen, nein! Sie haben es nicht verdient. Bring sie nicht auf falsche Ideen!«

Aber schon nach kurzer Zeit gefiel es mir sehr, lackierte Fingernägel zu haben – ich mag die Farben einfach. Sie haben eine enorme Wirkung auf meine Stimmung. Sie muntern mich kolossal auf. Wenn meine Fingernägel lackiert sind, habe ich das Gefühl, bunte Fruchtdrops wären an meinen Fingernägeln befestigt. Hübsche Nägel machen mich zutiefst glücklich. (Wenn ich mich dazu aufraffen kann, meine Dankbarkeitsliste aufzustellen – eigentlich soll ich das jeden Abend machen, aber ich schaffe es, um ehrlich zu sein, nur ungefähr einmal in der Woche –, kommen lackierte Nägel unbedingt darauf vor. Man muss sich eine Freude machen, wo immer man kann.)

Eines Tages schenkte Helen mir ein Fläschchen fliederfarbenen Nagellack, das war meine Einstiegsdroge …

Ich fing an, Nagellack zu kaufen. Ständig und überall, wie das bei einer Obsession nun eben mal ist. Bald war ich – und bin es bis heute – sehr angetan von den Rimmel-Lacken. Die Firma bietet eine große Farbpalette, und zusätzlich zu den Rosa- und Rottönen gibt es eine Reihe scharfe, wegweisende Farbtöne – kürzlich habe ich einen gelben Lack aus dem Sortiment gekauft. Und das Tollste an Rimmel ist – die Nagellacke kosten so gut wie nichts.

Dann fand ich eine *noch billigere Marke*. In meiner Apotheke, wo ich wegen diverser Gebrechen einen guten Teil meines Lebens verbringe, entdeckte ich die Marke Essence. Ich erstand den hübschesten Glitzerlilalack, den man sich denken kann, für sage und schreibe einen Euro und neunundsiebzig Cent!

An dieser Stelle muss ich wegen einer anderen Geschichte abschweifen, wenn Sie mir bitte folgen würden. Vor ungefähr einem Jahr fing ich mit Shellac und/oder Gelish-Lack an (was nahezu das Gleiche ist). Bestimmt kennen Sie die bereits, aber falls nicht – diese Sorte Lack verspricht eine »Zwei-Wochen-Maniküre«, manchmal sogar eine »Drei-Wochen-Maniküre«, und das kann ich voll bestätigen. In einer Welt voller Werbeslogans und damit verbundener furchtbarer Enttäuschungen war das für mich ein ÜBER-WÄLTIGENDER Erfolg.

Ich gehe einfach zu Elena und Mihaela bei Pretty Nails Pretty Face in Stillorgan, und sie pinseln mir eine chemische Flüssigkeit auf die Nägel, halten meine Hände für dreißig Sekunden unter eine LED-Lampe, lackieren die Nägel dann mit einer tollen Farbe und halten meine Hände wieder unter die Lampe. Und die Nägel sind im Nu trocken!

Mir bleibt also endlich die nervige Warterei im Salon erspart, wo ich doch nur im Weg bin. (Bei Fingernägeln ist es ja nicht so schlimm, aber meine Vorstellung von Hölle ist die Zeit, die ich warten muss, bis meine lackierten Zehennägel trocken sind und ich endlich meine Socken und Stiefel anziehen und mit meinem Leben weitermachen kann. Es ist die Vorhölle. Panik steigt in mir auf, während die Minuten langsam verticken – zwanzig Minuten, dreißig Minuten –, und ich darf immer noch nicht gehen. Bis ich schließlich aufspringe, mir meine Socken schnappe und rufe: »Sie sind fertig. Ganz trocken! Lassen Sie mich bitte gehen, danke! Bis in drei Wochen, aber ich muss jetzt gehen, weil ich einfach muss. Sie brauchen nicht zu überprüfen, ob die Nägel trocken sind, ich bin eine Frau und halte Wort. Wiedersehen.« Natürlich sind die Nägel NICHT trocken, und ich halte NICHT Wort, und die Webstruktur meiner Socken drückt sich in den noch feuchten Lack auf meinen Zehen; aber hätte ich auch nur einen Moment länger gewartet, wäre ich explodiert. Ich weiß, ich sollte mir Flipflops besorgen, aber ich lebe in Irland, und in Flipflops würde ich Eisfüße bekommen.)

Also, Gelish oder Shellac oder Artistic Colour Gloss und andere Produkte dieser Art sind ein Wunder. Sie splittern nicht (nur wenn man Pech hat und mit dem Nagel irgendwo gegenschlägt, kann sich ein Splitter Shellac lösen). Es gibt bereits eine breite Palette von Farben, die konstant erweitert wird, einschließlich Blau- und Lila- und Türkistönen unter anderen herrlichen Farben. Und das Beste ist, dass darunter meine eigenen Nägel wachsen – der harte Schutz von Gelish oder Shellac verhindert, dass meine Nägel brechen –, und zum ersten Mal in meinem Leben sind sie lang, und meine Finger fühlen sich schlank und elegant an. (Lange Nägel sind für die Hände, was hohe Absätze für die Füße sind.)

Natürlich fragte ich mich, wo der Haken war. Es gibt immer einen Haken. Und da waren auch schon die Warnungen, dass meine eigenen Nägel kaputtgehen würden. Aber die waren sowieso hässlich, die konnten nicht noch *mehr* kaputtgehen. Ich hatte nichts zu verlieren.

Andererseits! Wenn man seine Nägel mit Gelish behandelte, hat man drei Wochen lang jeden Tag dieselbe Farbe, und da muss ich Ihnen etwas anvertrauen … ich fing an, mich zu langweilen. Überall um mich herum gab es wunderbare Nagellacke, die mir zuflüsterten: »Kauf mich, trag mich«, und ich musste sie mit ausgestreckter Hand zurückschieben wie Wonder Woman und sagen: »Das geht nicht. Ich bin jetzt auf einem anderen Pfad durchs Leben. Ich hänge der Gelish-Schrägstrich-Shellac-Lösung an. Hört auf, mich zu versuchen, denn ich bin schwach …«

Doch dann hatte ich die Idee! Eine wunderbare Lösung, die ich – wenn ich mich mal als Superangeberin geben darf – ganz allein erfunden habe. Jetzt benutze ich nämlich Gelish mit klarem Lack! Genau, so habe ich kräftige, lange Nägel ohne Furchen – und die Möglichkeit, alle zwei Tage die Farbe zu wechseln. Das heißt, ich lackiere mir meine Nägel jetzt selber, und obwohl ich es nicht so perfekt wie die Kosmetikerin kann, ist es für mich gut genug. Solange ich einen Nagellackentferner ohne Aceton benutze, beschädige ich nicht das Gelish darunter, wenn ich die Farben wechseln will.

Unterdessen habe ich Rimmel und Essence erwähnt, aber darf ich zu Ihnen auch von Barry M sprechen? Im Vereinigten Königreich kennt jeder Barry M, aber in Irland gibt es das, glaube ich, nicht, und als ich die Marke eines Tages in einem Drogeriemarkt in Saffron Walden entdeckte (wo meine Schwiegereltern leben), erlitt ich einen kleinen

Schwächeanfall und wäre beinah mitten im Laden umgefallen. Die Farben! Die Glitzereffekte! Die niedrigen Preise!

Außerdem gibt es noch die Marke Illamasqua! Meine Güte, ich sage Ihnen, die meinen es wirklich ernst mit Nägeln. Sie bieten sogar einen Lack an, der eine »gummiartige« Oberfläche verspricht und den ich sehr gern ausprobieren möchte. Außerdem ist bei mir endlich auch mein fliederfarbener Illamasqua Speckle eingetroffen (keine Ahnung, was mit der Post los war, die Sendung war einen Monat unterwegs) – also der Lack mit der Wachtelei-Optik –, und er ist merkwürdig und wunderschön, und ich finde ihn großartig.

Und darf ich bitte noch einen weiteren Nagellack erwähnen? Er heißt Vapor und ist von dem stets fabelhaften Tom Ford. Er ist perlweiß – ja! Weiß! Das zuweilen silbrig wirkt und auf gebräunten Händen und Füßen ganz außergewöhnlich aussehen wird. Er ist … so anders. Sein Anblick hat mich fast umgeworfen: »Aber natürlich. Warum ist bisher niemand darauf gekommen?«

Neulich Abend nahm ich sechs Lacke zu meiner Mutter mit, um ihr die Nägel zu lackieren. Sie war völlig perplex angesichts des Gelbs von Rimmel. Völlig *perplex*. Sie konnte sich nicht VORSTELLEN, dass Menschen sich die Nägel in dieser Farbe lackieren. »Aber ich bin alt«, sagte sie. »Was weiß ich schon.« Sie überlegte hin und her, erwog den Speckle von Illamasqua, der sie offensichtlich interessierte. Aber am Schluss entschied sie sich für den Tom Ford! »Du hast einen ausgezeichneten Geschmack«, versicherte ich ihr. »Zeitschriftenbosse und berühmte Menschen werden in diesem Sommer diese Farbe tragen.«

»Meinst du wirklich?«, fragte sie und war dem Anschein

nach sehr beeindruckt. »Sag mir noch mal, wie er heißt«, bat sie, »damit ich meiner Bridge-Runde davon erzählen kann.« Sie schrieb »Tim Vard Nagellack« auf einen Zettel und steckte ihn in ihre Handtasche, um am Bridge-Tisch ein bisschen prahlen zu können. Ich sagte, sie habe den Namen falsch geschrieben, aber sie meinte, das sei nicht wichtig, ihre Bridge-Runde wäre trotzdem beeindruckt.

Vielen Dank, liebe Freunde. All das lag mir auf dem Herzen und wollte nach draußen. Ich musste unbedingt endlich einmal darüber reden und danke euch, dass ihr mir das ermöglicht habt. Abschließend sollten noch ein paar wenige Punkte erwähnt werden. Erster Punkt: Meine Schwäche für farbig lackierte Fingernägel ist nicht unvereinbar mit meiner Haltung als Feministin. Zweiter Punkt: BITTE gebt niemals Geld aus, das ihr nicht habt, sei es für Nagellack oder andere Kosmetikprodukte. Dritter Punkt: Ich werde von niemandem bezahlt. Wenn ich mich voller Begeisterung über ein Produkt auslasse, dann deshalb, weil ich darin verliebt bin. Damit will ich sagen: Ihr könnt mir vertrauen.

mariankeyes.com, April 2013

Mein Chanel-Nagellack-Museum

Ich erzähle Ihnen jetzt von meinem Chanel-Nagellack-Museum. Schon mein Leben lang hatte ich ein ausgeprägtes Faible für Chanel – allerdings nicht für die Kostüme und die auf Figur geschnittenen Kleider, denn leider bin ich absolut nicht dieser Typ Frau, sondern für die Kosmetika. Selbst in jungen Jahren, als ich absolut pleite war, habe ich immer (wie ich bereits berichtete) Lippenstift von Chanel benutzt. Da war etwas an dem schlanken Stift mit den ineinander verschränkten Cs, das mein Leben über seine beklagenswerte Wirklichkeit erhob, in der ich die Miete für Rotwein ausgab, mein Kleiderschrank nur eine Tür hatte und der Mieter über mir sich jede Nacht um zwei Uhr Woks an die Füße schnallte und Stepptanz übte, laut genug, um die Toten zu wecken.

Im Laufe der Zeit wurden meine Lebensumstände besser, sodass ich mich anderen Produkten aus dem Werk Chanels zuwenden konnte, besonders den Grundierungscremes; Nagellack allerdings stand wegen meiner enttäuschenden Fingernägel nicht auf meiner Wunschliste (wie im vorangehenden Artikel beschrieben).

Aber eines Tages im November befand ich mich im New Yorker Kaufhaus Henri Bendel an der Fifth Avenue und bekam dort solche Zustände, dass ich dachte, mir würde der

Kopf platzen, und die Welt rundherum wirkte auf mich wie eine rauchende, postapokalyptische Landschaft.

Aber plötzlich entdeckte ich etwas, das so exquisit war, dass mir fast die Augen aus dem Kopf fielen – es war Nagellack. Er stand allein auf einem Sockel und erstrahlte in grün-blauer Schönheit und mit einer Leuchtkraft, die den ganzen Planeten in Licht tauchen konnte.

Sie kennen den Ausdruck »sich auf etwas stürzen«, um auszudrücken, dass man etwas unbedingt haben will? Also, ich habe mich buchstäblich auf diesen Nagellack gestürzt. Ich habe mich mit meinem ganzen Körper darübergeworfen, als wollte ich ein Kind vor einem Kugelhagel beschützen, aus Angst, dass jemand anders vor mir zur Stelle sein könnte.

In einem Gespräch mit einer Verkäuferin erfuhr ich, dass es sich bei dem Wunderding um eine limitierte Edition von Chanel Nagellack mit dem Namen Nouvelle Vague handelte, und Er Selbst war so erleichtert zu sehen, dass etwas meine Neugier erregt und mich aus meinem schlimmen Zustand befreit hatte, dass er mir den Nagellack kaufte. Fortan war ich in den Klauen einer neuen Sucht gefangen.

Ich habe alle möglichen Süchte: Alkohol, Zucker, Twitter, Schlafen, Kartons oder Kassetten, Geld ausgeben … wahrscheinlich könnte ich eine Papiertüten-Sucht entwickeln, wenn ich mich ein bisschen anstrengte (weiße? Braune? Gemusterte? Mit Tragegriffen? Ohne? Flache? Oder mit faltbarem Boden?).

Sucht wird oft als die Krankheit nach Mehr beschrieben, denn wenn wir etwas Lustvolles erleben, schüttet unser Gehirn das Hormon Dopamin – auch Glückshormon genannt – aus. Wenn Sie also wie ich eine Süchtige sind und etwas finden, das Ihnen Freude macht, dann wollen Sie die Erfahrung wiederholen, in der Hoffnung, dass immer mehr von dem Glückshormon produziert wird.

Kurzum, ich brauchte mehr Chanel-Nagellacke, und zum Glück halfen mir meine Familie und Freunde. Jedes Fläschchen stand für ein Ereignis: Meine Mammy schenkte mir Vendetta, weil ich die Milchrechnung für sie bezahlte, als sie mit Lungenentzündung im Krankenhaus lag; Rita-Anne kaufte mir Azure, als Dank, dass ich auf ihre Kinder aufpasste; Caitríona kaufte Atmosphere am Flughafen in Rom, weil sie nach New York zurückflog und ich nach Dublin, und wer konnte wissen, wann wir uns wiedersehen würden?

Ich verbrachte und verbringe unanständig viel Zeit bei eBay auf der Suche nach limitierten Editionen, die es nicht mehr gibt und die selten wie Goldstaub sind. Allerdings musste ich bei meiner ersten (und einzigen) Auktion einen bösen Schlag hinnehmen, bei der ich Skyline (aus der Bleu Illusion Collection, aber das wussten Sie wahrscheinlich) ersteigern wollte. Ich steigerte über Twitter mit und dachte schon, ich hätte den Zuschlag bekommen – als ich im allerletzten Moment überboten wurde (buchstäblich im allerletzten Moment: Erst später erfuhr ich, was es mit Angriffen aus dem Hinterhalt und ähnlichen Praktiken auf sich hat). Ich schleppte mich also davon und mache seitdem meinen Liebsten unmissverständliche Andeutungen über die Lacke, die nicht mehr im Handel sind, die ich aber unbedingt haben möchte.

Natürlich treffen fortwährend neue Produkte in den Parfümerien ein. Und da passierte mir im Mai 2015 etwas Unglaubliches. Ich schrieb seit gut einem Jahr eine Schönheitskolumne für den *Irish Tatler* und hatte seither sehr viele

Salben gegen Fußpilz und Reinigungsmilch gegen Akne zugeschickt bekommen, aber nie etwas von Chanel. Eines Morgens, ich war bei der Arbeit, klingelte es an der Tür, und Er Selbst ging hin. Ich hörte ihn die Treppe raufkommen und dachte, er würde mir gleich eine Sendung mit Schuppenshampoo oder etwas anderes Unaufregendes bringen. Aber als er das Zimmer betrat, war sein Gesicht aschfahl, und auf meine Frage, warum er unter Schock zu stehen schien, hielt er wortlos eine kleine schwarze Papptüte mit Kordeln in die Höhe. Eine kleine schwarze Papptüte, auf der CHANEL stand.

»… Nein …«, stotterte ich mit blutleeren Lippen.

»Doch«, sagte er. »Doch.«

»Schnell!«, befahl ich mit Gummilippen, die mir kaum gehorchen wollten. »Schnell, zeig mir, was drin ist!«

Wir rissen gleichzeitig an der Tüte, und heraus fielen VIER FLÄSCHCHEN CHANEL NAGELLACK!!! Ja! Die Sommer 2015 Méditerranée Collection, und selbst heute noch durchflutet mich ein warmes und glückliches Gefühl, wenn ich an die schönen Farben zurückdenke! Wir waren außer uns vor Aufregung und sprangen im Zimmer herum, und ich rief: »ICH EXISTIERE!« (Was ich genau damit meinte, weiß ich nicht mehr, vermutlich so etwas wie: Da Chanel mich seines Nagellacks würdig erachtete, fühlte ich mich als Mensch bestätigt.)

Dann klingelte es noch einmal! Er Selbst und ich wechselten verstörte Blicke.

»Ist der Chanel-Mann zurück? Will er seinen Nagellack wiederhaben?«

»Mist«, entfuhr es Ihm Selbst. »Vielleicht war die Sendung für Liz.«

Sie müssen nämlich verstehen, dass meine Nachbarin Liz durch einen bizarren Zufall Herausgeberin des Schönheitsteils einer Zeitschrift ist, eine echte Vollzeit-Herausgeberin, nicht eine begeisterte Amateurin, wie ich es bin, und sie kriegt HAUFENWEISE fabelhafte Produkte, das weiß ich, weil wir manchmal Pakete für sie annehmen.

»Mach nicht auf«, sagte ich.

»Genau, ich mach nicht auf«, sagte er.

»Ich geb sie nicht zurück«, sagte ich. »Das kann ich nicht.«

»Genau, du gibst sie nicht zurück«, sagte er. »Wer hat, hat Recht. Wir verbarrikadieren uns hier und lassen niemanden rein.«

Wie sich herausstellte, war der Nagellack tatsächlich für mich. Aber die Tatsache, dass ich bereit war, dafür gegen das Gesetz zu verstoßen, demonstriert anschaulich, wie die Gier nach Chanel mir den Kopf verdreht.

Im Laufe der Jahre habe ich auf verschiedenste Weisen eine ziemlich umfangreiche Sammlung zusammengetragen, aber – und hier trennen sich unsere Wege möglicherweise – ich benutze sie nur ganz selten: Sie sind viel zu kostbar, und ich habe Angst, sie aufzubrauchen. Mein Vergnügen besteht darin, sie einfach anzusehen.

Aber dieser Umgang mit den Lacken war mir immer etwas peinlich. Bis Er Selbst vorschlug, ich solle meine Einstellung auf den Kopf stellen und die Fläschchen als kostbare *objets* (französisches Wort) betrachten, nicht als nützliche Verschönerungsmittel. Das war ein Eureka-Moment, und nur wenig später fiel das Wort »Museum« zum ersten Mal.

Das Museum ist in einer Handtasche untergebracht (nicht in einer von Chanel, diese Art Frau bin ich wie gesagt nicht), die unten in meinem Kleiderschrank steht. Zur Zeit befinden sich um die vierzig Exponate darin. (Stimmt nicht, das ist gelogen, aber ein Süchtiger versucht immer seine Sucht kleinzureden.)

Wenn ich eine meiner Anwandlungen habe, möchte ich mit meiner Ausstellung am liebsten auf Tour gehen und sie im ganzen Land in Gemeindehallen präsentieren, damit alle an der Schönheit teilhaben können. Jeder Nagellack würde auf einer geschickt beleuchteten Säule stehen, mit einer kurzen Beschreibung der Herkunft darunter. Und auf meinem Sterbebett werde ich die Sammlung dem irischen Volk vermachen. Oder dem Victoria & Albert Museum. Noch weiß ich es nicht.

Wenn die kleinen Töchter meiner Freundinnen und Freunde zu Besuch kommen, bedrängen sie mich stets, ihnen das Museum zu zeigen. Dann hole ich die Handtasche hervor, bringe ein paar ausgewählte zum Vorschein und erkläre mit ehrfurchtsvoller Stimme wie eine Museumsführerin: »Das ist ein seltenes Blau vom Sommer 2013, dessen außergewöhnlicher Ton euch bestimmt gefällt.« Aber sie entreißen mir mit gierigen kleinen Händen die Objekte und nehmen sie aus den Kartons und dann – dann! – bestehen sie darauf, sie *auszuprobieren!*

Und bevor ich weiß, was geschieht, werden die Flaschen auf den Kopf gedreht, wird auf den Kartons herumgetrampelt, bis ich den Mädchen die Lacke entreiße und sie anfahre: »Genug für heute.« Mit hoher Stimme füge ich hinzu: »Hör auf zu weinen, Felicity. Das Museum schließt jetzt. Dafür gehen wir und spielen Bingo.«

Manche Menschen gehen in eine Kunstausstellung, wenn ihnen nach einem Schub Schönheit zumute ist, für andere sind es fein angelegte Gärten, aber ich kann Ihnen sagen, ich habe viele glückliche, überglückliche Stunden mit meinen Lacken zugebracht, indem ich sie, manchmal nach Farben geordnet, auf meinem Bett aufbaute oder mit ihnen eine Szene aus Westside Story nachstellte, bei der ein rosa Lack sich in einen orangefarbenen verliebt. Ich erlebe große Freudenmomente, wenn ich einen neuen Lack bekomme und anschließend im David-Attenborough-Stil auf Instagram dokumentiere, wie sich der Neuankömmling in die Herde zu integrieren versucht.

Ja, wir alle suchen unser Vergnügen, wo wir können.

Erstmals veröffentlicht in der *Sunday Times Style*. April 2015.

Haare an den Beinen

Problemhaartag. Ich spreche nicht von meinem Kopf. Ich spreche von meinen Beinen. Schlimm, oh ja, schlimm. Wie schlimm? Also, die Beharung ist so, dass ich, wenn ich in einem warmen Land geboren wäre, sagen wir Australien, bei der ersten Gelegenheit hätte auswandern müssen. Wie hätte ich überleben können in einem Land, wo die Menschen dauerhaft Shorts tragen müssen? Wenn ich nicht blickdichte Strumpfhosen tragen und die Schande – ja, Schande – meiner haarigen Beine verbergen könnte, könnte ich das Haus nicht verlassen. Ich habe also großes Glück gehabt, dass ich in einem kalten, regnerischen Land geboren bin.

Aber manchmal – zum Beispiel an den zwei Tagen, die den irischen Sommer ausmachen, oder wenn ich das Pech habe, an einen Ort mit warmem Klima zu reisen – muss ich mich mit meiner haarigen Beschaffenheit auseinandersetzen.

Und so komme ich auf Waxing. Ja. Ganz wunderbar. Es tut weh, aber es ist wunderbar. Immer, wenn ich vom Waxing komme, habe ich einen tänzelnden Schritt, ich fühle mich leicht und befreit und würde mich am liebsten mit frohem Gesicht im Kreise drehen.

Jedoch ist Waxing von einer solchen Wolke an Fehlinformation umgeben, dass es an eine Verschwörung grenzt.

Wen man auch fragt, wie lange einem die glatte Haut vergönnt sein wird, jeder versichert einem, dass wunderbare sechs Wochen der Haarlosigkeit vor einem liegen. Das ist eine krasse Lüge! Niemals sind es sechs Wochen. Bei mir nicht. Sobald ich wieder zu Hause bin, beobachte ich meine Beine mit Argusaugen, ich patrouilliere sie sogar mit den Fingern. Mit etwas Glück habe ich gerade mal eine haarlose Woche, bevor die vorwitzigen Haarspitzen wieder zum Vorschein kommen. Manchmal kann ich sie, das würde ich schwören, beim Wachsen *beobachten* – wie jener reizende Moment, wenn das Küken die Eierschale aufbricht. Und was kann ich dann tun? Dann bin ich halb behaart: genug Haare, um wieder die blickdichten Strumpfhosen anzuziehen, nicht genug Haare, dass sich ein neues Waxing lohnen würde.

Wo wir schon dabei sind: Hier ist noch eine Lüge, nämlich dass die Haare weniger und weicher werden, je öfter man ein Waxing macht. Das tun sie nämlich nicht. Nicht bei mir. Ich lasse mir seit zwanzig Jahren die Haare an den Beinen entfernen, und sie sind so üppig und kräftig wie eh und je.

Und rasieren? Strengstens verboten! Rasieren macht das »Gute« des Waxing kaputt. Es gibt Kosmetikerinnen, die sagen, kein Wunder, dass die Haare an meinen Beinen nicht weniger werden, wenn ich die Beine abwechselnd rasiere und mit Wachs enthaare. Aber manchmal habe ich keine Wahl! Ich kam zum Waxing – flehte um eine Behandlung – und musste mit derselben leichten Behaarung wie vorher wieder gehen, weil, wie man mir sagte, die Haare »zu kurz« waren. Was sollte ich tun?

Aber selbst wenn ich die Beine scharf rasiere, sehen sie danach aus wie der Kiefer eines sexy Mannes … leicht bläulich … mit Stoppeln unmittelbar unter der Haut, wo sie nur auf ihren Moment warten. Und der kommt ungefähr eine halbe Stunde später. Hässliche kleine Borsten, die sich herausschieben, wie etwas aus einem Horrorfilm, und noch das enge Gewebe meiner blickdichten Strumpfhose durchbohren. Und manchmal, bei niedriger Den-Stärke, verursachen sie sogar Laufmaschen.

Eine gute Freundin (sie war bereit, mit mir zu sprechen, unter der Bedingung, dass ich sie nicht namentlich nenne) hat sich die Haare an den Beinen mit Laser entfernen lassen. »Laser« ist ein hübsches Wort. Es kling modern und sauber und weckt den Gedanken an *Star Trek*. Dabei bedeutet es in Wirklichkeit verbrennen, und nach allem, was ich darüber gehört habe, ist es schlimmer als eine Geburt.

Meine ungenannte Freundin sagte, sie habe sich vor Schmerz beinahe übergeben, obwohl es ihr gelungen war, eine narkotisierende Salbe aufzutreiben. Damit nicht genug, bei der Prozedur wurde ihr Knie so intensiv behandelt, dass eine Narbe blieb, die dann ihrerseits weggelasert wurde.

Außerdem ist eine Laserbehandlung teuer. Und zeitaufwendig: Erst heißt es, man brauche nur eine Sitzung (Lügner, Lügner, allesamt Lügner). Dabei ist es wie bei einer Therapie – man muss sich über viele Monate hinweg darauf einlassen.

Was wäre, wenn ich zugeben würde, dass mir nicht nur die Haare an meinen Beinen Sorgen machen? Wenn ich … sagen wir mal … zugeben würde, dass da … Haare auf meinem Steißbein sind? Nur mal theoretisch. Wären andere Frauen dann dankbar? Würden sie sagen: »Danke, dass Sie unsere geheime Schande ausgesprochen haben, junge Frau mit haarigem Rücken«?

Aber selbst wenn sie das täten, was würden sie damit meinen? Ich vermute, es wäre wie bei Tom Cruise in *Jerry Maguire*, als er das Manifest aufsetzt, in dem er seinen Arbeitsplatz kritisiert. Alle applaudieren ihm und sagen: »Klasse, Mann! Danke, dass du das Unsagbare gesagt hast.« Und, wie geht es weiter? Genau. Am nächsten Tag wird er entlassen.

Frauen haben nicht behaart zu sein – von den Haaren auf dem Kopf und um die Augen abgesehen, die lang und voll und glänzend sein sollen. In diesen Körperregionen sollen wir sehr haarig sein, aber darüber hinaus ganz haarlos (bei Augenbrauen kann ein Zugeständnis gemacht werden, solange sie geordnet sind und sich zu verhalten wissen).

Warum? Warum ist Haar in einer Region gut und in einer anderen sehr, sehr schlecht? (Weil Pflege und Behandlung der gewollten wie ungewollten Haare Frauen an den Rand der Erschöpfung bringen und derart demoralisieren, dass sie keine Energie mehr haben, sich um eine Beförderung zu bemühen? Oder kennen Sie Männer, die ihre Zeit und ihr Geld und viel Sorge darauf verwenden, gegen Problemhaartage anzugehen? Ich meine ja nur …)

Wäre es nicht fantastisch, wenn wir uns um all das nicht zu sorgen brauchten? Wenn wir gemeinsam beschlössen, stolz und behaart in die Zukunft zu schreiten? Wir würden sehr viel Zeit sparen. Und Geld. Und Energie. Und uns Sorgen ersparen. Wäre das nicht fantastisch?

Erstmals veröffentlicht in der *Marie Claire*, August 2006.

Laserbehandlung

Ich habe mir die Haare an den Beinen weglasern lassen, und es war ein Riesenerfolg! Bis dahin hatte ich die haarigsten Beine in christlichen Landen. Wie oft habe ich Leute getroffen, die sagten: »Oh, ich wette, meine Beine sind haariger als deine, meine sind wirklich STARK behaart«, und wenn ich ihnen meine wolligen Beine zeigte, schluckten sie, machten einen Schritt rückwärts und sagten: »Ach so, verstehe …«

Jahrzehntelang habe ich Waxing gemacht, aber das bedeutet, dass man die ganze Zeit damit beschäftigt ist, die Wirkung zu erhalten, denn ungefähr zwanzig Minuten nach der Behandlung fangen die Haare wieder an zu wachsen.

Also beschloss ich, sie lasern zu lassen. Fairerweise muss ich zugeben, dass man mich gewarnt hatte, eine Behandlung würde nicht ausreichen. Aber selbst nach der ersten Behandlung war die Wirkung schon ÜBERWÄLTIGEND, ein großer Kahlschlag. Ich kann gar nicht ausdrücken, wie überrascht ich war, denn normalerweise wirkt bei mir NICHTS – keine künstliche Bräune, kein Restylane, selbst automatische Türen nicht. (Oft muss ich auf dem Sensor vor der Tür herumhüpfen, bevor er mich bemerkt.)

Laser dagegen funktionierte. Aber Himmel, die Schmerzen. Zugegeben, ich bin wehleidig, das Waxing der Beine allerdings habe ich nie als besonders schmerzhaft erlebt – im Gegenteil, zum Erstaunen der Kosmetikerinnen finde ich es entspannend, weshalb sie mich für ungewöhnlich halten; und das bin ich, aber nicht in der Hinsicht, wie sie es meinen. Jedenfalls war ich deshalb vor meinem Laser-Test ganz zuversichtlich – und wurde innerhalb weniger Sekunden eines Besseren belehrt. Es war extrem unangenehm, als würde man immer wieder versengt, und noch lange danach fühlte ich mich zittrig, und mir war übel.

Ich ging also ins Internet und fand eine fragwürdige Site, die Emla (eine Betäubungscreme) ohne Rezept anbot. Ich gab meine Adresse und meine Kreditkartennummer ein und war gespannt, ob ich einem Riesenschwindel aufgesessen war.

Ungefähr zehn Tage später kam ein großer Karton, eine echte KISTE, meine Lieben, vollbeladen mit Riesentuben Emla. Meine Freude war übergroß.

Nur Er Selbst empfand keine übergroße Freude, denn er ist von Natur aus vorsichtig. »Tuben, du hast recht«, sagte er, »und riesige dazu, zugegeben, und viele, und draußen auf der Tube steht Emla, aber vielleicht ist nicht Emla drinnen, sondern nur irgendeine nutzlose Creme, die nichts bewirkt.«

Aber ich hatte Vertrauen. Auch ein bisschen Muffensausen. Es gibt ja Gründe, warum Emla nur auf Rezept verkauft wird. Caitríona, die Krankenschwester ist, sagt, Menschen seien an einer Überdosis Emla gestorben – GESTORBEN, weil die Creme den Blutkreislauf verlangsamt.

Was soll's! Ich war bereit, das Risiko einzugehen und mich in wilde Gegenden zu begeben, und als der Termin für meine zweite Laserbehandlung kam, schloss ich mich mit einer Rolle Frischhaltefolie ins Schlafzimmer ein und fing an, meine Beine dick mit Emla zu bestreichen. Die Creme landete überall auf dem Teppich, und dann – Katastrophe –, als ich gerade den Rest aus der Tube drückte, schoss mir ein Klumpen direkt ins rechte Auge und brannte höllisch, und das war ja nun ganz falsch, wenn man es bedenkt, denn die Creme sollte doch BETÄUBEN, nicht brennen.

Ich rannte ins Bad und versuchte dabei zu verhindern, dass noch mehr Creme von den Beinen auf die Teppiche kleckste, und wusch das Auge mit kaltem Wasser aus. Ich war besorgt, denn es war geplant, dass ich noch am selben Tag nach London fliegen würde, wo am nächsten Tag ein großes Fotoshooting stattfinden sollte, mit Haar und Make-up und Stylists und Art Directors und so. Und was wäre, wenn dann mein rechtes Auge wie eine Tomate aussehen würde? Ich würde ein neckisches Zwinkern in meinen Auftritt integrieren müssen, und ich sage euch, *mes amies,* ich bin keine Zwinkerin.

Ich klatschte mir kaltes Wasser ins Auge und mehr kaltes Wasser ins Auge und überlegte, zu welchem Heiligen man beten musste, um blutunterlaufene Augen zu verhindern. Mam wüsste es, aber ich konnte sie nicht erreichen, also machte ich weiter mit der Creme auf meinen Beinen, dann umwickelte ich sie – und das war ungeheuer befriedigend – dick mit Frischhaltefolie, sodass die Creme versiegelt war und ihre Wirkung tun konnte.

Zwei Stunden lang raschelte ich durchs Haus, dann musste ich versuchen, mir die Jeans überzuziehen, ohne die Folie abzustreifen, was schwieriger war, als es klingt, und nachdem ich mir ein letztes Mal kaltes Wasser ins Auge geklatscht hatte, machte ich mich auf zu meinem Lasertermin.

Also, es war ABSOLUT FANTASTISCH. Ich spürte NICHTS – im Vergleich zum Mal davor, als es eine furchtbare Tortur gewesen war. Anschließend fuhr ich zum Flughafen, und Er Selbst warf mir merkwürdiges Verhalten vor, womit er recht hatte. Ich fühlte mich ganz und gar abgehoben. Erst da wurde uns klar, dass die Emla-Creme in meinen Blutkreislauf eingegangen war und ich darauf reagierte, denn ich – Süchtige, die ich bin – spreche grundsätzlich extrem auf alle Drogen an, und sogar Stoffe, die auf normale Menschen gar nicht wirken, haben auf mich eine nachhaltige Wirkung. Zum Beispiel bekomme ich von der Betäubungsspritze beim Zahnarzt einen Rausch, so ist das bei mir.

Jetzt wanderte ich also mit einem blutunterlaufenen Auge im Terminal des Dubliner Flughafens herum, stieß eine Pappreklame für Butlers Pralinen um, sodass die Menschen mich anstarrten, und Er Selbst, der Arme, hatte alle Mühe, die Pyramide aus Kartons und Pralinen wieder aufzubauen und auch sonst die Dinge unter Kontrolle zu halten.

Als wir im Flugzeug waren, schlief ich ein, aber es war besser als Schlaf, es war EUPHORIE. Ich fühlte mich warm und heil und friedlich, und das friedliche Gefühl war euphorisch, nicht langweilig. Wahrscheinlich war ich in meinem Leben nie glücklicher gewesen, und als der Flugkapitän sagte: »Zwanzig Minuten bis zur Landung«, überkam mich ein großes Verlustgefühl, denn ich wusste, jetzt hatte ich nur noch zwanzig Minuten von dieser Glückseligkeit, dann wäre es vorbei, und ich überlegte schon, ob ich süchtig nach Emla geworden war.

Aber das Flugzeug landete, die Euphorie ließ nach, mein Auge schwoll ab, das Shooting war ein Riesenerfolg, und trotz allem hatte ich seitdem nie mehr das Bedürfnis, mich mit Emla einzuschmieren. Ich denke, ich bin also noch mal davongekommen. (Tun Sie nicht, was ich getan habe. Bitte! Medizinisch Kundige haben mir erklärt, dass mein Eincremen mit Emla sehr gefährlich war und ich Glück habe, noch am Leben zu sein.)

Und dann – haarfreie Beine! Ich weiß, die Haare kommen zurück, viele Haare. Rom wurde auch nicht an einem Tag erbaut, und wenn Sie Beine haben, die so haarig wie meine sind, kommt man nie davon los, aber gerade jetzt habe ich glatte und – ja – haarlose Beine!

Der einzige Nachteil ist der, dass ich jetzt keine eingewachsenen Haare mehr habe, die ich immer für den Trostpreis der Natur für Frauen mit behaarten Beinen gehalten habe. STUNDEN konnte ich mich mit einer einfachen Pinzette an ihnen vergnügen. Vorbei!

mariankeyes.com. September 2007

Parfum

Man weiß, dass Weihnachten näher rückt, wenn die verrückte Parfumwerbung beginnt. Etwa ein Fünfsekundenfilm von einer gespenstischen, langbeinigen Schönheit, die durch einen schwarz-weißen Wald rennt, dazu ein gesäuseltes Voice-over mit Unsinn wie: »Ich habe Plattfüße … ich erkälte mich leicht … ich bin *Unverbesserlich*.«

Parfum ist ein merkwürdiger Stoff und existiert an einem sonderbaren Ort in unserem Bewusstsein. Es ist »glanzvoll«, mit Parfum schafft man Nähe zu einer berühmten Marke – zwar können wir uns den Haute Couture-Mantel nicht leisten, aber für ein kleines Fläschchen Duftwasser reicht es. Deshalb ist es das, worauf jeder junge Mann zurückkommt, der nach einem Männerwochenende vor seinem Flug nach Hause ungewaschen durch die Dutyfree-Abteilung streunt und noch im letzten Moment den Gedankenblitz hat, dass seine Freundin ein Geschenk von ihm erwartet, weil sie ihn hat gehen lassen, und intuitiv begreift, dass eine Toblerone einfach nicht ausreicht.

Heutzutage drücken wir unsere Liebe zu einer gefeierten Persönlichkeit damit aus, dass wir die von ihr kreierte Duftmarke kaufen. Kürzlich geriet ich in einen Pulk von jungen Mädchen, und ich weiß nicht, ob sie One Direction-Fans oder Bieber-Fans waren, jedenfalls bewegten sie sich in einer Wolke chemischer Düfte, der mir die Kehle abschnür- te und so süß war, dass meine Zähne im Gaumen zu wackeln begannen. Mit einem zutiefst unglücklichen Gefühl befreite ich mich aus ihrem Bannkreis. Eine der Zutaten in dem Ge- menge – was es war, weiß ich nicht – hatte in mir jene ent- setzliche Verwirrung geweckt, die ich auch als Zwölfjährige erlebt hatte. Für mich – und offenbar für die meisten Men- schen – ist der Geruchssinn fest mit Erinnerungen verbun- den, und der Hauch eines Geruchs kann eine ganze Kaskade komplexer Erinnerungen lostreten.

Und das bedeutet, so gut man auch jemanden zu ken- nen glaubt, man kann nie wissen, welchen Duft er mag. Selbst auf einen Klassiker kann man sich nicht verlassen, wie ich letztes Jahr an meinem Geburtstag feststellte. Su- zanne schenkt mir immer etwas, das ich wirklich haben möchte – weil ich vorher viele Andeutungen mache. (Sie macht es andersherum auch so. Ihr Geburtstag ist am Tag nach meinem, und sie sagt immer: »Warum Geld für Sa- chen ausgeben, die wir nicht wollen?«) Aber letztes Jahr be- schloss sie, auf eigene Faust ein Geschenk auszusuchen, und glaubte, sie hätte etwas Gutes gefunden, denn sie lächelte, während ich das Geschenk auspackte. »Mit Chanel N°5 liegt man immer richtig.«

Dazu muss ich etwas sagen: Nicht immer liegt man mit Chanel N°5 richtig. Für Millionen von Menschen ist dieses Parfum ein Duft von zeitloser Eleganz, aber für mich riecht es nach Luftmangel, als steckte mein Kopf in einem staubi- gen Rollkragen voller Talkumpuder.

Allerdings ist das nichts verglichen mit der Wirkung, die so manches Rasierwasser auf mich hat. Ein paar sind da- runter, deren Namen ich nicht einmal aussprechen kann, ohne eine Lawine schrecklicher Erinnerungen auszulösen, die allesamt mit bestimmten Männern und schlechten Begegnungen zu tun haben. Diese namenlosen Rasierwasser sind in einer verschlossenen Kammer meines Gehirns mit der Aufschrift SCHRECKLICHE FEHLER abgespeichert, an einem Ort, den ich nie aufsuche.

Andererseits hat es auch eine gute Seite, wenn man leicht von Düften umgehauen wird: Ich übersäe mein Leben mit angenehmen Gerüchen, besonders an schwierigen Stellen. Der Morgen etwa ist eine schwierige Zeit für mich, aber es schien mir immer falsch, Ihn Selbst zu bitten, mir eine Planke unterzuschieben und mich aus dem Bett zu hieven. Es musste eine würdevollere Form des Aufstehens geben. Ich wandte mich wohlduftenden Duschgels zu.

Inzwischen habe ich eine Art … Duschgel-*Bibliothek*. Ja, es mag dekadent klingen, aber ich habe eine *Auswahl*. Für alle meine Stimmungen. Zum Beispiel gibt es Tage, an denen ich den scharfen, frischen Geruch von Ingwer brauche. An anderen Tagen hingegen ist Ingwer eher wie ein Drillmeister, und ich neige zu etwas, das rosa und blumig ist, Rosenduft zum Beispiel, oder etwas, das sonnig und hell ist wie Orange.

Besonders gut gefällt mir die französische Marke Roger & Gallet, die viele hübsche Düfte anbietet, aber nicht zu teuer ist. Früher konnte man die Produkte nur in Frankreich kaufen, deshalb schleppte ich von jedem Besuch mehrere Duschgels mit und fühlte mich wie der Besitzer seltener und exotischer Tiere.

Dann nahm die Apotheke in Stillorgan die Produkte in ihr Sortiment auf, und ich war *ziemlich empört*.

Noch lieber mag ich die Duschgels von Espa – kennen

Sie die Marke? Meine Güte, die Sachen sind vorzüglich. Die Firma benutzt essenzielle Öle und natürliche Zutaten, ist aber nicht im Mindesten dogmatisch oder spleenig. Sie bietet ein Energizing Shower Gel an, das allerdings ziemlich teuer ist, weshalb ich es nur an den Morgen benutze, wenn ich die volle Ladung brauche. Zum Glück hat eine kleine Menge eine große Wirkung, es verbessert meine Stimmung und erfüllt das Haus mit einem hübschen Duft.

Darauf folgt die Auseinandersetzung mit der Körperlotion. Manchmal ist dafür einfach keine Kraft, aber wenn ich es schaffe, welche aufzutragen, bin ich hinterher froh, weil ich den ganzen Tag lang hin und wieder einen Hauch des Duftes erhasche, und das ist wie ein Geschenk, das ich mir selbst mache.

Alles in allem bin ich kein großer Fan von Parfum – ich finde es zu konzentriert und zu plötzlich. Ein bisschen, als bekäme man mit einem Holzhammer einen Schlag auf den Kopf. Trotzdem habe ich meine Freude an der Werbung und verbringe glückliche Stunden damit, meine eigene Version zu entwickeln. Eigentlich ist es ein Spiel, bei dem die ganze Familie mitmachen kann. »*Ich bin haarig … ich bin verboten … ich bin gestört.* Gestört. *Das neue Parfum von Marian Keyes.*«

Erstmals veröffentlicht in *Daily Mail Plus*, Oktober 2013.

In der Apotheke

Einmal im Monat gehe ich zur Apotheke und hole meine Anti-Verrücktheitstabletten ab. Und jeder einzelne Besuch dort macht mir ein solches Vergnügen, dass ich mir offen gestanden wünschte, ich könnte täglich hingehen. Ich gebe dem reizenden Apotheker – wir wollen ihn Edward nennen (obwohl er in Wirklichkeit Ronan heißt) – mein Rezept, und während er mir mein Wahnsinn-weg-Sortiment zusammenstellt, könnte ich friedlich auf dem Apothekenstuhl sitzen.

Ich bin eine solche Kennerin von Apotheken, dass ich im Ausland Apothekenbesuche einplane (so wie andere zu Straßenmärkten gehen, wo sie Handtaschen billig zu erstehen hoffen), und ich habe sehr genaue Vorstellungen, was einen Laden vollkommen macht: In jeder gut eingerichteten Apotheke sollte ein Stuhl stehen. Zwei wäre auch akzeptabel, für den unwahrscheinlichen Fall, dass gleich zwei geschwächte Kunden sich gern setzen möchten. Aber drei Stühle sind zu viel, drei Stühle ermuntern Menschen zum Plaudern, und in einer Apotheke schätze ich vor allem die Stille und den Frieden. Das einzige Geräusch hier sollte das beruhigende Plätschern eines fernen Baches, etwa die leise Stimme eines besorgten Mannes sein, der Edward von seinem merkwürdigen Ausschlag erzählt.

Aber ich meide den Stuhl und gehe an den Auslagen im Regal entlang, wo ich alle möglichen Dinge entdecke, von denen ich noch gar nicht wusste, dass ich sie brauche. Es ist, als wäre ich in einer glitzernden Aladinhöhle. Eine besondere Freude ist die Fußabteilung. Blasenpflaster sind immer eine gute Idee, denn man kann jederzeit eine Blase bekommen, richtig? Und kennen Sie die tubenartigen Dinge für Ballenzehen? Leider habe ich die selbst gar nicht. Aber es könnte doch der Fall eintreten, dass mich einer meiner Besucher bei mir zu Hause fragt: »Hast du zufällig so ein tubenartiges Ding für meinen Hallux? Leider habe ich keins dabei?« Es *könnte* passieren.

Auch die Abteilung mit Verbandsmaterial hat einen gewissen Reiz für mich. Immer wenn ich die elastischen lachsfarbenen Bandagen sehe, mit denen man einen verstauchten Knöchel umwickelt, gelobe ich mir zum hunderttausendsten Mal, dass ich in diesem Jahr endlich einen Erste-Hilfe-Kurs machen will, damit ich bei einem Notfall in meiner Nähe sofort zu Hilfe eilen kann.

Aber vielleicht ist es besser, ich mache keinen solchen Kurs, denn es besteht die echte Chance, dass ich dann einen Arzt nachmachen würde.

Eine philosophische Bemerkung am Rande – ich finde, einige Produkte in einer Apotheke stellen eine Verbindung her zwischen mir und den Leiden meiner Mitmenschen. Ich meine, was spielt sich im Leben eines Menschen ab, wenn er einen Latexfingerling braucht? Einen Kilometer in den Schuhen eines anderen zu gehen ist eine Sache – aber tragen Sie mal zehn Minuten lang seinen Latexfingerling, dann wissen Sie, wie das ist.

Ich gehe weiter und lege eine Packung Wattestäbchen in

meinen Korb – jeder braucht Wattestäbchen, Wattestäbchen sind immer nützlich. Wattebäusche ebenfalls. Und Vitamin C-Brausetabletten sind ein wunderbares Allheilmittel – bedauernswert der Haushalt, der keine hat. Und eine Packung Make-up-Schwämmchen. Und eine Flasche Nagellackentferner. Und Augenbrauenfarbe …

Besonders aufregend ist es, wenn ein neues Produkt aus der Fernsehwerbung im Laden erhältlich ist. Der Tag, an dem man endlich Voltarol, ein schmerzstillendes Gel, kaufen konnte, war ein Ereignis. Ich ergatterte damals gleich drei Tuben, falls sie plötzlich ausverkauft wären, ganz wie eine limitierte Edition von Chanel Nagellack.

Manche Apotheken bieten teure Kosmetikprodukte wie Clinique an, aber bei meinem gibt es die billigste Marke, die ich kenne. Sie heißt Essence, und jemand hat mir erklärt, das sei eine Untermarke von Rimmel, und da Rimmel auch nicht gerade teuer ist, kann man sich die Preise vorstellen. Spottbillig. Ich muss jedes Mal ein Fläschchen Nagellack von Essence mitnehmen. Oder zwei.

So schöne Farben.

In der Hautpflegeabteilung gibt es Produkte von La Roche-Posay, die sehr gut und nicht teuer sind, sodass ich mich immer selbst überrede, eines zu kaufen. Ich meine, Sonnenschutzmittel sind wirklich wichtig, oder etwa nicht? Das ganze Jahr über.

Dann komme ich zu den sonderbaren Düften, die offensichtlich noch von Weihnachten übrig sind – merkwürdig bittere Gerüche von Kylie und Justin Bieber. Jedes Mal kratzen sie mich in der Kehle, und das erinnert mich daran, dass ich noch Lutschpastillen brauche.

In der perfekten Apotheke muss es an der Theke Fishermen's Friends, kleine Schachteln mit Erdbeersahnebonbons für Diabetiker und Rollen mit Panda-Lakritz geben. Ich kaufe sie nicht, aber ich bin dankbar, dass sie da liegen.

Ein kurzes Gespräch über meinen Einkauf macht die Erfahrung noch wertvoller.

Überrascht fragt Edward: »Sie haben seit Neuestem einen Ballen?«

Mit leichtem Erröten gebe ich zu, dass ich bloß die Bedürfnisse eines zukünftigen, mir noch nicht bekannten Gastes vorwegnehme.

»Es ist immer gut, vorausschauend zu handeln«, stimmt er zu. »Möchten Sie sonst noch etwas?«

»Eine Packung Rennies bitte. Und Panadol ActiFast. Und Imofas. Und Zovirax – die Pumpe bitte, nicht die Tube. Und am besten geben Sie mir noch Clarityn – ich weiß, es ist erst März, aber irgendwann ist der Sommer da. Fällt Ihnen noch etwas ein, was ich nicht bedacht habe? Irgendwas, das neu und aufregend ist?«

Stolz holt er ein Fläschchen Augentropfen hervor. »Diese Tropfen sind gegen Augenjucken, das man bei Heuschnupfen so leicht bekommt. Sind diese Woche neu.«

»Gut«, sage ich ganz aufgeregt, »die nehme ich!«

Ich bezahle für meinen Einkauf, verlasse den Laden mit meiner prall gefüllten Tasche und freue mich jetzt schon auf den nächsten Monat.

Erstmals veröffentlicht in *Red*, Mai 2013.

Zähne

Ich saß da, dachte nichts Böses und belästigte niemanden und aß in diesem unbescholtenen Zustand eine Tafel Schokolade. Ich nahm einen Bissen, der genau so war wie die Bissen davor – nur dass ich plötzlich ein Krachen hörte, das nichts Gutes ahnen ließ. Richtig, ich hatte mir eine Zahnbrücke kaputt gebissen.

Es ist die Wahrheit, dass meine Zähne mir großes Ungemach bereiten, und das ist ganz allein meine Schuld: Zehn Jahre lang, in der Zeit zwischen zwanzig bis dreißig, war ich nicht beim Zahnarzt. In dieser Zeit trank ich, und wenn man denkt, man ist wertlos und hat nichts verdient, und wenn man sich am liebsten umbringen möchte, dann geht man ja nicht zum Zahnarzt, oder? Ich ging also nicht zum Zahnarzt. Zwar wachte ich manchmal mitten in der Nacht auf und hatte Horrorvisionen, dass ich eines Tages einen Mund voller schwarzer Stummel haben würde, aber ich tat mein Bestes, das zu verdrängen.

Dann machte ich eine Entziehungskur, und einer meiner Zähne begann Probleme zu machen, und seitdem habe ich nicht einen Moment Ruhe gehabt. Ich musste eine Wurzelbehandlung machen lassen, WÄHREND ICH AUF ENTZUG WAR.

Andererseits, da mein Leben ohnehin eine epische Katastrophe war, schien ein Zahnarztbesuch nicht weiter ins Gewicht zu fallen. Ich hatte nicht mal mehr die geringste Angst. Was schon deswegen gut war, weil ich seither regelmäßig beim Zahnarzt bin. Nicht, dass ich es mir so gewünscht hätte.

Der wurzelbehandelte Zahn wurde überkront, und eines Tages, als ich schon wieder arbeitete, aß ich ein Sahnebonbon, und der ganze Zahn kam, verbunden mit der Sahnebonbonmasse, heraus.

Ich setzte den Zahn wieder ein. Ein bisschen später wurde mein Buch veröffentlicht, und man schickte mich nach Bath zur Buchhandlung Waterstone, wo ich mit einer der Buchhändlerinnen – sie hieß Cordelia, das weiß ich bis zum heutigen Tag, weil der Vorfall sich mir richtig einbrannte – eine Tasse Tee trank und einen Scone aß und im nächsten Moment rappelte der Zahn in meinem Mund. Genau. Er rappelte. In meinem Mund.

Und weil ich vor Cordelia gut dastehen wollte, wusste ich nicht, was ich tun sollte. Ich wollte den Bissen Scone nicht runterschlucken, um nicht womöglich den Zahn mit zu verschlucken, und ich wollte den Mund nicht aufmachen, weil sie dann das riesige, zugige, schwarze Loch in meiner Zahnreihe sehen würde. Also verbrachte ich den Rest der Zeit mit ihr stumm lächelnd, begeistert nickend und aufgeregt gestikulierend, bis ich mehrere Jahrhunderte später endlich gehen und den halb gekauten Kuchen mit dem Zahn in meine Hand spucken konnte.

Schrecklich! Nach kurzer Zeit wurde der Zahn so wackelig, dass ich eine Brücke brauchte. Und für diejenigen meiner Leserinnen, die nicht wissen, wie das mit einer Brücke geht, erkläre ich also, dass der Zahnarzt zwei gesunde Zähne rechts und links von dem schadhaften Zahn abfeilt, um die Brücke darauf zu setzen, und wenn die Brücke zerbricht und herausfällt, sieht es nicht so aus, als fehlte einem ein Zahn, sondern – genau! – als ob drei fehlten.

Ein bezaubernder Anblick. Besonders, wenn man am nächsten Montagmorgen – wie es für mich auf dem Programm stand – einen Fototermin zusammen mit der hübschen Cathy Kelly für *Woman and Home* hatte. Oder dann, wenn man am Mittwoch drauf – wie es mein Programm vorsah – einen Fernsehwerbespot drehen sollte. Und erst recht dann, wenn man – wie ich es plante – zwei Wochen später nach New York fliegen wollte, zum Lunch mit Leuten von irgendwelchen Hochglanzzeitschriften.

Zum Glück bekam ich einen Nottermin beim Zahnarzt, und er setzte eine vorläufige Brücke ein. Dann fuhr ich nach Hause und aß Lunch, das an dem Tag ein Kichererbsen-Curry war, und als ich kurz darauf an einem Spiegel vorbeikam, sah ich, dass die Zähne meiner vorläufigen Brücke LEUCHTEND GELB waren. Gelb wie Gelbsucht. Gelb wie Gelbfieber. Gelb wie Feigheit. Vom Kurkuma im Curry!

Erst in diesem Moment erinnerte ich mich an die Warnung meines Zahnarztes, als ich meine erste vorläufige Brücke bekommen hatte: Die Brücke sei aus hoch porösem Acryl, und ich solle keine Nahrung zu mir nehmen, die abfärbt. Also Johannisbeersaft, Cola – und Curry!

Ich bürstete und bürstete. Ich bürstete, bis mein Zahnfleisch blutete. Ich bürstete, bis die Brücke beinahe heraussprang, und zum Glück verschwand das meiste Gelb.

mariankeyes.com, Juli 2009

Süßigkeiten

Süßigkeiten. Twirls, Magnums in limitierter Edition, Percy-Pig-Fruchtgummis und Konsorten: Ich liebe sie alle genauso wie ich Schuhe und Handtaschen liebe, und mein Spezialgebiet bei *Trivial Pursuit* könnte »Süßwaren unserer Zeit«sein.

Als ich mich eine Zeit lang von Kitkats und Cornettos ernährte, hat mir das keinen Schaden zugefügt. Denn ich war gesund, wie nur ein gesunder Mensch gesund sein kann.

Abgesehen natürlich von den Zeiten, wenn ich krank war. Ja, stimmt, abgesehen von den Zeiten, wenn ich krank war. Ungefähr einmal im Monat bekam ich hohes Fieber, meine Lymphdrüsen schwollen an, ich hatte eine Ohrenentzündung, Gliederschmerzen und ein dumpfes Gefühl im Kopf.

Ich ging also immer wieder zum Arzt und jammerte ihm von meinen Leiden vor, und schließlich schickte er mich zu etlichen Tests, die zu meiner Überraschung keine Krankheitsbefunde erbrachten. Das Mindeste, was ich erwartet hatte, war ME (chronische Müdigkeit), eine hyperaktive Schilddrüse und eine milde Form von Diabetes. Das Untersuchungsergebnis war ein so vernichtender Schlag, dass ich beschloss, mich der Alternativmedizin zuzuwenden, und mit Akupunktur anfing.

Ich erklärte der Akupunkteurin meine Symptome, legte mich auf die Liege und wartete, dass sie mir ein paar Nadeln setzen und eine Wunderheilung bewirken würde. Nichts dergleichen. Sie stellte mir viele Fragen über meine Lebensführung und meine Ernährung und schlug vor, dass ich vielleicht den Zuckerkonsum einschränken sollte. Um sie zu beschwichtigen, sagte ich: »Hmm, ja, vielleicht«. Es war *undenkbar*.

Aber ein paar Tage später bekam ich wieder Fieber, meine Energie war auf dem Nullpunkt, und plötzlich sah ich das vergangene Jahr aus der Vogelperspektive: Ich war alle drei Wochen krank gewesen, ich war ständig erschöpft und trug immer eine Schachtel mit Lemsip Max, ein Mittel gegen Erkältungen, bei mir. Und da passierte es ...

Ich erinnerte mich unvermittelt an eine wirklich grauenhafte, humorlose Frau, die ich einmal in Los Angeles kennengelernt hatte und die unablässig davon redete, dass die Hersteller von raffiniertem Zucker vor Gericht gestellt gehörten – so wie Zigarettenhersteller –, weil sie die Gesundheit der Menschen zerstörten. Damals hatte ich sie verachtet und sie für eine bornierte Körperfaschistin gehalten, aber – undenkbarer Gedanke – wenn sie nun recht hatte? Wenn Zucker wirklich des Teufels war?

Und wie ging es an, dass ich bei *Jamie's Dinner* weise nickte und über all die Kinder, die sich von weißem Zucker in all seinen wunderbaren Formen ernährten, traurig den Kopf schüttelte, mich selbst aber damit vollstopfte und keinen Moment damit rechnete, dass mich das genauso dick/ zappelig/krank machen konnte?

Bis heute weiß ich nicht, was genau mit mir geschah, jedenfalls war ich es plötzlich leid, dauernd krank zu sein, und dachte: »Wenn die Möglichkeit besteht, dass ich mich hin und wieder gut fühle, dann versuche ich es mal ohne Zucker.«

Der Gedanke war so unwirklich wie nur etwas. So fest war ich mit allen Süßigkeiten verbunden, dass ich mir wünschte, mit einer Schachtel Pralinen beerdigt zu werden, nachdem man meinen Sarg zu den Klängen von Cadburys Flake-Thema aus der Kirche getragen hatte. Ich liebte Zucker so sehr wie früher den Alkohol – vielleicht sogar mehr, denn von einer Tüte M&S Weingummi (das Beste, wie Kenner bestätigen würden) musste ich in meinem ganzen Leben nie auf meine neuen Schuhe kotzen oder einen wildfremden Mann nach Hause mitnehmen.

Da ich nun mal so bin, wie ich bin, konnte ich nicht einfach weniger Zucker essen. Wenn ich nur ein winziges Stück einer Tafel Fruit&Nut aß (trotz vieler Nachahmer immer noch ein Klassiker, da werden Sie mir zustimmen), würde das eine Schokoladen-Orgie mit unbekanntem Ausgang auslösen. Es ging um alles oder nichts, und leider musste es nichts sein.

Es klingt vielleicht ein bisschen theatralisch, aber Zucker aufzugeben war ein bisschen wie ein Tod. Bei der Vorstellung, nie wieder ein Stück Käsekuchen zu essen, überwältigte mich die Trauer, und ich träumte von Schokolade, so wie man von einem ehemaligen Liebhaber träumen konnte, der einem das Herz gebrochen hatte.

Ohne Zucker fühlte ich mich nackt und ungeschützt, allein in einer feindseligen Welt; Zucker hatte mich beruhigt, wenn ich von Sorgen gequält war, er hatte meine Stimmung gehoben, wenn ich unglücklich war, er hatte mir Energie gegeben, wenn ich matt und erschöpft war (auch wenn der Pegel nach einer halben Stunde umso tiefer absackte).

Ein freundlicher Mensch schlug vor, dass ich meinen Gelüsten mit einer Handvoll Mandeln begegne. Klasse. Danke.

Aber jetzt esse ich Mandeln, und ich bin seit drei Monaten nicht mehr krank gewesen. Außerdem hat sich mein Aussehen verändert – das sagen alle. Sie mustern mein Gesicht und fragen: »Was ist passiert?«, und ich sage jedes Mal: »Ich habe mir den Damenbart abrasiert.«

»Nein, nein«, antworten sie. »Das ist es nicht allein …« Meine Haut, heißt es dann, sei frisch, meine Augen seien klar und leuchtend. Da frage ich mich natürlich, wie ich vorher ausgesehen habe – offenbar wie etwas aus *Die Nacht der lebenden Toten*.

Aber eine weitere große Veränderung harrte meiner. Fortsetzung folgt.

Erstmals veröffentlicht in *Marie Claire*, September 2005.

Kochen lernen

Also, Sie wissen, wie schrecklich es war, als ich wegen meiner miserablen Gesundheit jeglichen Zucker aufgeben musste? Es war entsetzlich – als müsste ich von einer großen Liebe Abschied nehmen, weil seine Mutter mich verfolgen ließ oder weil er sich fürs Priesteramt entschieden hatte.

So schlimm das auch war – und ich beschönige nichts, mein Herz war gebrochen –, es sollte noch schlimmer kommen: Nicht nur durfte ich keine Schokolade, Donuts, Bounty-Eis, Käsekuchen, Pudding, Vanillesoße … mehr essen, sondern ich machte auch die schockierende Entdeckung, dass in allen abgepackten Nahrungsmitteln Zucker enthalten ist. Auch in den nicht-süßen Sachen. Ja, auch in fertigen Mahlzeiten. Die krasse Wahrheit, der ich mich gegenübersah, lautete: Ich musste anfangen zu kochen.

Ich konnte nicht kochen. Ich wusste nicht, wie es ging, und ich wollte es auch nicht lernen. Bei dem Gedanken, das Fleisch gleichzeitig mit den Kartoffeln, gleichzeitig mit dem Gemüse fertig gekocht haben zu müssen, wollte ich mich wimmernd in einer Ecke verkriechen. Ich konnte buchstäblich kein Ei kochen. Schlimmer noch, ich war stolz darauf (denn es unterminierte, was Männer von Frauen erwarteten).

Wenn ich für Ihn Selbst und mich das Abendessen machte, entfernte ich die Zellophanhülle von zwei Fertigmahlzeiten und stellte die Packungen in die Mikrowelle.

Damit wir gesund blieben (was nicht der Fall war), verabreichte ich uns beiden täglich eine Dosis Vitamintabletten, die einem Pferd gereicht hätten. Und jeden Donnerstag gingen wir zu meiner Mammy, um wenigstens einmal in der Woche eine warme, frisch gekochte Mahlzeit zu essen. Eine Woche bekamen wir Spaghetti Bolognese, die nächste Woche Hühnerkasserolle, die nächste Spaghetti Bolognese, die nächste Hühnerkasserolle. Und wenn wir mal verreisten, ging es nach unserer Rückkehr mit den beiden wechselnden Mahlzeiten weiter, sodass wir den Faden wieder aufnahmen, als wären wir nie weg gewesen. Sehr tröstlich. Ein Fixpunkt in einer unsicheren Welt.

Ich hatte mit der kulinarischen Welt so wenig zu tun, dass ich trotz längeren Suchens keinen Dosenöffner finden konnte, als Siobhán mit ihrem Kind zu mir kam und eine Dose Kinderbrei aufmachen wollte; nachdem ich mehrere Minuten alle Schubladen und Fächer durchsucht hatte, dämmerte mir, dass ich keinen Dosenöffner besaß. Ich meine: Wer hat schon keinen Dosenöffner?

Dann fiel Siobhán das Glas runter (wahrscheinlich von dem Schock über den Dosenöffner), und als ich die Scherben zusammenfegen wollte, entdeckte ich, dass ich keine Ahnung hatte, wo die Kehrichtschaufel war. In diesem Fall war ich mir sicher, dass ich eine besaß, aber wo sie war … Auch hier muss ich zugeben, dass ich ziemlich stolz war.

Auf die Göttinnen der Küche sah ich nur spöttisch hinunter. Für andere kochen? Dann noch lieber den Stock schnitzen, mit dem man selbst angetrieben wurde! Aber ich lag so darnieder, dass ich keine Widerstandskraft hatte – es war Tag vier meines Percy-Pig-Fruchtgummi-Entzugs (der schlimmste Tag, ich halluzinierte und sah überall Beutel mit Penny Pigs, wo doch jeder weiß, dass diese herrlichen Fruchtgummischweinchen mit Zitronengeschmack vor zwei Jahren vom Markt genommen worden waren) –, und stellte mich dem Unvermeidlichen.

Über Nacht buchte ich einen Kochkurs, kaufte Kochbücher und investierte in Le Creuset-Töpfe.

Der Kurs war eine Offenbarung. Statt Lammbraten, Schweinekeule und anderen furchteinflößenden Gerichten machte der Lehrer Thai-Curry und Speisen, *die ich mochte*.

Nachdem ich erst mal angefangen hatte, erlebte ich Kochen als die erfreulichste Tätigkeit aller Zeiten. Ich war wie verzaubert: Man nimmt verschiedene Zutaten, kombiniert sie auf bestimmte Weise und hat am Schluss eine köstliche Mahlzeit. Es war wirklich Zauberei!

Weil es bei mir nur Alles-oder-Nichts gibt, übertrieb ich mit meiner neuen Person. Ich kaufte einen Ordner und fing an, Rezepte aus Zeitschriften zu schneiden; der Ordner enthält bis heute drei Rezepte.

Ein klares Zeichen, dass ich mich grundlegend verändert hatte, gab es bei einem Kurzurlaub vor einiger Zeit: Statt die nächste Apotheke zu suchen, ging ich in einen Laden mit Küchenutensilien und kaufte einen Schöpflöffel, einen Gemüseschäler und einen Backpinsel. (Noch habe ich keine Ahnung, wozu der Pinsel gut ist, bin aber zuversichtlich, dass er sich als nützlich erweisen wird.)

Ich kann kaum fassen, dass ich das bin. Aber tatsächlich habe ich insgeheim schon immer mit einem weich gezeichneten Bild von mir in einer Schürze und goldenen Flipflops geliebäugelt; wie ich mich in der Küche zu schaffen mache, und wenn glanzvolle Freunde unerwartet zu Besuch kommen, ihnen aus drei weichen Tomaten aus den Tiefen des Kühlschranks ein köstliches viergängiges Mahl zubereite.

Allerdings ist mein neues Ich nicht für alle der reine Spaß. Im ersten Vierteljahr nach meiner Verwandlung fielen die Aktienkurse der M&S-Aktien um neunzehn Prozent, und ich bin mir sicher, das ist meine Schuld. Außerdem hatte ich früher eine saubere, strahlende Küche, jetzt aber ist sie in großer Unordnung. Und was ist mit dem Geruch im Haar, den das Kochen hinterlässt? Bin ich die Einzige, die beim Kochen eine Duschhaube trägt?

Außerdem habe ich die schmerzliche Entdeckung gemacht, dass Gourmet-Streber nicht überall beliebt sind. Als ich einer Freundin von meinen Schweinefleisch-Apfel-Würstchen mit Linsen in Rotweinsoße zum Abendessen erzählte (sie hatte gefragt, ich wollte nicht prahlen), sagte sie: »Mann, du kannst aber auch nichts normal machen, stimmt's?« Das war nicht als Kompliment gedacht.

Und dann ist da der Gemüsemarkt. Auf meinem kaufe ich Gewürze und Mischkornbrot und welk aussehendes Biogemüse und unterhalte mich mit den Bauern über Rezepte und dergleichen, und alles ist sehr freundlich.

Das Problem sind nur die Gruppe Poncho tragender, Panflöte spielender Männer, die dort musiziert, und die Familien, die zu ihnen hinüber wandern, während sie ihren frisch gepressten Apfelsaft trinken. Ehrlich gestanden bricht mir bei diesem ganzen Hippie-Theater vor Peinlichkeit der Schweiß aus. Aber was kann ich tun? Das sind jetzt meine Leute.

mariankeyes.com, Oktober 2007

Wie man sich von seinem Friseur trennt

Die alte Geschichte. Fräulein trifft Friseur. Fräulein verliebt sich in Friseur. Fräulein entliebt sich und verliebt sich in einen anderen Friseur, der im selben Salon arbeitet. Fräulein ist zu einem Leben voll Sehnsucht und schlechter Frisuren verdammt. Ende.

Hier ist meine Geschichte. Ich hatte einen Friseur, nennen wir ihn Eric. Er war kompetent, aber fantasielos, sogar ein bisschen muffig, aber davor hatte ich die Friseurkriege ausgestanden, und deshalb war ich froh über einen, der mich nicht »herausfordern« und zu neuen Dingen ermutigen wollte wie pflegeintensive Schnitte und ultraangesagte Haarpflegeprodukte, die ich nicht benutzen konnte. (Will jemand Salzhaarspray?) Außerdem gefiel mir, dass er nur wenig sprach, denn ich bin der Überzeugung, dass ein Übermaß an Konversation dem Immunsystem schadet. Eric war mir angenehm.

Doch als Eric Urlaub hatte, wurde ich zu Sabrina (nicht ihr echter Name) geschickt. Ich sagte ihr, was ich wollte, und wusste dabei schon, dass sie sich um meine Wünsche nicht scheren und mir die Fönfrisur der Woche verpassen würde, bei der die Haare von hinten über den Kopf gekämmt wurden. Ich tröstete mich mit der Aussicht, dass mein Haar zumindest sauber sein würde. Aber als sie den Fön ausschaltete, war ich erstaunt und eines Besseren belehrt. Sie hatte genau das gemacht, worum ich sie gebeten hatte. Sabrina »erfasste« meine Wünsche, wie Eric es nie könnte. Vor mir entfaltete sich eine glücklichere Zukunft. Ich sah mich in Zeitlupe einen Hügel hinunterlaufen, und hinter mir hüpfte mein wirklich sehr gut geschnittenes Haar. Ich wollte, dass Sabrina für alle Zukunft meine Friseurin war. Dann begriff ich: Ich konnte sie nicht haben. Ich war einem anderen fest versprochen. Jeder in der Hierarchie des Salons, angefangen von dem Angst einflößenden Mädchen am Empfang, wusste, dass ich Erics Kundin war.

Die Sache war aussichtslos. Für einen Bruch mit seinem Friseur gibt es keine Verhaltensregeln. Meine Ehe zu beenden wäre um einiges leichter gewesen. Ich würde sagen: »Wir müssen mal reden«, dann: »Es liegt nicht an dir, es liegt an mir«. Oder: »Ich kann so einfach nicht mehr weitermachen« (bei Beziehungsbeendern zurzeit offenbar der bevorzugte Satz), und das wär's. Ich wäre frei!

Ein ähnliches Problem wie auf Friseure trifft auf gleichgeschlechtliche Freundschaften zu. Ich hatte eine Freundin, mit der ich mich oft traf, dann trafen wir uns nicht mehr so oft, und wenn ich sie dann doch mal traf, dachte ich: »War sie schon immer … geizig?« Und: »Wenn sie bloß aufhören würde, mich ›zu wiegen‹ (also, auf nicht sehr diskrete Weise herauszufinden, wie viel ich seit unserem letzten Treffen zugenommen hatte). Offensichtlich hatten wir uns – genau! – auseinanderentwickelt. Trotzdem würden wir uns bis ans Ende aller Zeiten dreimal im Jahr treffen und genug Konversationsstoff finden müssen, um zwei endlos lange Stunden zu füllen, nur um anschließend mit hängenden Schultern heimwärts zu ziehen, weil uns die Aussicht niederdrückt, die »Freundin« in vier Monaten wieder treffen zu müssen.

Aber zurück zu Eric und Sabrina. Ich ließ mich auf einen Kurs der Heimlichkeiten ein, wie bei einer Affäre. »Geheime« Termine – Eric hatte donnerstags frei, und ich fing an, meine Termine auf den Donnerstag zu legen und Enttäuschung vorzuspielen, wenn ich hörte, dass Eric nicht da sein würde, und dann schnell mit piepsiger Stimme vorzuschlagen, dass vielleicht Sabrina mich übernehmen könnte. Doch nicht immer passte mir der Donnerstag, also waren weitere fantasievollere Manöver vonnöten. Ich rief an und fragte, wann Eric für mich Zeit hätte, und murmelte dann: »Ach, leider kann ich um neun nicht. Auch nicht um zehn. Oder elf. Ist doch zu dumm.« Und wenn ich endlich herausbekommen hatte, wann Eric keine Zeit hatte, sagte ich: »Genau dann würde ich gern kommen.«

Es muss allerdings gesagt werden – auch wenn es Ihnen vermutlich schwerfallen würde, das zu glauben, wenn Sie so viele Haarkatastrophen wie ich überstanden hätten –, dass Friseure nicht dumm sind. Sie wachen mit scharfen Augen über ihr Territorium, jeder Friseursalon ist voller Schlangenlöcher und Täler der Zickigkeit, jeder Stylist betrachtet die Kollegen als tödliche Rivalen und lässt seine Kunden nicht aus den Augen. Eric bemerkte meine Abwesenheit, konnte mich aber natürlich nicht direkt konfrontieren und mir tränenreich vorwerfen, ich würde ihn hintergehen. Ihm blieb nichts anderes übrig, als mir verletzte, passiv-aggressive Blicke zuzuwerfen, wenn ich mich bei Sabrina auf den Stuhl setzte.

Dann! War plötzlich alles anders! Eric nahm eine Stelle in einem anderen Salon an. Er forderte mich auf, mit ihm zu wechseln, und während ich meine Ausreden vorbrachte, sah er mir im Spiegel in die Augen und sagte mit seidenweicher Stimme: »Es sei denn, Sie möchten bei Sabrina bleiben.« Nach diesem Todesstoß drehte er sich auf dem Absatz um und stelzte würdevoll davon, und obwohl ich jetzt frei war, Sabrina offen zu lieben, hatte die Sache einen schalen Beigeschmack.

Alles sehr schwierig. Zurzeit möchte ich mich von meinem Zahnarzt trennen. Die Zeitschriften-Auswahl in seinem Wartezimmer ist mager, außerdem geizt er mit postoperativen Schmerzmitteln. (Der Zahnarzt meiner Freundin händigt Schmerzmittel aus, als wären sie Smarties.) Aber ich kann meinen Zahnarzt nicht für den Vicodin-Mann sitzenlassen, er hat alle meine Unterlagen; irgendwie muss ich ihm die erst noch aus dem Kreuz leiern.

Anscheinend kann man sich nur ordentlich von jemandem trennen, wenn man mit ihm geschlafen hat. Ist es da nicht einsehbar, dass ich mit meinem Zahnarzt schlafen will, damit ich endlich zu einem anderen gehen kann?

Was könnte ich sonst tun?

Erstmals veröffentlicht in *You*, April 2008.

Wie man mit feindseligen Friseuren fertigwird

Wie wir in dem vorigen Stück gesehen haben, habe ich großes Glück mit meiner Friseurin, die ganz reizend ist und zu der ich schon ganz lange gehe, und ich mag sie herzlich gern, und sie lässt mich nie warten und macht genau das, was ich will, und schlägt nie vor, dass es »mal Zeit für was Neues« sei, und wenn ich sie bitte, zwei Zentimeter abzuschneiden, schneidet sie zwei Zentimeter ab und nicht zwanzig, und als ich es mir in den Kopf gesetzt hatte, farbige Haarverlängerungen zu wollen, schlug sie nicht die Hände über dem Kopf zusammen und sagte: »Was? In Ihrem Alter?«, sondern sie organisierte in aller Ruhe die farbigen Haarverlängerungen, und als ich vor Kurzem sagte, ich wolle eine andere Farbe, suchte sie mir eine andere Farbe raus. Und als die mir nicht gefiel, konnte ich sagen: »Ich weiß nicht recht … können wir was anderes probieren?« Und sie tat genau das und war nicht beleidigt, und ich wusste, dass sie nicht beleidigt sein würde, und ich habe großes Glück.

Dann war ich vor einiger Zeit (ich nenne hier nicht die genauen Umstände, weil ich nicht will, dass der arme Mann identifiziert werden kann) auf Reisen und ging zu einem wildfremden Friseur, um mir die Haare waschen und föhnen zu lassen. Dieser Salon gehört zu einer Kette, und das macht alles schwieriger, glaube ich, weil man dort strenge

Maßnahmen zur Kundeneinschüchterung praktiziert. In dem Moment, da ich den Salon betrat, fiel mir alles wieder ein: Der Machtkampf, der in den meisten Salons tobt und dessen Ziel es ist, den Geist des Kunden zu unterwerfen.

Es geht darum, dich zu brechen, deinen Geist zu brechen. Und wenn man dich auf ein Nichts reduziert hat und du ohne jedes Selbstgefühl bist, ohne eine eigene Stimme, dann baut man dich nach den eigenen Vorstellungen wieder auf, und dann tust du genau das, was man dir vorschreibt, und benutzt die Produkte, die man dir andreht, und kaufst vielleicht einen Föhn im Salon, vielleicht sogar ein Haus. Denn der Friseur *besitzt* dich nun – Seele, Haare, alles.

Aber ich kann Ihnen helfen. Ich habe eine Anleitung, die Ihnen helfen wird!

1. Schritt: die Ankunft. Wenn Sie ankommen, wird man Sie nicht beachten. Die junge Frau am Empfang telefoniert oder gibt vor, etwas in einem Buch oder auf dem Bildschirm zu prüfen. Nicht weil sie keine Manieren hat, sie tut nur einfach das, was man ihr beigebracht hat. Früher stand ich dann immer wie ein Depp mit unglücklicher Miene da und versuchte, ihre Aufmerksamkeit auf mich zu lenken, und ich dachte: »Bitte schau mich an.« Aber Sie müssen nicht wie ich sein. Keineswegs! Nehmen Sie stattdessen Ihr Mobiltelefon heraus! Rufen Sie eine gute Freundin an, jemanden, den Sie eine Weile nicht gesehen haben, und beginnen Sie ein herzliches, längeres Gespräch.

2. Schritt: das Ablegen des Mantels. Wenn Sie das Gespräch beendet haben – und lassen Sie sich Zeit, *genießen* Sie die Plauderei –, wird die junge Frau am Empfang anbieten, Ihnen den Mantel abzunehmen. Seien Sie achtsam! Hier wird nämlich gern der zweite Schlag gegen Ihr Selbst-

wertgefühl ausgeteilt. Eine »freundliche« Bemerkung über Ihr Aussehen wird fallen. Bei meinem Besuch vor ein paar Tagen sagte der junge Mann am Empfang: »Na! Sie sind aber heute farbenfroh!« Dann wechselte er einen Blick mit einer Kollegin, und die beiden kicherten lautlos und einvernehmlich.

Einmal starrte ein Rezeptionist bei einem Friseur auf meine Handtasche und fragte: »Ist das Prada?«, und als ich das bejahte, sagte er: »Eine von den Nachgemachten?« (Das ist die reine Wahrheit, ich schwöre es beim Leben meines Neffen, ich könnte Ihnen sogar den Namen des Mannes sagen, aber das tue ich natürlich nicht.) Glauben Sie ja nicht, Sie können diesen Teil der Erniedrigungsmaßnahmen umgehen, indem Sie ohne Mantel kommen. »Ohne Mantel?«, sagen sie dann mit großen Augen. »Hoffen wir, dass es nicht regnet.«

Es gibt verschiedene Möglichkeiten, mit dieser Lage umzugehen. Sie können Feuer mit Feuer bekämpfen und eine Bemerkung über das Aussehen Ihres Gegenübers machen. Zum Beispiel: »Ich mag die Punkte. Sie sind so …« Husten, Kichern. »… jugendlich.« Oder Sie können etwas ganz anderes machen. Sie können demjenigen in die Augen starren, seinen Blick mit Ihrem festhalten und diese Wörter denken: »Ich habe grenzenloses Mitleid mit dir.« Halten Sie den Blick ein oder zwei Sekunden länger fest, als schicklich ist, und senden Sie über Ihre Augen Liebe aus. Das wird Ihr Gegenüber schwer verunsichern.

3. Schritt: das Warten. »Elijah ist jeden Moment bei Ihnen«, wird die junge Frau am Empfang sagen. Aber wir alle wissen, dass Elijah NICHT jeden Moment da sein wird. Elijah kommt dann, wann es ihm passt. Elijah twittert und verfolgt seine(n) Ex. Oder Elijah ist hinten und raucht eine.

Oder Elijah macht nichts und hätte Zeit für Sie, aber er kann nicht nach vorne kommen. Das kann er nicht. Denn Regeln sind Regeln, und Warten gehört dazu, denn es macht dem Kunden klar: »Deine Zeit ist nichts. Du hast das Glück, hier zu sein, und es ist wichtig, dass du das weißt.«

Es gibt unterschiedliche Möglichkeiten, mit diesem Warten umzugehen. Sie können wieder gehen – das habe ich ein paarmal gemacht. Oder Sie können eine Aufstellung von all denen machen, mit denen Sie geschlafen haben. Nehmen Sie einen Stift und ein Heft heraus, das Sie speziell hierfür mitgenommen haben, und fangen Sie an. Seien Sie rigoros. One-Night-Stands, alle. Vergessen Sie nicht die Urlaubsbekanntschaften. Durchforschen Sie Ihr Gehirn. Irgendwann kommt Elijah nach vorn und erwartet, dass Sie aufspringen. Ich aber sage Ihnen: TUN SIE DAS NICHT! Schreiben Sie Ihre Liste zu Ende. Wenn Sie fertig sind – und ich möchte, dass Sie das ordentlich machen –, sehen Sie auf, aber erst dann. Wenn Sie sich dazu imstande sehen, bitte ich Sie, eine Augenbraue hochzuziehen und zu Elijah zu sagen: »Sind wir so weit?« Üben Sie zu Hause, wenn Sie das Gefühl haben, Sie können das nicht im Salon zum ersten Mal machen.

4. Schritt: der Umhang. Elijah wird ihn so halten, dass Sie ihn auf jeden Fall falsch anziehen werden. Wenn Sie ihn von vorn anziehen, ist es wie ein Mantel. Wenn Sie ihn wie einen Mantel anlegen wollen, müssen Sie ihn über den Kopf ziehen. Mir ist sogar zugetragen worden, dass manche Friseure einteilige Anzüge entwickeln, in die man mit den Füßen zuerst steigen muss. Ich gestehe, dass die Friseure hier immer schon einen Schritt weiter sind. Deshalb kann ich nur vorschlagen, dass Sie sagen: »Gut, Elijah, Sie gewinnen die vierte Runde.«

5. Schritt: die Beratung. Seien Sie auf der Hut: *Das ist der zentrale Teil der ganzen Prozedur.* Hier wird der Wille der Kundin endgültig gebrochen. Jetzt sitzen Sie vor dem Spiegel, und Elijah nimmt eine Strähne von Ihrem Haar und lässt sie verächtlich wieder fallen. Dann nimmt er eine weitere Strähne und lässt auch die voller Abscheu fallen. Selbst wenn Sie bis hierhin alle Ihre Schritte richtig ausgeführt haben, sind Sie jetzt den Tränen nahe. Denn Elijah sagt: »Was ist denn hier passiert?«

Gewöhnlich stammle ich dann: »Wie meinen Sie das?«

Und Elijah sagt: »Das ist ja ein Bild des Jammers. Haben Sie sich die Haare für einen wohltätigen Zweck so schneiden lassen?«

»… aber …«

»Es ist ja völlig trocken. Die Spitzen brechen mir in den Händen weg.«

Dann stellt er die bedeutsamste Frage Ihres ganzen Besuches. Er sagt nämlich: »Welche Produkte benutzen Sie zu Hause?« Und hier müssen Sie unbedingt eine fertige Antwort parat haben, meine Lieben. Am besten wäre es, Sie könnten mit vorgerecktem Kinn, den Blick im Spiegel auf ihn gerichtet, sagen: »Zu Hause? Ich föhne mir nie selbst die Haare! Mein Friseur kommt jeden Morgen um sieben zu mir ins Haus.«

Wenn Sie aber befürchten, dass Ihnen diese Antwort nicht gelingt, gibt es noch andere Möglichkeiten. Sie können sagen: »Ich benutze Frédéric Fekkai.« (Die teuersten Haarpflegeprodukte, die ich kenne.) »Zugegeben, Elijah, es hat seinen Preis, aber es lohnt sich, nicht wahr? Seit einiger Zeit benutze ich den Overnight Conditioner, die Flasche zu 195 Pfund, und ich finde ihn ziemlich beeindruckend. Ehrlich gesagt sieht Ihr Haar auch ein bisschen mitgenommen aus. Ich habe zufällig eine Flasche bei mir, die könnte ich Ihnen für … sagen wir 220 … verkaufen …«

ODER Sie sagen: »Ich benutze Majestic Gold« (Sie haben das gerade erfunden), und Elijah würde die Lippen schürzen und fragen: »Wie bitte?« Und Sie sagen: »Ach, das ist so ein Wunderzeug aus den Vereinigten Emiraten. Es ist die teuerste Reihe auf der ganzen Welt.« Pause und ein kleines glockenhelles Lachen. »Sie tun richtiges Gold rein. Ich habe gehört, bei XY« – und Sie erwähnen eine hochpreisige Konkurrenzmarke – »machen sie das auch.«

ODER Sie sagen: »Elijah, Sie und ich, wir beide wissen, dass mein Haar völlig in Ordnung ist. Ich weiß, dass Sie mir einen teuren Conditioner verkaufen wollen. Aber es ist doch so: Entweder habe ich das Geld für den Conditioner, oder ich habe das Geld, um Ihnen am Ende ein ordentliches Trinkgeld zu geben. Aber ich habe nicht genug für beides. Es ist Ihre Entscheidung.«

Sie müssen sich auf eine dieser Optionen festlegen. Sie müssen eine Haltung einnehmen. Sonst finden Sie später, wenn Sie zur Kasse gehen, eine kleine Tüte mit Seilgriffen, die dort auf Sie wartet.

6. Schritt: die Haarwäsche. Sie werden zu einem Waschbecken geführt, und ein Kind, das vom Mindestlohn träumt, fragt sie, ob Sie eine Kopfmassage wünschen. Sie sagen Ja. Das Kind legt seine Daumen auf Ihren Schädel und drückt zweimal. Die Massage ist damit beendet.

7. Schritt: das Föhnen. Das kommt ganz drauf an. Es kann glattgehen. Vielleicht macht Elijah es so, wie Sie wünschen. Vielleicht auch nicht. Es hängt davon ab, wie sehr er Ihnen nachträgt, dass Sie den Conditioner nicht kaufen wollten.

8. Schritt: die Konversation. Elijah eröffnet das Gespräch mit der Frage, ob Sie in letzter Zeit Urlaub gemacht haben. Aber Sie können die Konversation abbiegen, indem Sie sagen: »In letzter Zeit war ich nirgendwo. Seit man mir den Pass abgenommen hat.«

9. Schritt: das Haarspray. Seien Sie brav, und nehmen Sie Ihre Medizin. Machen Sie den Mund auf, und lassen Sie Elijah eine Ladung hineinsprühen. Ziehen Sie es nicht in die Länge.

10. Schritt: das Ablegen des Umhangs. Sie stehen auf und erwarten, dass Elijah die Schleifen aufzieht. Aber das macht er nicht. Das müssen Sie selbst machen.

11. Schritt: die Verkaufsstrategie. Wenn Sie zur Kasse gehen, wird das Mädchen am Empfang mit singender Stimme beiläufig sagen: »Kommen noch irgendwelche Produkte dazu?« Und der Conditioner, den Elijah Ihnen verkaufen wollte, steht neben der Kasse und sieht Sie erwartungsvoll an, wie ein junger Hund in einem Heim für verlassene Hunde. Sagen Sie Nein. Noch einmal.

12. Schritt: Ihr nächster Termin. Die junge Frau am Empfang fragt Sie ganz nebenbei: »Wann soll ich Ihren nächsten Termin buchen?« Haben Sie den Mut zu sagen: »Wenn es in der Hölle friert«. Ich gestehe, dass ich es bis hierhin noch nicht geschafft habe, werde aber die Hoffnung nicht aufgeben.

13. Schritt: die Rückgabe Ihres Mantels. Die junge Frau am Empfang sagt: »Wie sieht Ihr Mantel aus?«

»Er ist blau.«

»Wirklich? Ein blauer Mantel? Das ist ... also ... köstlich!«

Die junge Frau verschwindet in einer kleinen Kammer,

wo sie ein Twirl isst und ihre SMS liest. Geraume Zeit später kommt sie wieder heraus, schluckt den Rest der Schokolade runter und sagt: »Kein blauer Mantel.« Sie mustert Sie, als wären Sie ein Idiot und könnten sich nicht mehr erinnern, was Sie heute Morgen angezogen haben.

»Aber er muss da sein. Er hat eine Kapuze …«

»Eine *Kapuze*?«

Das ist der Moment, da Sie denken: »Warum habe ich bloß einen blauen Mantel mit einer Kapuze? Sollte ich nicht einfach ohne ihn gehen?«

Bleiben Sie standhaft, rufe ich Ihnen zu. Bleiben Sie standhaft. Bestehen Sie darauf, dass die junge Frau noch einmal nachsieht.

Nach einer Weile kommt sie heraus und zerrt ein altes Ding hinter sich her. Ihr Mantel. Mit gespieltem Erstaunen, dass es jemanden gibt, der so etwas anziehen will, fragt sie: »Dieser hier etwa?«

Voller Scham wandeln Sie auf Messers Schneide. Sie erwägen ernsthaft, den Mantel zu verleugnen und den Rückzug anzutreten. Tun Sie es nicht. Es ist Ihr Mantel. Sie haben ihn gekauft, weil Sie ihn wirklich haben wollten. Lassen Sie ihn nicht liegen.

Vorwurfsvoll sagt die junge Frau am Empfang: »Er lag unter einem Stapel anderer Mäntel.«

Entschuldigen Sie sich NICHT.

Die letzte Demütigung: das Anziehen des Mantels. Die junge Frau am Empfang tritt hinter Sie und gibt vor, Ihnen beim Anziehen des Mantels zu helfen, aber in Wirklichkeit wird sie die Armlöcher zuhalten, sodass Sie mit den Armen in der Luft kreisen, als übten Sie Rückenschwimmen, und sich fragen, warum Sie das nicht schaffen.

Nehmen Sie ihr einfach den Mantel aus der Hand und sagen Sie: »Danke, ich mach das selber.«

Das wär's. Ich hoffe, diese bitter gewonnenen Erfahrungen sind in irgendeiner Weise nützlich. Lassen Sie mich noch einmal sagen, dass ich meine Friseurin sehr schätze, was beweist, dass nicht alle schrecklich sind.

*mariankeyes.co*m, Januar 2013

Personal Shoppers

Personal Shoppers. Ja. Also meine Mam würde sagen, ich sei fernab von Personal Shoppers aufgewachsen. Trotzdem ist es mir mit übermenschlicher Kraft gelungen, die Stimme in meinem Kopf, die sagt, *Du hast nichts verdient*, lange genug zum Schweigen zu bringen, um einen Termin mit einem Personal Shopper – wir nennen sie Alex – in einem großen Kaufhaus in London (im Folgenden GKIL genannt) zu vereinbaren.

Ich weiß nicht, welche Sorte Menschen normalerweise einen Personal Shopper bestellen, aber ich vermute, ich gehöre nicht dazu. Ich stellte mir vor, es seien viel beschäftigte Geschäftsfrauen oder Frauen, die oft zu Charity-Veranstaltungen gehen – Menschen, die einfach keine Zeit haben, durch die Geschäfte zu bummeln.

Ich persönlich bummle ganz gern durch die Geschäfte. Aber ich hatte einen speziellen Grund, warum ich eine Langzeitbeziehung zu einem Personal Shopper aufbauen wollte: Schuhe. Genau, Schuhe. Auch andere Sachen, hoffte ich, aber besonders Schuhe.

Ich habe nämlich sehr kleine Füße … Moment mal … warten Sie! Denn genau in diesem Moment muss ich allen Menschen Einhalt gebieten, die mir sagen wollen, welches Glück ich doch habe, da ich alle meine Schuhe in der billigen Kinderabteilung kaufen kann. Denn ich bin klein und brauche hohe Absätze, ich muss mich größer machen. Kinderschuhe sind a) zu niedrig, b) aus Plastik, c) zu niedrig, d) mit Comicfiguren verziert. Ich habe also überhaupt kein Glück.

Jeden Frühling und jeden Herbst, wenn die neuen Schuhe eintreffen, mache ich mich auf die Suche nach den weißen Trüffeln unter den Schuhen, nach dem Heiligen Gral: Schuhe in Größe 35. Aber ich lebe nicht in London, und in Irland gibt es keine Schuhe unter Größe 37. (»Sie werden nicht verlangt«, bekomme ich zu hören, worauf ich verzweifelt entgegne: »Aber ich verlange sie.«) Und dass ich genau an dem Tag in London bin, an dem die beklagenswert wenigen Paare in Größe 35 in den Läden eintreffen, ist ziemlich unwahrscheinlich. Mein gewitzter Plan war also, dass ein Personal Shopper meines Vertrauens für mich vor Ort sein und mir die 35er-Paare sichern würde.

Da ich nun gerade zwischen den jeweiligen Schuhsaisons nach London musste, beschloss ich – auch um eine erste echte Beziehung herzustellen –, dass ich Alex bitten würde, ein Kleid für mich zu suchen. Ein förmliches Kleid, nicht zu förmlich, aber eins, das den Übergang vom Büro zum roten Teppich schaffte – nicht dass ich in die Nähe eines roten Teppichs kommen würde, aber für alle Fälle. Ein Kleid wie ein Issa-Kleid, aber nicht von Issa, weil ich davon schon eine beschämende Vielzahl besaß.

Wir trafen uns also. Und obwohl sie sehr schlank ist, nannte sie mich nicht Darling. Das gefiel mir. Wir setzten uns in das Café des Kaufhauses, sie besorgte mir einen Orangensaft und fragte mich nach meinem Geschmack, nach meinem Stil, meiner Größe, und das war alles längst nicht so leicht zu beantworten, wie es sich anhört. Dann ging sie davon, und ich blieb mit meinem Orangensaft sitzen und versuchte, ein Sudoku zu lösen, und nach einer Viertelstunde war sie zurück und führte mich über verschlungene Wege zu einem großen Umkleideraum, in dem Kleider über Kleider hingen.

Spannend? Ja – zumindest theoretisch. Aber praktisch gesehen war es kein Erfolg. Die Kleider hatte ich alle schon früher bei meinem eigenen Recherche-Rundgang gesehen. Nichts Neues oder Aufsehenerregendes war aus einem geheimen Gewölbekeller für die besondere Kundin ans Licht gebracht worden. Und nichts erfüllte die Funktion. In den Temperley-Kleidern sah ich aus wie Camilla Parker Bowles – ja, ich weiß, sie ist allseits beliebt und kann nichts falsch machen, aber es bleibt eine Tatsache, dass ihre Beine unter einem ausgestellten Rock an ein Reh im Visier des Jägers erinnern. Oder vielleicht an eine Anrichte.

In dem Etro-Kleid mit tiefer Taille sah ich aus wie die Kröte von Toad Hall, als bestünde ich nur aus Bauch. Die Missoni-Kleider waren atemberaubend teuer. Die Diana von Fürstenberg-Collection war hübsch, aber zu brav, und wie schon gesagt, ich hatte bereits zu viele Issa-Kleider.

Mir brach der Schweiß aus, Panik stieg in mir auf. Ich saß in der Falle, in diesem Umkleideraum mit all den teuren, untauglichen Kleidern, und ich hatte mir einen Orangensaft ausgeben lassen. Ich musste etwas kaufen. Es war meine moralische Pflicht. Alex hatte sich solche Mühe gegeben … der Raum wurde immer kleiner, die Decke drückte von oben herab, und die Kleider schienen albern zu lachen, als wollten sie mich quälen.

Letztendlich kaufte ich ein Issa-Kleid – ich brachte es

nicht über mich zu gehen, ohne etwas zu kaufen – und fragte, ob ich einen Termin für meinen nächsten Besuch in London machen könnte. (Schuhzeit.) Sie sagte, so weit im Voraus würde sie keine Termine machen, sie würde sich melden. Aber das tat sie nicht. Als die Zeit näher kam, rief ich sie an und hinterließ eine Nachricht. Sie rief nicht zurück. Ich versuchte es wieder, hinterließ wieder eine Nachricht. Ich rief ein drittes Mal an, und erst beim vierten Mal wurde mir bewusst: Alex würde sich nicht melden. Oh nein ... mein Personal Shopper hatte mir die Beziehung aufgekündigt!

Warum? Warum? Hatte ich nicht genügend Stilbewusstsein? War ich nicht dünn genug? Hatte ich nicht genug Geld ausgegeben? Hätte ich den Orangensaft nicht annehmen sollen? Auf diese Fragen gab es keine Antworten, und ich musste der frustrierenden und unbequemen Wahrheit ins Gesicht sehen: Jemand wie ich würde nie einen Personal Shopper haben. Wieder einmal hatte Mammy Keyes recht. Mein Pech.

Erstmals veröffentlicht in *Marie Claire*, Oktober 2006.

Kugelhanteln

Ich habe einen Kugelhantel-Kurs gemacht. Sweet Baba Jay! Und das kam so: Eines Morgens ging Er Selbst – und das macht er regelmäßig – laufen, über einen senkrechten Anstieg erklomm er den Lugnaquilla, die höchste Erhebung in Wicklow. (Das glaube ich wenigstens, ich könnte mich irren, aber der Berg ist sehr hoch.)

Er Selbst ist immer in aller Herrgottsfrühe auf. Wenn er nicht auf einen Berg rennt, macht er bei Dunkelheit einen Fünfzig-Kilometer-Lauf in den Hügeln (die Wahrheit) oder nimmt an irgendeinem SCHRECKLICHEN Ausdauerlauf teil. In Irland gibt es einen, der »Hell and Back« heißt. Aber solche Läufe werden überall veranstaltet und sehen meist vor, durch Seen zu rennen und Stromschläge einzustecken, Betonpoller über eine drei Meter hohe Mauer zu hieven und unter Stacheldraht durchzurobben.

Jedenfalls dämmerte mir, dass die Ungleichheit unserer körperlichen Fitness immer größer und unüberbrückbar wurde und dass es für mich Zeit war, etwas dagegen zu tun. Ich recherchierte also ein bisschen und stellte fest, dass an dem Morgen ein Kugelhantel-Kurs in der Sporthalle in Bluepool stattfand. (Vielleicht heißt der Sport nicht mehr so, aber als ich Teenager war, hieß er so, und diese Begriffe setzen sich fest.)

Ich rief an, um Genaueres zu erfahren, und die reizende Dame am Telefon erzählte mir, dass der Kurs vierzig Minuten dauert und nicht zu schwer sei. Ich ging also hin und fand allen Ernstes heraus, dass die leichteste Kugelhantel *acht Kilogramm* wog – ich meine, das ist mehr als ein Stein!

Das war schlimm genug, aber es sollte noch schlimmer kommen, denn der Lehrer – ein netter junger Mann mit Tätowierungen und interessantem Gesichtshaar – sagte, wir würden rausgehen. Raus! Auch in guten Zeiten bin ich kein Freund von Räumen ohne Dach, Wände und Fenster (am besten geschlossen). Aber die Stunde draußen zu absolvieren bedeutete in diesem Fall auch noch, dass alle Passagiere auf dem Oberdeck des Vierer-Busses meine ächzende und keuchende Schande miterleben würden. Ich sollte noch erwähnen, dass der Vierer-Bus den Sportplatz, wo wir die Übungen machen würden, nicht einfach nur passierte, sondern genau gegenüber seine Endhaltestelle hatte. Die Passagiere auf dem Oberdeck würden mich also nicht im raschen Vorbeifahren erspähen, sondern mein kirschrotes Gesicht fünfzehn bis zwanzig Minuten betrachten können, während sie auf die Abfahrt des Busses warteten. Vielleicht würden sie auch Bemerkungen austauschen, während sie beobachteten, ob ich sportlich »in Form« war:

»Die hält die Stunde nicht durch.«

»Ich sage es Ihnen, die hält nicht durch.«

»Wahrscheinlich wird ihr schlecht!«

»Da haben Sie recht! Sie haben recht, in wenigen Minuten ist es so weit. Mehr als vier Minuten schafft die nicht.«

»Ich sage drei Minuten fünfzig Sekunden.«

»Zwei Minuten fünfunddreißig.«

Ja, sie würden mich beobachten, als würden sie gemeinsam bei einem interessanten, aber auch grauenhaften Sportereignis zusehen und dabei zu Freunden werden.

Vor dem Beginn der Stunde wurde mir klar, dass alle anderen – sieben oder acht Frauen – regelmäßig teilnahmen und sich kannten, und die Gesprächsfetzen, die ich aufschnappte, ließen darauf schließen, dass ihre Kinder gemeinsam zur Schule gingen. Ich hielt mich also am Rande ihrer vertrauten Runde auf und lächelte, gezwungen unsportlicher Typ, der ich bin.

Dann ging es los! Der Lehrer-Bubi verkündete, wir würden eine Aufwärmübung machen, die nach meiner Erfahrung mit anderen Gymnastik-Kursen aus Kreuzschritten und anderem Kinderkram bestand, aber so etwas gab es hier nicht. Stattdessen mussten wir uns entlang der vier Seiten des Platzes im Seitgalopp fortbewegen. Sie haben das im Fernsehen gesehen, oder? Wie Fußballer Seitgalopp machen und dann sprinten, wobei sie die Knie bis zur Brust hochziehen, und dann die Hacken an den Po schlagen? Ja? Genau das sollten wir tun.

Es war ENTSETZLICH, und ich dachte, ich würde an meiner Unsportlichkeit sterben, aber ich musste durchhalten, hatte keine andere Wahl, weil die Passagiere im Vierer-Bus mir so gespannt zusahen. (Mir war es zu peinlich, zu ihnen hinüberzugucken, aber ich war mir der Reihe Gesichter sehr wohl bewusst, die mit gebannter Aufmerksamkeit an den Fenstern klebte.)

Dann! Mussten wir die Kugelhanteln schwingen, und ich bekam meine Acht-Kilo-Hantel kaum vom Boden, von Schwingen ganz zu schweigen, und es war ein Glück, dass ich sie mir nicht auf den Kopf fallen ließ, obwohl ich GENAU das erwog, um den Rest der Stunde nicht mitmachen zu müssen, so wie Soldaten im Ersten Weltkrieg sich in den Fuß schossen und erklärten, der Schuss hätte sich beim Reinigen des Gewehrs gelöst, um zu vermeiden, dass sie wieder an die Front geschickt würden.

Aber ich machte weiter, obwohl die Stunde EINE STUNDE UND ZWANZIG MINUTEN dauerte, denn trotz allem herrschte dort ein gutes Gemeinschaftsgefühl, und ich mochte den Lehrer und die anderen Teilnehmer, und es kostete nur sechs Euro, und es herrschte dort eine Aufrichtigkeit, die mir gefiel.

Ich nahm mir fest vor, wieder hinzugehen, aber bisher hat es noch nicht geklappt, immer kommt was dazwischen … Aber ich habe es vor! Ja! Bestimmt! Vielleicht …

mariankeyes.com, Mai 2014

Plunder für Dödel

Es scheint mir Ewigkeiten her, aber letztes Jahr im August war ich mit meiner ganzen Familie in den Ferien in Italien. Wir wohnten in einer charmanten Villa in der Nähe von Cortona, einer hübschen Ortschaft auf einem Hügel, und Sie wissen, wie es ist – Italien, Sonne, Tomaten, komische spitze Bäume, überall sagt man »*Mi scusi*« – es war fabelhaft.

Jeder hatte eine Wunschliste gemacht: Seán wollte Pizza machen, Oscar wollte schwimmen lernen, ich hatte mir vorgenommen, jeden Geschmack der neunundvierzig Eissorten in der Snoopy Gelateria zu probieren, und Caitríona, die in New York lebt, wollte unbedingt zu einem Designer-Outlet fahren, das eine Stunde Autofahrt von der Villa war.

Nichts dagegen, außer dass ich sie begleiten sollte, und ich kann Designer-Outlets nicht AUSSTEHEN.

Ja, ich weiß, die meisten Menschen lieben diese Läden. Sie fahren mit einem leeren Koffer hin und kommen mit einem entzückenden Wintermantel, drei Paar Stiefeln, acht Diana von Fürstenberg-Kleidern, einem Lederhemd, einer Prada-Handtasche und Tom Fords Telefonnummer zurück – alles für fünf Euro. Aber ich bin da anders, an mir prallen günstige Schnäppchen ab. Ich finde nie etwas im Ausverkauf, und mehrmals schon habe ich etwas zum vollen Preis gekauft und dann hilflos mit ansehen müssen, wie der Preis fünf Minuten später um die Hälfte gesenkt wurde. (Zu der Schnäppchenresistenz gehört auch, dass ich nicht handeln kann und oft nach vielem Hin und Her mehr als den ursprünglich geforderten Preis bezahle. Ich weiß nicht, wie das passiert – von Zahlen schwirrt mir der Kopf, und ich wirke wie ein halber Idiot …)

Das heißt allerdings nicht, dass ich noch nie etwas in einem Designer-Outlet gekauft habe. Ich hatte immer das Gefühl, ich müsste das tun, auch wenn mir das Zeug nicht gefiel; weil alles nur ein Drittel des ursprünglichen Preises kostete, war es meine Pflicht, Dinge zu kaufen, und bei meiner Rückkehr versammelte ich meine Lieben um mich und führte meine Einkäufe vor und machte ein Spiel, bei dem ich den Preis der Dinge nannte und ihn mit dem reduzierten Preis verglich, den ich bezahlt hatte, und wir zählten das Geld zusammen, das ich »gespart« hatte.

Obwohl ich mich in Outlets wie Bicester Village, Cheshire Oaks und Kildare Village rumgetrieben habe, kann ich ehrlich sagen – auch wenn ich zur Übertreibung neige –, also kann ich *ehrlich sagen, dass ich* nie auch nur ein einziges der dort erstandenen Kleidungsstücke getragen habe.

Ich bin der Ansicht, dass es einen Grund gibt, warum sie nicht verkauft wurden – nämlich weil sie hässlich sind oder weil sie drei Ärmel und keinen Halsausschnitt haben oder weil die Farbe ein scheußlicher Senf-Kakiton ist, den man auch an seinem schlimmsten Feind nicht sehen möchte. Die einzigen Schnäppchen, die ich je erstanden habe, sind zwei türkisfarbene Le Creuset-Töpfe in Kildare Village, die vierzig Prozent billiger waren als bei Brown Thomas. Aber das ist auch schon alles, meine Freunde.

Ich hatte also keine große Lust, mit Caitríona in dieses Designer-Outlet zu fahren. Dazu kam noch, dass ich drei Jahre zuvor schon einmal dort gewesen war und es so enttäuschend gefunden hatte, dass ich es »Boulevard der zerstörten Träume« nannte.

Aber sie ist meine Schwester, und Er Selbst war fürs Fahren eingeteilt, also dachte ich: »Na gut, ich komme mit und bleibe im Auto sitzen und lese mein Buch, während sie sich den ganzen Ramsch ansieht.« Aber ich musste meine Position klarmachen, und ich sagte: »Du weißt, dass Designer-Outlet insgeheim ein Anagramm für ›Plunder für Dödel‹ ist?«

Wir fuhren also los, Er Selbst am Steuer, und es stellte sich heraus, dass Caitríona nicht nur einen Ausflug machen wollte, sondern eine Mission verfolgte – sie wollte ein paar Hogan-Sportschuhe kaufen. (Wer es nicht weiß, Hogan ist eine US-Firma, die »kleine Schwester« von Tod's, die Schuhe und Taschen und dergleichen mehr herstellen.) Yes, Caitríona hatte sich auf Hogan-Sneaker versteift. In New York waren sie die angesagte Marke, erzählte sie mir, und sehr teuer, aber sie war zuversichtlich, dass sie im Hogan-Laden des Outlets ein bezahlbares Paar erstehen könnte.

Und da war mein Interesse doch geweckt. Wenn diese Schuhe in New York so eingeschlagen hatten, sollte ich sie mir vielleicht mal näher ansehen. Und als wir am Boulevard der zerbrochenen Träume ankamen, beschloss ich, doch mitzukommen, statt im Auto zu bleiben, und wenigstens mal zu gucken.

Caitríona war schon aus dem Auto, während Er Selbst noch beim Einparken war, und eilte schnellen Schrittes davon, musste dann aber anhalten und auf die Karte gucken.

Ihre Beine zappelten, offenbar rauschte Adrenalin durch ihren Körper, und sie murmelte: »Es muss da drüben sein, irgendwo da«. Als Nächstes rief sie aus: »Da ist es ja!«, und rannte los.

Und da war er tatsächlich, der Hogan-Laden, und ich und Er Selbst eilten hinter Caitríona her. Als wir sie eingeholt hatten, war sie schon tief in das Geschäft vorgedrungen, wo MILLIONEN von Sneaker ausgestellt waren. Millionen und Abermillionen in allen Farben – rosa Lack, kobaltblaues Wildleder, tintenblaues Glattleder –, aber sie waren allesamt hässlich. Sie hatten eine merkwürdig kantig geformte Kappe und sahen aus wie Schnürschuhe, die von bemitleidenswerten älteren Damen mit Arthritis getragen wurden.

Mich packte das kalte Grauen. Hier war meine Schwester, meine innig geliebte Schwester – wir waren uns *immer* einig, wir mochten und verachteten *dieselben Dinge*. Aber offensichtlich hatte sie zu lange in New York gelebt. Ungebeten stieg in mir die Erinnerung daran auf, dass sie *Brügge sehen … und sterben?* nicht gemocht hatte, dass sie den Film einfach nicht verstanden hatte. Dabei war es ein so großartiger Film. »Ich verliere sie«, dachte ich, »ich verliere sie, und das ist schrecklich.«

Caitríona ging an den Auslagen auf und ab und sprach leise vor sich hin, und Er Selbst zeigte auf ein Paar der hässlichen Sneaker und sagte: »Wo wir schon hier sind, möchtest du mal ein Paar anprobieren?«

Wie ich schon erwähnte, meine Füße sind Größe 35 – und wenn ich das sage, denken die Leute, ich wollte angeben, als würde ich zum Beispiel sagen: »Meine Güte, ich habe den Stoffwechsel von einem Greyhound! Was ich auch esse, ich nehme nicht zu!« Dabei ist es ein Fluch, Füße in

Größe 35 zu haben. Denn Schuhe in Größe 35 sind seltener als ein Einhorn.

Hier, bei Hogan, waren die Kartons mit Sneakers bis zur Decke gestapelt, und es gab mehr Paare in Größe 35, als man zählen konnte. Da sie aber alle hässlich waren, lehnte ich das Angebot von Ihm Selbst ab, und wir holten unsere Mobiltelefone raus, guckten bei Twitter nach und richteten uns auf eine lange Wartezeit ein. Aber wenige Augenblicke später stand Caitríona mit wildem Blick vor uns.

»Sie sind hier teurer als in Venedig«, sagte sie. »Sogar teurer als in New York! Irgendwas stimmt da nicht!«

Ich legte alles Mitgefühl, das ich aufbringen konnte, in meine Stimme und sagte: »Plunder für Dödel, Caitríona, nichts als Plunder für Dödel.«

Ich legte ihr meinen Arm um die Schultern, und auf der Fahrt zurück waren wir sehr bedrückt.

Aber sie gab sich Mühe, nicht aufzugeben und den Rest der Woche zu genießen, und man muss sagen: Wir hatten es gut. Seán machte seine Pizzas, Oscar lernte schwimmen, ich schaffte siebenundzwanzig der neunundvierzig Sorten in der Gelateria – und unser Abschied am Flughafen in Rom war sehr emotional.

Als ich wieder zu Hause war, lag der Herbst vor mir, und eine Woche nach unserer Rückkehr las ich die Sonntagszeitung, als mir etwas ins Auge stach: »Hogan-Sneaker in Minuten ausverkauft.« Aufmerksam las ich den Artikel. Offenkundig wünschte sich jeder der Fabelhaften in London Hogan-Sneaker, und in einem Geschäft in der Sloane Street war es beinah zu einem Handgemenge gekommen. Schon jetzt wurden die Schuhe zu enorm erhöhten Preisen auf eBay verkauft.

Mit zitternden Fingern ging ich ins Netz und stellte fest, dass all das stimmte, und ich dachte, ich müsste mich übergeben. Plötzlich sah ich, wie sehr ich mich geirrt hatte: die seltsam kantige Kappe des Schuhs war nicht hässlich, sie war *richtungsweisend*, sie war *modisch*! Und zu denken, dass ich zwanzig Paar Größe 35 in verschiedenen Farben und Ausfertigungen hätte kaufen können! Was war ich doch für ein Trottel, was für ein ahnungsloser Idiot!

Ich hatte mir eine kostbare Gelegenheit entgehen lassen, und das war unerträglich. Schlimmer noch war, dass ich mit niemandem darüber sprechen konnte, weil Er Selbst die Woche über weg war (zur Besteigung des Mont Blanc – lassen Sie mich abschweifen und sagen: Gut für ihn!)

Ich war den Tränen nahe und wanderte im Haus umher, bemüht, meiner Verlustgefühle Herr zu werden. Ich hätte Caitríona vertrauen sollen, sie lebte in New York, Herr im Himmel. *New York!* Natürlich hatte sie den Finger am Puls!

»Auch dies geht vorüber«, sagte ich mir immer wieder, »auch dies geht vorüber.«

Aber der Tag verging, und meine Trauer – ja, es war Trauer – ließ nicht nach. Schließlich rief ich in dem italienischen Laden an! Wirklich! Und der Mensch am anderen Ende der Leitung war hochnäsig und gab vor, mich nicht zu verstehen, und legte mitten im Satz auf, und als ich die Nummer wieder wählte, ging keiner ran.

Meine Verzweiflung wuchs – plötzlich wusste ich, was ich tun musste. Es war ganz einfach: Ich musste nach Italien fliegen. Ja. Niemand brauchte es zu wissen – ich könnte am selben Tag hin- und zurückfliegen. Ich würde einen Flug in eine der Städte buchen – Rom, Palermo, was weiß ich (meine geographischen Kenntnisse von Italien sind sehr rudimentär.)

Und ich würde mir ein Auto mieten. Ja. Zugegeben, ich war noch nie im Ausland gefahren, und normalerweise schreckte mich die Vorstellung – aber nicht jetzt. Nein. Ich meine, so schwer konnte es nicht sein. Stimmt, die Autobahnen machten mir Angst, und die italienischen Fahrer fuhren wie die Besengten, aber ich konnte doch auch wie eine Besengte fahren, oder?

Wegbeschreibungen, gut, das könnte schwierig sein. Ich weiß kaum den Unterschied zwischen rechts und links, aber wo ein Wille ist, da ist ein Weg, richtig? Vielleicht hätte der Mietwagen ein Navi, obwohl ich noch nie eines programmiert hatte und obwohl es wohl auf Italienisch wäre und obwohl ich außer *mi scusi* kein Wort dieser Sprache konnte.

Aber ich würde die Reise machen, dessen war ich mir sicher. Ein zentraler Punkt meines Plans war, dass niemand davon erfahren durfte: Mir war die Wahnsinnsidee zu peinlich. Donnerstag wäre der beste Tag – dann wäre Er Selbst bei der letzten Etappe des Aufstiegs und hätte keinen Funkkontakt. Allen anderen würde ich sagen, dass ich den ganzen Tag über arbeiten und nicht gestört werden wollte, und es würde alles gut gehen. Bestens.

Ich suchte also nach Flügen und war ziemlich erstaunt, wie teuer sie waren – aber, dachte ich ganz vernünftig, wenn ich ausreichend Paare Sneaker kaufte, würde ich sogar noch *verdienen*, denn obwohl die Schuhe da teurer waren als in New York, waren sie immer noch billiger als in London.

Dann erwies sich die Logistik als viel komplizierter, als ich mir gedacht hatte: Keine Fluggesellschaft flog am selben Tag hin und wieder zurück. Ich probierte alle Flughäfen – Pisa, Bologna, Rom, Florenz –, und am Ende ergaben sich zwei Möglichkeiten: Ich konnte nach Pisa fliegen, einen

Wagen mieten, zu dem Outlet fahren, dann nach Rom fahren, den Wagen abgeben und zurückfliegen. Oder: Ich konnte nach Florenz fliegen, einen Wagen mieten, zu dem Outlet fahren, zurück nach Florenz fahren, übernachten und am nächsten Morgen zurückfliegen.

Inzwischen war es vier Uhr morgens, und ich hatte zehn Stunden im Netz zugebracht, also beschloss ich, ins Bett zu gehen und am Morgen eine Münze zu werfen, ob es Pisa oder Florenz sein sollte.

Ich schlief ein, und als ich aufwachte, war ich nicht mehr verrückt.

EPILOG: Vor einiger Zeit habe ich ein Paar Hogans von einer italienischen Website gekauft. Bin mir immer noch nicht sicher wegen der Kappe.

Erstmals veröffentlicht in *RTÉ Guide*, November 2104.

Bono Boots

Ich muss Ihnen von meinen Bono Boots erzählen, und das ist alles Bewusstseinsstrom, also bleiben Sie dran.

Gut! Ich brauchte neue Schuhe. Ich hatte ein tolles Paar Stiefel von Ecco, und sie hatten mir den Winter über gute Dienste geleistet und mich überall hingetragen, aber plötzlich wollten sie nicht mehr, und verstehen Sie bitte, dass ich den Stiefeln keine Vorwürfe mache, sie haben wirklich alles gegeben, aber mit einem Mal waren sie faltig und schlaff geworden und sahen aus wie kleine Elefanten an meinen Füßen, und das ging nicht.

Ich ging also auf die Suche nach einem neuen Paar Stiefel, aber in jedem Schuhgeschäft starrten mir zarte, blumige, gelbe Sandalen entgegen, und ich sagte: »Nein, ich brauche Stiefel!« Und die Verkäuferinnen sagten: »Es gibt keine Stiefel, jetzt nicht mehr, jetzt ist Frühling, kaufen Sie doch diese hübschen gelben Sandalen«, und ich sagte: »Aber es schneit, um Himmels willen!«, und sie sagten: »Kaufen Sie Sandalen, kaufen Sie Sandalen, kaufen Sie Sandalen!«, und ich sagte: »Nein, ich gehe nach Hause und kaufe Stiefel im Internet! Und da wundern Sie sich noch, dass niemand mehr in richtigen Geschäften einkauft!«

Ich ging also nach Hause und suchte im Internet nach Stiefeln, dazu muss ich sagen, dass ich an einen Stiefel bestimmte Anforderungen stelle. Er muss schnell an- und ausgezogen sein, also nichts zum Schnüren. Er muss federn, braucht also eine elastische Sohle. ABER!!! Und das ist sehr wichtig. Er muss auch einen Absatz haben. Ja, einen kleinen Absatz, denn ich bin außerordentlich kurz geraten, gerade mal fünf Fuß, und ich weiß nicht genau, was das in Metern ist, aber siebenunddreißig Zentimeter, höchstens achtunddreißig. Vielleicht auch einundvierzig, aber wirklich nicht mehr.

Ich brauche also einen Absatz. Nur darf der Absatz nicht zu hoch sein. Ich mache viele kurze Gänge. Hier ein Gang zum Optiker, dort ein Gang zur Apotheke und zum Sobriety Emporium und so weiter, deshalb brauche ich Citystiefel. Mir ist klar, dass Citystiefel elegant und glänzend klingt, mit hohem Absatz, aber das ist nicht, was ich brauche. Wahrscheinlich brauche ich Vorstadtstiefel. Ein kleiner Teil in mir drin ist bei dem Satz gerade gestorben, aber sei's drum.

Ich ging also ins Internet und suchte nach den Ecco-Stiefeln, aber es war kein einziger mehr übrig. Außerdem, das wissen Sie ja, brauche ich die Stiefel in Größe 35, und das ist verdammt schwierig. Denn Größe 35 (es muss Ihnen zum Halse raushängen, dass ich das immerzu wiederhole) ist ein seltenes und schwer zu ergatterndes Geschöpf. Mein Leben lang habe ich Schuhe in Größe 36 kaufen müssen, und massenweise Einlegesohlen dazu, die ich mit Superglue in die Schuhe kleben musste, und dann meine Füße an die Sohlen, damit ich nicht aus den Schuhen rutschte.

Es war März, und ich suchte nach Stiefeln Größe 35 mit Absatz, einem kleinen, nicht zu hohen. Ach ja, und es muss ein Halbstiefel sein, denn ich habe so kräftige Waden, dass ein Reißverschluss nie über meine Achillessehne gehen würde.

Aus alter Freundschaft schaute ich auf die Camper-Website. Jeden Winter habe ich von Camper ein perfektes Paar Stiefel gekauft, mit gerade der richtigen Elastizität in der Sohle und dem richtigen Absatz, die außerdem noch gut aussahen. Aber dann wurde die Website umgestaltet, und wenn ich sie jetzt besuche, weine ich vor Frustration und Traurigkeit und bekomme keine Stiefel.

Ich versuchte Clarks, die damit prahlen, wie bequem ihre Schuhe sind, aber sie produzieren nicht kleiner als Größe 36. Dann versuchte ich zahllose US-Hersteller, die »akzeptable« Stiefel anboten, aber wenn sie merkten, dass die Stiefel nach Irland geschickt werden sollten, vervierfachte sich der Preis.

Danach ging ich auf Net-a-Porter … Wunderbares Net-a-Porter. Ich weiß, ich verhielt mich, als wäre es 2007. Ich gab ein: schwarze (noch eine Spezifikation, die ich zu erwähnen vergaß) Halbstiefel, Größe 35, lehnte mich zurück und wartete, dass die Seite mich auslachen würde. Aber zu meinem übergroßen Erstaunen zeigten sie mir ein Paar schwarze Halbstiefel mit einem kleinen Absatz, Größe 35. Ich dachte, ich hätte Halluzinationen.

Dann sah ich, dass es Acne-Stiefel waren – und was wissen wir über Acne? Genau! Es ist eine schwedische Marke. Und was wissen wir über das Schwedische? Genau! Es ist fabelhaft. Genau! Acne = Schwedisch = Wallander = aus *Die Brücke –Transit in den Tod* = fabelhaft!

Dann sah ich den Namen der Stiefel – es waren »Pistol«-Stiefel. Von denen hatte ich schon gehört, ohne dass ich das wusste. Sie waren in *Grazias* und dem *Sunday Times Style*-Heft vorgekommen. Acne Pistol-Stiefel IN MEINER GRÖSSE!!!

Ich sah den Preis – aber ich wurde von einer solchen Riesenwelle getragen, dass ich ihn nicht weiter beachtete. Ich wäre cool! Ich würde in Boots gehen, die von der *Sunday Times* vorgestellt worden waren! Die mir passten! Ich wäre praktisch schwedisch! Ich war so aufgeregt.

Ich bestellte die Stiefel! Ich verfolgte ihre kurze Reise über Net-a-Porters DHL-Wunderwerk. Und heute Morgen kamen sie an! Ich ließ die Arbeit liegen und befehligte Ihn Selbst an den Ort des Anprobierens (das Schlafzimmer). Mir war fast schlecht vor Sorge, ob sie mir passen würden. Ich steckte meine Füße hinein. Sie passten. »Sie passen. Sie passen. Sie passen. Sie passen.« Ich rannte die Treppe runter, riss die Haustür auf und rief den Autos und Bussen zu: »Sie passen.« Die Passagiere auf dem Oberdeck des 46a applaudierten, die Menschen meldeten über SMS und Twitter: »Sie passen. Sie passen. Sie passen.«

Der Tag nahm seinen Lauf, und um die Mittagszeit musste ich einige Dinge erledigen, und während ich unterwegs war, sah ich Bono. Nur von der Taille zu den Füßen. Diese engen schwarzen Jeans, die Stiefel mit den raffinierten Absätzen … und zu meinem großen Entsetzen bemerkte ich, dass die Gestalt, die ich sah, nicht Bono war, sondern mein Spiegelbild in einem Schaufenster.

Es gibt andere Momente in meinem Leben, in denen ich wie Bono aussah (zum Beispiel, als ich den Maserati von Ihm Selbst fuhr – darüber später in diesem Buch). Schwer geschockt fuhr ich mit meinen Erledigungen fort. Als Nächstes musste ich meine Mam besuchen, die gerade eine Lungenentzündung überstanden hatte. Sie begrüßte mich herzlich, und ich fragte sie: »Mam, sehe ich wie Bono aus?«

»Nein, kein bisschen«, sagte sie fest.

»Aber, Mam, ich glaube, ich sehe doch wie er aus«, sagte ich. »Guck doch, meine Beine. Und besonders meine Stiefel.«

Sie sah genau hin. Sie betrachtete alles ganz genau. Dann sprach sie. »Hast du eine Sonnenbrille?«

Ich sagte Ja.

»Setz sie auf«, sagte sie.

Ich tat ihr den Gefallen.

»Trampel mal ein bisschen herum«, sagte sie. »Und kannst du auch ein bisschen singen?«

Ich trampelte also im Wohnzimmer herum und sang ein paar Takte: »*In the name of love. One boot in the name of love. In the NAAAME of love ... lalala in the name of love.* Meinst du so?«

»Weißt du«, sagte sie und kniff die Augen zusammen. »Du siehst tatsächlich wie er aus.«

Was für ein Schlag, Amigos, ein schlimmer Schlag. Bono ist großartig, und wie er aussieht, ist großartig. Als Bono. Aber ich bin nicht Bono. Ich bin eine Dame. Ich möchte wie Alexa Chung aussehen.

»Was soll ich jetzt tun?«, fragte ich. »Es liegt an den Stiefeln, oder?«

»Ich bin keine Expertin, aber es könnte sein«, sagte sie. »Waren sie teuer?«

»Sehr teuer.«

»Wie teuer?«

»So teuer, dass ich mich schäme, es zu sagen.«

»Teurer als Jimmy Choos?«

»Genauso teuer«, sagte ich.

Sie flüsterte etwas, vielleicht »Heilige Mutter Gottes«. Dann sagte sie: »Und dann siehst du damit wie Bono aus! Das ist zum Verzweifeln.«

In dem Moment fiel ihr ein, dass sie mir Geld schuldete, weil ich während ihrer Krankheit den Fensterputzer bezahlt und ihr ein paar Dinge besorgt hatte, und sie wollte mir Geld zustecken.

»Nein, Mam«, rief ich, »nein!«

»Doch, Marian«, rief sie, »doch!«

»Nein, Mam«, rief ich, »nein!«

»Doch, Marian«, rief sie, »doch!«

Ich weiß nicht, warum. So sind wir eben. Keiner von uns kann Geld von einem anderen Familienmitglied annehmen. Ein paar Minuten lang tänzelten Mam und ich im Wohnzimmer herum und schrien uns an. Dann spielte sie ihren Trumpf aus.«

»Doch, Marian, doch«, rief sie. »Ich hatte Lungenentzündung und musste ins Krankenhaus, und ich wäre beinahe GESTORBEN. JETZT NIMM DAS GELD.«

Damit geriet ich moralisch derart ins Hintertreffen, dass ich nachgab und das Geld nahm.

»Kauf dir was Schönes«, sagte sie. Und fügte mit einem Aufflackern ihres alten Schalks, einem Augenzwinkern und einem Stoß in meine Rippen hinzu: »Kauf dir ein Paar neue Stiefel …«

mariankeyes.com, März 2013

Was würde Scrooge tun?

Zum Weihnachtsfest nach Hause

London – Dublin am 19. Dezember 1986

Oh, das war damals ganz schön schwierig. Flüge 19 Euro gab es damals bei Ryanair noch nicht. Aer Lingus und British Airways überspannten die Irische See wie zwei riesige teure Kolosse und machten Flüge für Menschen wie mich (dreiundzwanzig Jahre, Kellnerin mit Jura-Abschluss, die jeden verdienten Penny für Alkohol und Klamotten ausgab) unerschwinglich. Wollte ich von London nach Dublin reisen, musste ich in die Fünfzigerjahre zurückgehen und mit Zug und Schiff reisen.

Zur Abfahrtszeit (10.00 Uhr abends) wurde ich an der Euston Station von einer lärmenden kleinen Gruppe schwuler Freunde verabschiedet, von denen einer mein Mitbewohner Conor war; er war so abgebrannt, dass er sich die Zug-Schiff-Fahrt selbst nicht leisten konnte und über Weihnachten in London blieb. Die Jungen umschwärmten mich, zupften hier und da an meiner Bekleidung, bis sie übereinkamen, dass ich fabelhaft aussah und den Zug besteigen konnte. Und tatsächlich sah ich in einem bodenlangen Seelöwenfellmantel, einem unanständig kurzen Lycra-Kleid, glänzenden schwarzen Strumpfhosen, roten Stilettos und einem seltsamen roten Dreieckshut, den Conor gemacht hatte, fabelhaft aus. Ja, meine Lieben, früher machten wir uns schick, wenn wir auf Reisen gingen. Wir schmissen uns in Schale.

Sogar mein Gepäck war Ton in Ton: eine braune Reißverschlusstasche, die meine Eltern für Benzincoupons bekommen hatten, und eine genau gleiche Reißverschlusstasche, die Conors Eltern für Benzincoupons bekommen hatten. An der einen Tasche löste sich ein Tragegriff, an der anderen ribbelte sich die Naht auf, aber ich schämte mich dessen nicht.

Um mich herum bestiegen mutlose ältere Männer mit Pappkoffern den Zug. Ich stieg ein, ging durch den Wagen und hoffte – wie jedes Mal –, dass der Mann meiner Träume mir gegenüber sitzen würde, wenn ich meinen Platz gefunden hatte. Wir würden anfangen zu plaudern, wir würden uns auf Anhieb verstehen, wir würden planen, uns in London zu treffen …

Leider kein Glück. Mir gegenüber saß ein Mann mit steinernem Gesicht, der ein Corned-Beef-Sandwich so dick wie ein Telefonbuch aß. Neben ihm saß eine Frau mit mildem Gesicht und kurzem Haar, dem Äußeren nach eine Nonne auf Urlaub. Mr. Corned-Beef schien von dreißig Jahren harter Arbeit zu ausgelaugt, um mich auch nur eines Blickes zu würdigen, aber die Nonne-auf-Urlaub sah mich mit einem milden Gott-segne-dich-mein-Kind-auch-wenn-dein-Hut-äußerst-merkwürdig-ist-Lächeln an, das ich mit einem kalten Blick erwiderte. Ich hielt mich streng an meine Regel: kein Gespräch mit religiösen Typen. Oder mit einem Corned-Beef-Mann.

Als zehn Uhr und die Abfahrt näher rückten, war der Platz neben mir immer noch leer, und ich malte mir das Unausdenkbare aus – ein leerer Sitz, ich konnte mich ausstrecken und schlafen! (Menschen, die sich auskannten, legten beim Schlafen ihre Handtasche unter den Kopf, damit sie nicht gestohlen wurde. Und streckten die Füße in Richtung Fenster, damit die Schuhe nicht gestohlen werden konnten. Und was Schuhe angeht, so waren meine sehr stehlenswert.)

Aber Sekunden, bevor der Pfiff ertönte, sprang ein junger Mann in den Zug. Alle Plätze waren bereits besetzt, also musste dies mein Reisebegleiter sein. Zunächst war ich voller Hoffnung – er wäre fast zu spät gekommen, und ich mochte Männer, die sich verspäteten. Je unzuverlässiger, desto besser. Noch mehr hätte es mir gefallen, wenn er den Zug ganz verpasst hätte. Aber er war freundlich und fröhlich – mir war zerquält und bitter lieber – und hatte das lockige Haar, den kräftigen Körperbau und die Ausstrahlung eines Rugbyspielers. (Seltsamerweise schien sein freundliches, fröhliches Verhalten etwas nachzulassen, als er meinen hübschen, selbst gemachten Hut betrachtete.) Mit viel Ruckeln, sodass Thermoskannen mit Tee umzustürzen drohten, fuhr der Zug los! Der Rugbyspieler kam aus Paris und war auf dem Weg nach Hause, was von der Nonnenfrau mit freudigen Ausrufen zur Kenntnis genommen wurde. Die beiden fingen ein leidenschaftliches Gespräch über »peng-oh-schokolaah« zu führen und sich gegenseitig mit ihrem entsetzlichen französischen Akzent auszustechen.

Ich beschloss, ihn zu hassen.

Trotz der Kälte beschlugen die Fenster nach wenigen Minuten. Wir ruckelten durch die Nacht, Schulter an Schulter mit dem Nachbarn, und schliefen mit offenen Augen. Ein deutlicher Geruch von alten, feuchten Wollmänteln, einem Bacon-und-Spiegelei-Frühstück und Jahrzehnten bitterster Armut schwebte über uns.

Ich hatte glücklicherweise einen Fensterplatz. Hin und wieder nickte ich ein, und wenn der Zug zu schnell um eine Kurve fuhr, wachte ich auf, weil mein Kopf gegen die Scheibe krachte.

Ein-, zweimal kam ein Wagen mit Tee und Sandwichs vorbei, aber alle hatten ihre Verpflegung mitgebracht. (Ich hatte keine Sandwichs, weil ich Sandwichs aus irgendwelchen, mir nicht mehr erklärlichen Gründen für albern hielt. Ich hatte ein Bounty, einen Lion-Riegel und ein Twix – das reichte mir als Verpflegung.)

Gegen 2.30 Uhr erreichten wir unter viel Pfeifen und Zischen den hübschen Ort Holyhead. Wir stiegen aus dem Zug und traten in die eisige Nacht hinaus. Ich schlang mir eine der Benzintaschen über die Schulter und zog die andere hinter mir her. Die Taschen fühlten sich an, als wären sie voll mit Blei, denn ich hatte alle meine Klamotten eingepackt, weil ich zu Hause damit Eindruck machen wollte, aber ich nahm mir keinen Wagen, ich hatte was gegen Wagen. So wie ich was gegen Sandwichs hatte. Ich hielt sie – das ist die beste Erklärung, die mir einfällt – für ein Zeichen von Schwäche.

Holyhead war damals ein trostloser Ort. Ein öder, geschundener Ort. Kein Penny war für seine Verschönerung ausgegeben worden, die Iren waren in den Achtzigerjahren in England nicht sonderlich beliebt. Nützlich, wenn man Leute brauchte, um Straßen zu bauen, aber sie sollten sich nichts einbilden. Wie das Vieh auf den Markt, die Köpfe gesenkt, trottete eine Armee von Menschen in abgetragenen, nach Kohl riechenden Mänteln aufs Schiff.

Ich trottete neben ihnen her, musste aber hin und wieder stehen bleiben, weil sich ein Absatz im Saum meines Mantels verfangen hatte und ich beinah auf die Nase gefallen wäre. Das ist der Preis, den man bezahlt, wenn man fabelhaft aussehen möchte.

Sobald ich auf dem Schiff war, suchte ich mir einen Platz möglichst weit von allen entfernt, um ein paar Stunden Schlaf zu ergattern, bevor wir auf der anderen Seite anlegten. Es gab viele Sesselreihen, die aber von einarmigen Banditen umstanden waren, deren unablässiges Klingeln und Rattern mich verrückt machen würde. Ich fand eine leere Ecke und legte meine Taschen hin, aber ein Steward aus Liverpool – auf dem Schiff arbeiteten immer Männer aus Liverpool – versuchte mir, zunächst mit seinem unverständlichen Akzent, dann indem er mich anschrie, klarzumachen, dass ich einen Notausgang blockierte. Wie ein Mensch auf der Flucht stand ich auf, nahm meine Sachen und suchte mir einen anderen Platz. Auch dort befand sich ein Notausgang. Schließlich ließ ich mich im Ring der einarmigen Banditen nieder.

Gerüchte von einer Lounge drangen an mein Ohr, einem wundersamen Ort, wo es Sofas und Gratis-Kaffee gab. Allerdings kostete es fünf Pfund – eine astronomische Summe –, wenn man hineinwollte. Ich ging hin, um zu sehen, ob das alles stimmte – und es stimmte. Ich blickte durch die Glastür und sah Mr. Peng-oh-schokolaah zusammen mit der Nonne, die in den Lehnsesseln saßen und Gratis-Kaffee tranken. Ein bitterer Geschmack stieg in meinem Mund auf.

Gegen sechs Uhr legten wir in Dublin an, dem Anschein nach kam das Schiff zum Halten, indem es mit Hochgeschwindigkeit aufs Festland zuhielt. Nachdem wir uns erhoben hatten, strömten wir wie Geistergestalten in die eisige irische Morgendämmerung, wo die öffentlichen Verkehrsmittel praktischerweise erst zwei Stunden später ihren Tag begannen. Durch den Dunst erkannte ich nach und nach die Gestalt eines Mannes, der am Ausgang wartete – es war mein Dad. Er war gekommen, um mich abzuholen. Wir hatten uns neun Monate nicht gesehen. Er sah mich an und fragte: »Was in Gottes Namen hast du da auf dem Kopf?« Ich war zu Hause.

Erstmals veröffentlicht in *Travel*, Dezember 2007.

Weihnachten bei Marian

Ich habe mir immer gewünscht, ich wäre eine dieser Frauen, die spontan ein raffiniertes Essen für zwanzig Leute kochen können und dabei ihre gute Laune behalten, um wenig später wohl duftend, unverschwitzt und strahlend das Mahl aufzutragen. Eines dieser fabelhaften Geschöpfe, die Blumen entgegennehmen, Getränke rumreichen, Ochsenschwanz-Jus rühren und den Ofen rechtzeitig runterschalten, *und das alles zur gleichen Zeit.*

Shirley, meine reizende Schwiegermutter, ist eine von diesen Frauen – hochgradig fähig, und dabei lässt sie es aussehen, als wäre es nichts.

Ich bin überzeugt, mit diesem Talent wird man entweder geboren oder nicht, und leider wurde ich nicht damit geboren. Ich bin nicht rundum nutzlos – ich kann gut Kreuzworträtsel lösen, und meistens schaffe ich es, verknotete Goldkettchen zu entwirren –, aber ich fürchte, wenn es um Gastfreundschaft und Bewirtung geht, falle ich durch.

Ich mag es, wenn Leute zu Besuch kommen, und ich bekoche sie gern – ich finde, für jemanden zu kochen ist etwas sehr Liebevolles –, aber ich habe noch nie im Leben mehr als vier Gäste zum Dinner bekocht. Und dabei habe ich noch nie mehr als drei Speisen zur gleichen Zeit fertig bekommen (Kartoffeln, Hühnchen, Blumenkohl.)

Bis vor ein paar Jahren – und bis heute weiß ich nicht, wie das passieren konnte –, als ich plötzlich dreizehn Menschen aus meiner Familie, einschließlich Shirley, fürs Weihnachtsessen zu uns nach Hause einlud. Aufgrund eines entsetzlichen Irrtums hatte ich mich für eine Erwachsene gehalten.

Zugegeben, ich hatte mein eigenes Haus. Sogar eine eigene Küche hatte ich, aber meine Methode bestand darin, alles in eine große Ofenform zu werfen und in den Ofen zu schieben und dort bei kleiner Flamme acht Stunden garen zu lassen. Ich hatte wirklich keine Ahnung, wie man es anfängt, ein Weihnachtsessen zu kochen. Ich hatte Angst vor Truthähnen, ich mochte es nicht, wie sie so tot aussahen, und bei dem Gedanken, meine Hand in sie hineinstecken zu müssen, erschauderte ich.

Es war im Frühsommer, Mai, vielleicht Juni, als ich meine unüberlegten Einladungen aussprach, und dann verfuhr ich damit, wie ich mit allen schwierigen Situationen verfahre – ich schob die Angelegenheit weg und sagte mir, es sei gar nicht wirklich geschehen. Es war undenkbar, dass ich meinen Geschwistern und deren Partnern gesagt hatte, ich würde das Weihnachtsessen für sie kochen. Und wenn doch, würden sie es bis dahin längst vergessen haben.

Aber sie vergaßen es nicht … nein, sie waren richtig aufgeregt.

Irgendwann im Oktober wurde mir klar, dass es wirklich dazu kommen würde, und da geriet ich in Panik. In solche Panik, dass ich beschloss (denken Sie nicht, dass ich mich dessen nicht schäme), einen Catering-Service anzuheuern. Aber das war unmöglich. Alle Catering-Firmen waren ausgebucht, und zwar seit Januar.

Ich hatte also keine Wahl: Ich erklärte allen, dass es in

diesem Jahr keinen Truthahn mit gerösteten Petersilienwurzeln und Ähnliches geben würde. Wir würden mit der
Tradition brechen, und ich würde meinen Spezial-Bohnen-
eintopf machen.

Darauf gab es einen AUFSTAND. Ich war ganz unglücklich – hatte ich doch gedacht, dass alle meinen Bohnenein-
topf mochten, jedenfalls hatten sie das gesagt, als ich ihn
einmal serviert hatte. Aber sie bestanden auf Truthahn.
Auch die, die keinen Truthahn mochten, sagten, es müsse
Truthahn geben.

Meine Geschwister schworen Stein und Bein, dass sie mir
helfen würden, aber ich wusste, das würden sie nicht tun. Ich
kenne sie nämlich: voll damit beschäftigt, auf der Couch zu
liegen und *Ist das Leben nicht schön?* zu gucken und Käse-
stangen zu essen, und keine Zeit, die Bratensoße zu rühren.
(Shirley hätte das Ganze im Schlaf bewerkstelligen können,
aber ich gestattete mir nicht, sie zu fragen – schließlich war
sie zu Gast in meinem Haus. Ich hatte meinen Stolz.)

Und so habe ich es gemacht: Ich habe alles fertig gekauft.
Wirklich alles. Ein vorgebratener Truthahn, entbeint, die
Füllung schon drin (sodass ich meine Hand nicht reinste-
cken musste), Röstkartoffeln, Füllung, Petersilienwurzeln,
Brotsauce, Rosenkohl, Nachtisch – alles vorgegart.

Trotzdem wachte ich mitten in der Nacht auf und war
überwältigt. Ich wusste, dass diese Feier eine Nummer zu
groß für mich war, und deshalb – von diesem Punkt also
steht mir kein Lob mehr zu – übergab ich die Sache an
Ihn Selbst, der die Operation wie eine militärische Übung
durchzog.

Er stellte einen genauen Plan auf: Alles, bis hin zu dem
kleinsten bescheidenen Chipolata-Würstchen, hatte einen

Platz im Zeitraster. Weil wir nur einen kleinen Ofen haben, kam der Hostess Trolley meines Vaters, von ihm sehr geliebt, zum Einsatz, und am Weihnachtsmorgen sperrte Er Selbst sich in die Küche ein und fing an, mit Küchenblechen zu klappern.

Rita-Anne und Caitríona wurden in die Küche abkommandiert, aber ich hatte den Auftrag, mich fernzuhalten, falls meine Nervosität ansteckend war. Mir wurde die Käsestangen-Aufgabe übertragen (das heißt, ich musste sie rumreichen). Ab und zu wurde noch jemand in die Küche geholt, dann öffnete sich die Tür einen Spalt, Rauch waberte unheildrohend heraus, und ich biss mir besorgt auf die Unterlippe …

Dann war es drei Uhr – die festgesetzte Zeit –, und lauter Schüsseln wurden auf den Tisch getragen.

Erstaunlich, alles war *zur gleichen Zeit* fertig. Und noch erstaunlicher, es schmeckte sehr gut, und als ich mich am Tisch umsah und in dreizehn glückliche Gesichter blickte, war ich so glücklich und erleichtert, dass ich den wilden Gedanken hatte: Vielleicht machen wir das nächstes Jahr wieder.

Erstmals veröffentlicht in *Waitrose Kitchen*, Dezember 2009.

Was würde Scrooge tun?

Jedes Jahr fängt es früher an. Kaum ist Halloween vorbei, geht es schon los, das Theater um Weihnachten. Es gibt kein anderes Thema mehr, und wohin ich mich auch wende, die Menschen jammern, dass sie sich lieber ein Ohr abbeißen würden, als zu ihrer Weihnachtsfeier im Büro zu gehen; dass sie wünschten, sie könnten auf einer einsamen Insel ausharren, bis die Sache vorbei ist; dass es in den Geschäften nichts zu kaufen gibt außer hässlichen roten Glitzerkleidern, die speziell für Weihnachtspartys hergestellt werden – und also zu nichts taugen als zum Tanzfähnchen, das am Ende des Abends zerrissen und bespuckt und zusammengeknüllt auf dem Boden des Kleiderschrank landet, um nie wieder getragen zu werden.

Endlos häufen sich die Klagen – die Kosten, die Massen, die Familienzusammenkünfte, die Kater … ein einziges Klischee. Jedoch – und hören Sie mir gut zu – bloß weil es ein Klischee ist, heißt es ja nicht, dass es nicht stimmt.

Fest steht, Weihnachten ist eine schreckliche Zeit. Es gibt Statistiken: In der Weihnachtszeit gehen mehr Ehen in die Brüche als zu jeder anderen Zeit im Jahr. An Weihnachten und natürlich in den Sommerferien. Die unglaubliche Arbeitsbelastung zusammen mit den unerfüllbaren Erwartungen ist für die meisten Menschen zu viel.

Das erste Zeichen, dass wir uns diesen Zeiten nähern, setzt Er Selbst, wenn er auf den Dachboden verschwindet und mit seinem geliebten Rudy wieder runterkommt. Rudy ist ein mit Lichtern geschmücktes, ein Meter zwanzig großes Rentier, das die letzten fünf Jahre den Dezember über auf unserem Vordach über dem Hauseingang verbracht hat, damit alle Welt es sehen kann.

Ich aber habe nonstop das Gefühl, als wäre ein hoch geschätzter Besucher bei uns eingekehrt. Beim Wetterbericht sitzt Er Selbst dann gespannt am Rand seines Sessels, und wenn von »starkem Wind« die Rede ist, bekommt er Angst. Gehen wir am Abend aus, kann er sich nicht entspannen, und wenn es anfängt zu regnen, besteht er darauf, dass wir eher nach Hause gehen, damit er nach Rudy sehen kann.

Rudy ist schon eine große Verantwortung, aber vor zwei Jahren kam noch ein lebensgroßer Weihnachtsmann dazu, und letzten Dezember musste ich einen schrecklichen Nachmittag lang die Beine von Ihm Selbst festhalten, während er sich aus dem Schlafzimmerfenster lehnte und eine rote Lichterkette am Baum befestigte.

Es ist so peinlich. Unser Haus ist schon in guten Zeiten ein Schandfleck, weil es seinerzeit zu einem Missverständnis bei der Farbwahl gekommen war – die Farbe war auf der Probe ein sanftes, zurückhaltendes Flieder, aber am Haus auf großer Fläche war es ein ordinäres, leuchtendes Lila, weshalb unser Haus zu einem Erkennungszeichen geworden ist. (»Biegen Sie bei dem schrecklichen lila Haus ab …«)

Das Komische ist, dass Er Selbst normalerweise vor Kitsch zurückschreckt, aber ich vermute, wenn er dürfte, würde er dafür sorgen, dass das Haus das ganze Jahr über mit Weihnachtslichtern und kletternden Weihnachtsmännern geschmückt ist. Dann würde es im Fernsehen gezeigt, und die Leute würden Wallfahrten zu uns machen.

Ginge es nach mir, wäre ich zufrieden, nicht einmal einen Strang Lametta aufzuhängen – vielleicht würden mich dann die Weihnachtsliedersänger in Ruhe lassen. So aber, wenn sie Rudy auf seinem erhöhten Posten sehen, nehmen sie – irrtümlicherweise – an, dass in unserem Haushalt fröhliche Weihnachtsstimmung herrscht. »Die Leute hier geben uns ein paar Zehner«, denken sie. »Die machen nicht die Lichter aus und kriechen auf allen vieren durchs Haus, damit wir denken, es ist niemand da.«

Dabei ist es nicht so, dass ich ihnen das Geld nicht gönne, ich ertrage es einfach nicht, wenn sie in der Eiseskälte vor der Tür stehen und drei Strophen von »Vom Himmel hoch« singen. Und ich weiß nicht, wie ich mich verhalten muss. Soll ich mit dem Fuß den Takt schlagen, mit dem Kopf nicken und mitsummen? Oder soll ich versonnen über ihre Köpfe blicken, als hätte der Text tiefe Gedanken in mir geweckt?

Tatsächlich aber stehe ich stocksteif vor Verlegenheit da, vermeide jeden Blickkontakt und wiederhole in meinem Kopf: »Nicht noch eine Strophe, bitte, hört jetzt auf, bitte, lieber Gott, lass sie nicht noch eine Strophe singen …«

Weihnachten ist für mich nur erträglich, wenn ich mir die Frage stelle: »Was würde Scrooge tun?« Er würde nicht zur Weihnachtsfeier in seinem Büro gehen, das ist klar, und seitdem ich freiberuflich arbeite, muss ich diese Partys auch nicht mehr aushalten. Das war einfach schrecklich – die trunkenen Beteuerungen der Abneigung, die Tränen, die verlorenen Schuhe. Ich war eine Schande.

Scrooge würde keine Weihnachtskarten versenden. Das tue ich auch nicht. Im ersten Jahr dachte ich, ich würde vor Schuldgefühlen umkommen, aber es ist besser geworden. Vielleicht ist es wie bei einem Mord: Der erste ist der schwerste.

Beschuldigen Sie mich der Engherzigkeit. Das ist mir gleichgültig. Mit anzusehen, wie Menschen, deren Leben ohnehin schon zum Bersten voll ist, noch mehr aufgehalst bekommen, ist mir unerträglich.

Kommen Sie, machen Sie mit! Lassen Sie das Geschenkpapier liegen, und umarmen Sie Ihren inneren Scrooge! Es geht Ihnen nichts verloren, außer vielleicht ein Nervenzusammenbruch.

Erstmals veröffentlicht in *Marie Claire*, Dezember 2005.

Das Gute an Weihnachten

Jedes Jahr, so um den 2. Januar, sage ich: »Das reicht jetzt! Nächstes Jahr verreise ich, in ein Land, in dem Weihnachten illegal ist.« In den Iran vielleicht. Oder Saudi-Arabien. In ein Land, in dem es keinen Truthahn gibt. *Keinen Jäger des verlorenen Schatzes*, und wo ich verhaftet werden kann, wenn ich im Bus »Vom Himmel hoch« singe.

Nach der Weihnachtszeit bin ich erschöpft und moppelig, habe einen dumpfen Kopf und das Kinn voller stressbedingter Pickel und wünsche mir nichts sehnlicher, als die nächsten sechs Monate allein auf einem Berg zu leben. Und das Schlimmste daran ist, dass ich mir wie ein Versager vorkomme, wie ein komischer Sonderling: Denn alle anderen lieben Weihnachten – warum ich nicht?

Aber irgendwann machte ich die erfreuliche Entdeckung, dass ich längst nicht die Einzige bin. Keineswegs. Viele Menschen lehnen Weihnachten ab. Und nachdem mir das klar geworden war, änderte sich meine Haltung, und ich verstand, dass an Weihnachten auch viel Gutes ist.

Für viele Menschen hat es mit der Geburt Jesu Christi zu tun, und wenn es Ihnen auch so geht, fein, das ist absolut Ihre Privatangelegenheit, aber für mich ist Weihnachten ein Fest des Essens. Oh, die Freiheit zu haben, zu essen, was ich will!

Ich meine das so. Die meiste Zeit schäme ich mich jedes einzelnen Bissens, der in meinen Mund wandert. Mein innerer Monitor, der schreckliche Kalorienzähler, merkt sich alles und hält mir alle Ausschweifungen vor, um mich zu beschämen.

Egal, wie wenig ich an einem Tag esse, ich habe immer das Gefühl, ich hätte weniger essen können. Mein Appetit ist wie ein schwer zu kontrollierender Rottweiler, der an der Kette zerrt, und sobald ich einen Happen in den Mund stecke, denke ich an den letzten und daran, wie es mir gehen wird, wenn alles gegessen ist.

Weißer Zucker ist meine größte Liebe und mein ärgster Feind, und ihn zu vermeiden fühlt sich an, als müsste ich jeden Tag nach dem Aufstehen in den Krieg ziehen – an jeder Ecke droht Gefahr. Und dann kommt der Dezember.

Wir, meine vier Geschwister und ich sowie unsere Partner und Kinder, verbringen gewöhnlich den ersten Weihnachtstag im Haus meiner Eltern, das für die Festtage in ein Zuckerwunderland verwandelt wird. Es kommt mir vor, als würde ich in jedem Zimmer, das ich betrete, über Keksdosen stolpern, die kniehoch gestapelt sind. Hinter den Vorhängen im Esszimmer sind drei Dosen mit Black Magic-Pralinen versteckt. Ich will ein paar armselige Blaubeeren aus dem Kühlschrank holen, und da, in der Mitte, steht der Weihnachtspudding. Und jedes Jahr kauft Dad mir meine eigenen Pralinen, seit Jahren macht er das, obwohl ich ihn jedes Jahr bitte, es nicht zu tun.

Ich habe keine Hoffnung, Widerstand ist zwecklos, die Sache ist viel zu groß für mich. Und plötzlich ist da das Gefühl, dass eine große Last von mir genommen ist, und ich erlaube mir, alles zu essen, was ich will. Für begrenzte Zeit –

wie bei einem Ausverkauf, wo alles zum halben Preis angeboten wird – fühle ich mich leicht und befreit und prasserisch.

Letzte Weihnachten fing ich den Tag so an, wie ich es seit Menschengedenken tue: Ich ließ mein übliches, moralisch unanfechtbares Frühstück aus biodynamischen Haferflocken sein, ging mit einer Dose Roses-Pralinen zurück ins Bett und erlaubte mir, so viele zu essen, bis der Metallboden zu sehen war. Lange bevor dieser glückliche Moment da war, war mir schlecht, aber das Wissen, dass es keine Grenze gab, machte das Ganze so vergnüglich. (Dieses Ritual ist so fest etabliert, dass meine Eltern inzwischen, nach bitteren Beschwerden meiner Geschwister, eine zweite Dose Roses-Pralinen für die Allgemeinheit kaufen müssen.)

Ich hatte keine Schuldgefühle. Keine. Und wahrscheinlich ist es die Gewissheit, dass ich Weihnachten loslassen kann, die bewirkt, dass ich die Beschränkungen das ganze Jahr über aushalte.

Und dazu ist Weihnachten da.

Die Menschen beklagen sich bitterlich darüber, dass sie sich mit ihrer Familie eingesperrt fühlen, dass sie im Fernsehen lauter Unsinn angucken, so wie jedes Jahr. Aber sie lassen das Wichtigste außer Acht. Nämlich dass Weihnachten eine Zeit ohne Schuldgefühle ist, ohne Zurückhaltung und Verantwortung – und was für eine Erleichterung das ist! Zwar liege ich nicht auf den Malediven in der Sonne, aber ich mache Ferien von meinen eigenen Regeln.

Natürlich, ich weiß, weil ich mit meinen Schwestern das Pralinen-Wettessen mache (bei dem jede in einer Minute so viel wie möglich aus der eigenen Schachtel essen muss, Dad stoppt die Zeit), bezahle ich im Januar mit beschämenden

Extrapfunden, aber für diese kurze Zeit herrscht Waffenruhe. Ich muss nicht kämpfen.

Mit Alkohol ist es dasselbe – ich trinke ja nicht mehr, aber denjenigen, die Alkohol trinken, werden pausenlos Schuldgefühle eingetrichtert. Man denkt, man trinkt nach einem harten Tag im Büro ein, zwei Gläser Wein und muss dann feststellen, dass das bereits als Sauforgie zählt.

Aber zu Weihnachten ist Trinken *Pflicht* – bei der Party im Büro, beim Team-Lunch, an dem Abend mit alten Schulfreunden, bei den Nachbarn, die zu Glühwein einladen … endlose Gelegenheiten zu trinken: Und wer möchte schon, dass die anderen einen als Spielverderber betrachten?

Dezember ist der einzige Monat, in dem man elf Tage hintereinander betrunken nach Hause taumeln kann und das trotzdem als sozial verträgliches Miteinander angesehen wird, und genau das macht die Mäßigung unterm Jahr erst erträglich.

Gut an Weihnachten sind außerdem die tröstlichen Rituale. Hier ist ein Keyes-Ritual: Als wir Kinder waren, hatten wir nicht viel Geld, und weil Dad befürchtete, wir könnten die Süßigkeiten vor dem ersten Weihnachtstag aufessen, durften wir sie erst aufmachen, wenn Dad am Weihnachtsmorgen zum Start gepfiffen hatte. Aber Caitríona und ich hielten das Warten nicht aus, deshalb schlichen wir uns in das dunkle Esszimmer – Lagerplatz der Pralinen-Kartons – und öffneten heimlich einen, entnahmen ein Nusskrokant und ein Curly Wurly und verschlossen den Karton mit einem Streifen Tesafilm, dann schlichen wir uns aus dem Zimmer wie Katzendiebe. Und das machen wir *heute* noch, jede Weihnachten. Wenn wir aus dem Esszimmer kommen, setzen wir uns zu Dad und verzehren unsere Diebesbeute vor seiner Nase, worauf Dad uns streng ansieht, vergisst, dass wir über vierzig sind, und uns anherrscht: »Wo habt ihr die Pralinen her?«, und Caitríona und ich lachen uns schlapp.

Was die meisten Menschen anscheinend am meisten an Weihnachten stört, ist das Ausmaß an vergeudeter Zeit. Wenn sie irgendwann anders im Jahr zehn Tage frei hätten, würden sie in den Skiurlaub fahren, statt im Schlafanzug Blödsinn im Fernsehen zu gucken. Dabei ist es doch eine besondere Freude, in einem zielgerichteten Leben mal etwas völlig Sinnloses zu tun. Normalerweise habe ich eine endlose Liste von Aufgaben abzuarbeiten. Jeden Tag. Mails beantworten, die Glühbirne in meiner Nachttischlampe auswechseln, splitternden Nagellack entfernen, den Fisch aus der Tiefkühltruhe nehmen, Morgengymnastik machen, mein Telefon aufladen, ein Geburtstagsgeschenk für mein Patenkind kaufen, verloren gegangene Dinge suchen, eine neue Liste machen, weil die alte voll ist. Von mir als Frau wird erwartet, dass ich viele verschiedene Persönlichkeiten in mir vereine, jede davon fabelhaft.

Aber das Vergnügen an Weihnachten, das Vergnügen, seltsame alte Filme zu gucken, solche, die schon vorbei sind, bevor man sie anschaltet. Schlechte Filme. Schreckliche Filme. Filme ohne jeden Wert. Filme, die in der geteilten Erinnerung weiterleben und eine kleine Gruppe von Menschen verbindet, die sie gesehen hat. Jede Weihnachten fragen wir uns ungläubig: »Wisst ihr noch, der komische Film von dem Mann, der sein Gedächtnis verloren hatte und seine eigene Frau heiratete? Gab es den wirklich?«

Aber das Allerbeste an Weihnachten – und das verwirrt die Menschen leider und macht sie unglücklich – sind die Streitigkeiten.

Von all den guten Dingen, die Weihnachten zu bieten hat, werden die Streitigkeiten am häufigsten missverstanden. Wir hängen der Vorstellung an, dass Weihnachten das Fest der Liebe ist, und erwarten, dass es zu Weihnachten leichter ist, andere zu lieben, als sonst.

Aber warum sollte es das? Wir stehen unter größerem Druck als zu anderen Zeiten im Jahr: Weihnachtskarten schreiben, Kater ertragen, Listen abarbeiten, Geschenke kaufen, Menschenmengen und gesellschaftliche Verpflichtungen aushalten, das Kochen, die Reisen, das Ausharren vor Tagesanbruch, um die letzte Lieferung von Ninky Nonks (oder Elsas oder was immer gerade angesagt ist) vor dem 25. Dezember zu ergattern – das hinterlässt Spuren. Und das Nächste ist, dass wir uns im Kreise der Familie gegenseitig anschreien – wie können wir da allen Ernstes überrascht sein? Uns sogar dafür schämen?

Das ist überhaupt nicht nötig, wirklich nicht! Wir sollten aufhören, das als etwas Schlimmes zu betrachten. Im Gegenteil, es ist sehr, sehr gut. Denn das Jahr über sind wir kleine, machtlose Geschöpfe in einer feindseligen Welt, und wenn etwas Schlechtes passiert, müssen wir unseren Zorn runterschlucken. Unser Friseur toupiert uns die Haare, obwohl wir ausdrücklich gesagt haben: »Nicht toupieren!« Wir kriegen einen Strafzettel, weil wir die Zeit um zwei Minuten, *zwei kleine Minuten* – gerade mal 120 Sekunden – überzogen haben. In der Firma bekommt ein junger Mann, der ein begabter Golfspieler ist, die Beförderung, die Ihnen zugestanden hätte.

Und was können wir tun? Nichts! Wir sind kleine, machtlose Geschöpfe und müssen uns ein Lächeln abringen und dem Friseur – ja! – ein Trinkgeld geben, denn wenn wir es nicht tun, föhnt er beim nächsten Mal den Pony in eine komische Form. Statt dem grausamen Strafzettel-Menschen an die Kehle zu springen, müssen wir die Strafe bezahlen. Und in der Firma müssen wir dem schleimigen jungen Mann Bericht erstatten.

Und das baut sich auf, die ganze Frustration, die Ohnmacht. Wir ziehen unsere Schultern dauerhaft bis zu den Ohren hoch, von einem Backenzahn bricht ein Stück ab, weil wir pausenlos mit den Zähnen knirschen, und um vier Uhr mitten in der Nacht schießen wir im Bett hoch und machen uns Sorgen um die Welt.

… und dann sind wir plötzlich mit der Familie in unserem überheizten, übervollen Haus eingeschlossen. In jedem Zimmer brüllt ein Fernseher, man kann sich nirgendwohin zurückziehen und seine Ruhe haben, die Küche ist voller Dampf und Rosenkohl, und es ist nur eine Frage der Zeit, dass die Hölle losbricht.

Schwer zu sagen, welchen Verlauf die Auseinandersetzungen nehmen werden – aber das ist mit das Gute daran. Plötzlich schreit man jemanden an wegen der weißen Soße, oder weil die Zitronen in Scheiben und nicht in Achtel geschnitten sind, oder weil jemand das Tesafilm aufgebraucht hat.

Aber natürlich geht es nicht wirklich um die weiße Soße, die Zitronenachtel oder das Tesafilm, sondern es geht darum, dass wir dem Strafzettel-Menschen nicht an die Gurgel springen können.

Deshalb rate ich Ihnen: Schämen Sie sich Ihres Ausbruchs nicht – begrüßen Sie ihn. Schreien Sie nach Herzenslust. Lassen Sie Ihren ganzen Zorn raus. Sie sparen ein Vermögen an Honorar für den Therapeuten und an Zahnarztrechnungen, und Sie vermeiden so, in der Zukunft süchtig nach Schlafmitteln zu werden.

Der springende Punkt ist der, dass die Grenzen innerhalb der Familie viel elastischer und nachgiebiger sind als die in anderen sozialen Gruppierungen. In Familien gibt es Streit. Wir streiten schon unser ganzes Leben, und danach pendeln wir uns auf einem bestimmten Level der Dysfunktionalität wieder ein, der in meiner Familie als normal gilt.

Und vergessen Sie nicht, bald ist Januar, und wir gehen in Sack und Asche, machen Sie also das Beste aus all der Völlerei, der Trägheit, der Trunkenheit und den weihnachtlichen Auseinandersetzungen. Das sind einfache Vergnügen, billig zu haben – und gleichzeitig sind sie unbezahlbar.

Fünf Sachen, die ich besonders an Weihnachten mag:

1. Mich mit einem zerlesenen Agatha Christie-Krimi zusammenrollen und sieben Seiten vor dem Ende merken, dass ich ihn schon gelesen habe.

2. Weihnachtspudding aus der Schüssel als Betthupferl zu essen.

3. Dass das Sportstudio geschlossen hat.

4. Mit meinen Schwestern *Mondsüchtig* gucken und alle Dialoge mitsprechen.

5. Mit der ganzen Familie nach einem enormen, lautstarken Streit um den großen Tisch sitzen, lächeln und denken: »Das sind meine Leute, das ist mein Stamm.«

Erstmals veröffentlicht in der *Sunday Times Style*, Dezember 2008.

Marian auf Reisen

Maison des Rêves

Als Erstes möchten ich Ihnen erklären, wer Bryan Dobson ist: Er liest jeden Abend um sechs (eigentlich eine Minute nach sechs, aber wir wollen keine Haare spalten) im irischen Fernsehen die Nachrichten, und Bryan hat etwas an sich, das ich außerordentlich beruhigend finde. Darf ich Ihnen jetzt erzählen, welche Rolle er bei meinen Ferien in Marokko spielte? Danke. Ich reiste mit Ihm Selbst in das Land, nachdem er bei einem seiner Bergbesteigungsabenteuer den Toubkal erklommen hatte und mich nach seiner Rückkehr jeden Tag mit Schwärmereien quälte wie: »Oh, Marokko ist so dies und ist so jenes.« Oder: »Als ich dann diese köstliche Tagine gegessen habe blablabla …« Also erklärte ich mich bereit, mit ihm nach Marokko zu fahren.

Und Marrakesch, eine Stadt, die Ihm Selbst besonders gut gefallen hatte, erwies sich für mich als nicht so herrlich, weil ich – ein bedauerliches Versehen – keinen Penis habe. In Marrakesch finden sie Frauen nicht so toll. Um es milde zu sagen. Aber das ist eine andere Geschichte.

Hier geht es um das, was passierte, nachdem wir das beleidigende Grapschen und Zischen von Marrakesch hinter uns gelassen hatten. Mehrere staubige Stunden lang wurden wir durch eine Wüstenlandschaft und durch die unbarmherzig brennende Sonne zu einem Palmenhain gefahren, der Ouarzazate heißt. (Ein Palmenhain ist einer Oase nicht unähnlich, ein plötzlicher Ausbruch von Grün – ja! –, Palmen in der endlosen sich wellenden Landschaft der Wüste). Plötzlich ragte aus der Leere eine sandfarbene Befestigung auf, mit Türmchen und spaltförmigen Fenstern und einer enorm großen Holztür. Kennen Sie *Game of Thrones*? Erinnern Sie sich noch, wie Khaleesi in Quarth auftauchte, »der größten Stadt, die es je gab und geben wird«? So ähnlich sah das hier aus.

Der Fahrer führte uns in die Befestigungsanlage, wo es so dämmrig war, dass ich kaum etwas sehen konnte. Die große Holztür fiel hinter uns ins Schloss, und mich beschlich ein beklommenes Gefühl. In dem Moment trat eine elegante blonde Frau aus dem Schatten und sagte mit einem französischen Akzent: »Willkommen in der Maison des Rêves. Hier entlang bitte.«

Sie führte Ihn Selbst und mich einen fensterlosen Flur entlang, von dem zahlreiche Räume und Erker abzweigten, aber wir gingen raschen Schrittes, es blieb also keine Zeit zu gucken. Schließlich kamen wir zu einem Salon mit großen Ledersofas und einem Tisch, auf dem alle je erfundenen alkoholischen Getränke standen.

»Dies ist ein sehr ungewöhnliches Hotel«, sagte sie. »Es gibt kein Restaurant, keine Essenszeiten, alles ist nach Ihrem Belieben.« Sie lächelte – etwas bemüht –, und ich versuchte auch zu lächeln, aber mir gefiel das alles gar nicht. Ich mag Regeln. »Nichts wird berechnet. Wenn Sie einen Drink haben möchten« – sie zeigte auf den Tisch, der sich unter den Flaschen bog –, »nehmen Sie sich einfach. Wenn Sie etwas brauchen, kommen Sie einfach hierher.«

Dann wurden wir zu unserem Zimmer im ersten Stock gebracht, das in schlichtem – ja, exquisitem – Geschmack stilvoll ausgestattet war. Das Bett war tief, die Laken waren glatt und kühl, eine Sitzecke befand sich vor einem seltsam geformten offenen Kamin, der wie der Knauf einer Tagine aussah, das Badezimmer war groß und modern und hatte die Farbe von Stein. Aber es gab keinen Fernseher. Keine Minibar. Kein Telefon. Auch kein Heft, in dem der Adapterstecker oder die Babysitterfunktion beschrieben wurden. Am wesentlichsten jedoch war, dass es keine Fenster gab. Gut, ich übertreibe, es gab ein Fenster, versteckt hinter Fensterläden, aber als ich sie öffnete, ging es auf einen kleinen, quadratischen Hof ohne jeden Zugang. Wir konnten nichts von der Außenwelt sehen, und als sich in meinem Magen Panik auszubreiten begann, wusste ich, dass ich mich erden und – lachen Sie bitte nicht – auf Twitter gehen musste. Aber – pures Entsetzen! – es gab kein WiFi. Ich brauchte WiFi. Ich brauchte Twitter. Meinem Gefühl nach war ich Tausende von Meilen von zu Hause weg, und ich musste mir vergegenwärtigen, dass ich noch existierte.

Ich ging also nach unten, auf der Suche nach dem Salon mit den Sofas und Getränken, aber ich musste mich in der Richtung geirrt haben, denn ich fand mich in einem kleinen Speisesaal wieder. Ich drehte um, ging in eine andere Richtung und kam zu einem leeren türkischen Bad mit türkisfarbenen Vorhängen. Wieder drehte ich um und ging jetzt schneller und bog links ab, rechts ab, hatte keine Ahnung, wo ich mich befand, bis ich unerwartet in das helle Licht eines Innenhofs trat – die Wände waren ein Mosaik in Millionen Blautönen, und in der Mitte sprudelte ein perfekter kleiner Springbrunnen. Auf allen vier Seiten ging es wieder ins Haus, und plötzlich konnte ich mich nicht mehr erinnern, durch welchen Eingang ich gekommen war.

Wieder stieg Panik in mir auf. Ich hatte mich verirrt, nie würde ich den Weg zurück finden. Und gerade, als ich laut um Hilfe rufen wollte, erschien ein Mann in weiten Hosen und einer Tunika und führte mich lächelnd, aber wortlos zurück zu dem Salon mit den Sofas und den Getränken.

Die Französische Dame brachte mich wieder nach oben und erklärte, dass es manchmal WiFi gäbe, dass es aber unzuverlässig und sporadisch sei. »Weil wir hier so allein sind, so weit von der Zivilisation entfernt.« Sie zuckte hilflos die Schultern, und ich wollte schreien: »Ich weiß, dass wir weit von der Zivilisation entfernt sind, erinnern Sie mich nicht auch noch dauernd daran.«

Als wir am Abend zum Essen nach unten kamen, brannten Kerzen in Wandleuchtern, und wir konnten den Salon mit den Sofas und den Getränken nicht finden. Das machte mir Angst, denn ich kann zwar rechts und links kaum unterscheiden, aber Er Selbst hat einen ungewöhnlich guten Orientierungssinn. Irgendwann erschien jemand – lächelnd, aber wortlos, so wie beim letzten Mal – und führte uns in einen winzigen, perfekten Speisesaal, in dem für zwei gedeckt war. Und das Kerzenlicht auf den Weinkelchen und dem Silberbesteck funkelte. Es gab keine Speisekarte und keine Erklärung zu dem, was uns serviert wurde, was so ganz anders ist als in Irland heutzutage, wo man mit der Kuh und ihrer gesamten erweiterten Familie bekannt gemacht wird, bevor man sich für ein Steak entscheidet.

Außerdem war es so dunkel, dass wir ebenso gut mit verbundenen Augen hätten essen können, und nach dem Essen wurden wir zu der Treppe geführt, die zu unserem Zimmer führte, und wäre das nicht der Fall gewesen, würden wir sicherlich bis zum heutigen Tage durch die Anlage irren.

Am nächsten Morgen wanderten wir wieder gut zehn Minuten herum, bevor ein lächelnder, aber wortloser Mann in Hosen und Tunika uns in einen Garten führte, zu einem atemberaubend schönen Bereich mit Drahtskulpturen, die Schmetterlinge und Blumen darstellten und mit bunten Seidentüchern drapiert waren, sodass ein Zimmer im Freien entstand. Wir nahmen auf Kissen Platz, die wie niedrige Stühle geformt waren, und bekamen köstliche Speisen serviert.

Und so ging es ein paar Tage weiter. Jedes Mal, wenn wir nach unten kamen, schien es, dass das Gefüge der Flure seit dem letzten Mal wenige Stunden zuvor verändert worden war. Und jedes Mal erschien jemand gerade in dem Moment, wenn Panik aufkommen wollte. Es war, als würden uns die Mitarbeiter über Sicherheitskameras beobachten und sich vor Lachen den Bauch halten, während wir immer wieder um die falsche Ecke bogen, bevor jemand zu unserer Rettung ausgesandt wurde.

Wir wussten nie, was zu den Mahlzeiten serviert werden würde oder wie viel – manchmal wurde ein Gericht nach dem anderen aufgetragen, dann wieder endete der Strom an Köstlichkeiten abrupt.

Die Mitarbeiter lächelten rätselhaft, sprachen aber nie, und ich fing an mir Gedanken zu machen, ob sie vielleicht womöglich stumm waren. In einem dunklen, angsterfüllten Moment stellte ich mir vor, dass diese Menschen eine mächtige Instanz beleidigt hatten und man ihnen zur Strafe die Zungen herausgeschnitten hatte, und ich musste diese Bilder schnell vertreiben.

Am zweiten Nachmittag bestand ich darauf, dass Er Selbst mich bei einem »Spaziergang durch die Anlage« begleitete, und während ich vorgab, die Pflanzen und Palmen zu bewundern, wollte ich doch eigentlich die Grundstücksmauer finden. Nachdem mich das Unterholz immer wieder hinderte, wurde mir bewusst, dass ich nach einem Ausgang suchte.

Denn in Wirklichkeit trieb mich etwas ganz Bestimmtes um: Wie viele Flure ich auch abschritt, wie oft ich rechts oder links abbog, nie fand ich die große Tür, durch die wir am ersten Tag gekommen waren. Wieder erfasste mich eine abgrundtiefe Angst, als ich mir vorstellte, dass der Eingang zugemauert worden war.

Ich verstand die Philosophie des Maison des Rêves – es war für frustrierte Machtmenschen, die in der Weltgeschichte herumkamen, von Ulan Bator bis Tierra del Fuego, und sich Club Sandwichs und Sky News reinziehen konnten, wo immer sie waren. Hier bot das Leben etwas Frisches und Wunderbares und ermutigte die Gäste, den Wunsch nach Kontrolle fahren zu lassen. Die meisten Menschen würden es großartig finden.

Hin und wieder hörte ich ferne Stimmen aus dem Zimmer über unserem. Ich lauschte angestrengt, es klang wie zwei Frauen, die Französisch sprachen, aber sicher sagen konnte ich es nicht. Und einmal sah ich zwei Personen – einen Mann und eine Frau –, die um die Ecke verschwanden. Ich beeilte mich, sie einzuholen, aber als ich um die Ecke bog, war ihre Abwesenheit im Flur fast körperlich zu spüren.

Schließlich gestand ich Ihm Selbst meine Ängste. »Ich habe das Gefühl, von einem wohlmeinenden Kriegsherrn gefangen gehalten zu werden.« Ich konnte mir meinen Kerkermeister sogar vorstellen – er war ein fettleibiger Mensch, der rosa Türkenhosen aus Seide, Mokassins mit aufgebogener Spitze, einen orangefarbenen Turban und eine weite mit Goldfaden bestickte Tunika trug und dessen Gesicht ein sorgfältig gewachster Schnurrbart zierte. Trotz der leuchtenden Farben ging von ihm eine schreckliche Bedrohung aus.

Ich nannte ihn Pascha Fayaaz und beschrieb Ihm Selbst meine ausgefeilten Ängste in allen Details.

Ich konnte mir vorstellen, wie ich zu Pascha Fayaaz vorgelassen wurde, während er auf einer Couch aus Lapislazuli ausgestreckt lag. »Maaaarian«, würde er mit einem seltsamen Akzent und seidiger Stimme sagen, »ich höre, du möchtest uns verlassen.«

Dann schnippte er mit den Fingern, wobei seine vielen goldenen Armreifen klirrten, und ein Bediensteter sprang vor und hielt ihm ein Tablett mit Quality Street-Sahnebonbons hin. Pascha Fayaaz' pummelige, elegant maniküre Hand schwebte über den Süßigkeiten und wählte dann den Bonbon im lila Papier. Mit überraschendem Zartgefühl und großer Sorgfalt, um die Folie nicht zu zerreißen, wickelte er ihn aus und gab die Folie einem unterwürfig aussehenden Mann. »Für meine Sammlung«, sagte er, und der unterwürfig aussehende Mann eilte und trug die Folie auf einem seidenen Kissen davon. Dann steckte Pascha Fayaaz sich den Bonbon in den Mund und konzentrierte sich einen Moment auf den Geschmack, bevor seine Aufmerksamkeit sich wieder auf mich richtete. »Also, Maaaaarian, du bist bei uns nicht glücklich. Und das macht mich sehr unglücklich. Was machen wir denn so falsch?«

»Nichts«, stammelte ich. »Nichts.«

»Das Essen, schmeckt es dir nicht? Deine Unterkunft? Deine Diener?«

»Alles ist wunderbar und sehr schön«, sagte ich. »Besonders die ... eh ... die ›Diener‹.« Es war wichtig, dass ich das sagte, fand ich. Ich wollte nicht, dass ihnen etwas zustieß. »Aber ich vermisse mein Zuhause.«

»Zuhause?« Er klang überrascht. »Was vermisst du denn an deinem Zuhause, sogenannt?«

»Also ...« Mein Verstand richtete sich auf eins. »Ich vermisse Bryan Dobson. Ich vermisse die Sache um sechs Uhr. Jeden Tag nach dem Angelusläuten – nein, das will ich lieber nicht erklären, es ist nicht wichtig –, aber jeden Abend nach dem Angelusläuten kommt Bryan im Fernsehen und gibt mir das Gefühl ...« Ich wählte sorgfältig das richtige Wort. »Dass ich in Sicherheit bin. Dass ich den Tag gut hinter mich gebracht habe, und das erleichtert mich. Ja, ein Gefühl von Sicherheit, das gibt mir Bryan Dobson. Sicherheit.«

»Sicherheit«, sagte Pascha Fayaaz nachdenklich. »Wer hätte das gedacht?« Dann schnippte er mit den beringten Fingern, und ich wurde wieder auf mein Zimmer geführt.

Ungefähr dreieinhalb Stunden später klopfte es an meiner Tür. Es war einer von Pascha Fayaaz' Dienern. Er sagte: »Du musst kommen.«

»Warum?« Mich packte die Angst. Aber er ging schon los, also eilte ich hinter ihm her. Er führte mich zu Pascha Fayaaz' prächtigen Gemächern, wo er wie üblich ausgestreckt auf der Chaiselongue lag und Dinge aß. Im Zimmer herrschte eine aufregende und zugleich schreckliche Spannung.

»Nun, Maaaaarian«, sagte Pascha Fayaaz. »Du weißt, dass ich möchte, dass du vollkommen glücklich hier bist. Also!« Er klatschte die Hände zusammen. »Es ist an der Zeit!«

Vor einer Tür, die zu einem Vorraum führte, konnte ich Lärm hören – Poltern und unterdrückte Rufe, als gäbe es

einen Kampf. Entsetzt sah ich mit an, wie mehrere Bediens-
tete ein Wesen zu uns hereinschafften. Anscheinend war
es ein Mann, ein großer Mann in einem Anzug nach west-
licher Mode, aber man hatte ihm einen Hanfsack über den
Kopf gezogen. Jetzt wurde der Sack abgezogen, sein Haar
war ein Wirrwarr, er hatte einen blauen Fleck auf der Wan-
ge und eine Platzwunde auf der Stirn. »Was soll das alles?«,
schrie er. »Wer sind Sie?«

»Sieh mal, Maaaaarian.« Pascha Fayaaz gurrte zufrieden.
»Hier ist er! Hier ist dein Bryan Dobson! Aus Irland hierher gebracht! Jetzt, Maaaaarian, jetzt wirst du doch vollkommen glücklich sein, für alle Zeiten.«

P. S.: Das mit Bryan Dobson ist nicht wirklich passiert, müssen Sie wissen. Ich meine, ich mag ihn wirklich, und er gibt
mir wirklich ein Gefühl von Sicherheit, wenn er um sechs
Uhr im Fernsehen ist, aber niemand hat ihn meinetwegen
entführt, und nach vier Tagen im Maison des Rêves wurde der Eingang wieder freigemacht, und wir durften gehen.

Erstveröffentlichung

Norwegen

Einen Sommer habe ich mit Ihm Selbst und seinen Eltern eine Kreuzfahrt durch die Fjorde Norwegens gemacht. Ich mag seine Eltern (John und Shirley) sehr gern. Aber im Moment gebe ich mir besonders Mühe, mich bei ihnen beliebt zu machen, denn meine Schwägerin Caron hat kürzlich einen süßen kleinen Jungen, Jude, bekommen, weshalb sie zur Zeit die Position der Lieblingsschwiegertochter innehat.

Wir gingen in Newcastle an Bord, und was mich im Leben besonders umtreibt, ist die Sorge, nicht genug zu essen zu bekommen. Ich hatte richtig Angst, auf dem Schiff würde es nicht genug zu essen geben, und wie könnte ich Abhilfe schaffen, wo wir so weit von allen Geschäften entfernt waren?

Aber ich hatte mich komplett geirrt: Es gab massenweise zu essen – Frühstück, Kaffee und Kekse am Vormittag, Lunch, Nachmittagstee, ein Fünf-Gänge-Menü am Abend, und wer dann immer noch Hunger hatte, für den gab es Snacks um Mitternacht. Es war FANTASTISCH!

Jeden Mittag war ein fernes Rumpeln zu hören, als wäre das Schiff auf einen Eisberg aufgelaufen, dabei rührte es nur von dem Run der Gäste zum Speisesaal, sobald er geöffnet wurde.

Normalerweise würde ich mich ebenfalls in ein solches Getümmel stürzen, aber die Leute wirkten wild entschlossen (obwohl die meisten ziemlich alt waren), und ich rechnete mir keine Chancen aus. Also warteten Er Selbst und ich gewöhnlich, bis das ganze Schieben und Drücken vorbei war. Meine Mammy hatte dieselbe Kreuzfahrt zwei Jahre zuvor gemacht, und als ich ihr von dem Ansturm erzählte, sagte sie ganz und gar nicht überrascht: »Oh ja, immer, wenn es etwas zu essen gab, waren sie wie Schweine am Futtertrog.«

Gut! Norwegen! Ein atemberaubend schönes Land – sauber und rein und nicht überfüllt oder verschmutzt, und alle Menschen, denen ich begegnete, waren sehr nett. Wir sahen Gletscher und Fjorde und die Mitternachtssonne, und mein persönlicher Höhepunkt war der Marimekko-Laden in Trondheim, wo ich komplett ausrastete. Ich kaufte zwei Nachthemden (eins gestreift, eins gepunktet), einen hellblauen Regenmantel, einen dazu passenden Regenschirm, ein Paar rosa Filzschuhe, drei Geschirrtücher und ein entzückendes kleines rosa Kleid mit dazu passenden Strumpfhosen für meine Patentochter Kitten. Ich habe so viel gekauft, dass sie mir einen Rabatt von zehn Prozent gaben und zwei Packungen gemusterter Servietten (eine blau, eine grün) schenkten.

Ein weiterer Höhepunkt war der Noa Noa-Laden in Bergen, aber da konnte ich mich besser zurückhalten, und ich bekam keine Servietten geschenkt (was aber keine Beschwerde sein soll).

Zu den weiteren Höhepunkten der Kreuzfahrt gehörten vier Bingo-Abende an Bord. John und Shirley hatten noch nie Bingo gespielt, und als Shirley am letzten Abend achtundvierzig Pfund gewann, sprach sie davon, dass sie zu Hause regelmäßig Bingo spielen möchte. Ich fürchte, ich habe sie verführt ...

mariankeyes.com, Juni 2005

In Frankreich wandern

Je suis zurück aus Frankreich, und ich hatte *un temps* sehr schön. Ja, sehr schön, obwohl jeder, dem ich erzählte, ich würde Wanderferien machen, sich vor Lachen kaum halten konnte. »Du in flachen Schuhen«, hieß es. »Das möchte ich erst mal sehen!«

Ich weiß nicht, wie oder wann mir die Idee von Wanderferien zu gefallen begann. Jedenfalls sieht man daran mal wieder, dass Menschen in der Lage sind, sich zu verändern. Früher einmal hielt ich das für die reine Hölle, aber jetzt ...

Entre nous, mes amies, was mir am meisten Angst machte, war die Überfahrt von Rosslare nach Cherbourg. Auf einer Klassenreise fuhr ich einmal mit dieser Fähre, und ich erinnere mich, dass sie voller betrunkener Rowdies war (hauptsächlich meine Mitschüler und ich). Seither war ich überzeugt, jede Überfahrt wäre ein Albtraum, aber diesmal verlief sie erstaunlich angenehm.

Er Selbst und ich tranken Tee in einem richtigen Restaurant, wo wir von einem sehr netten Polen bedient wurden. Nachdem er die Bestellung aufgenommen hatte, sagte ich zu Ihm Selbst: »Die Russen übernehmen die Führung in der Welt«. Woraufhin Er Selbst sagte: »Er ist nicht Russe, er ist Pole«. Was mich ein wenig bekümmerte, hatte ich mich doch bei dem Mädchen am Informationstisch auf Russisch bedankt (weil sie russisch klang und weil auf ihrem Namensschild Swetlana Russiancitizenski stand), aber rückblickend wurde mir klar, dass sie ebenso gut hätte polnisch sein können und womöglich aufs Tiefste beleidigt war, obwohl ich nur freundlich sein wollte.

Ein Fehltritt dieser Art hält mich normalerweise stundenlang wach und könnte damit enden, dass ich zurück zum Informationstisch ginge, um mich bei dem Mädchen dafür zu entschuldigen, dass ich sie für eine Russin gehalten hatte (nicht, dass etwas daran auszusetzen ist, wenn jemand Russe ist); und wenn sie ihre Schicht bereits beendet hätte, würde ich möglicherweise darauf bestehen, zu ihrer Kabine zu gehen und sie im Nachthemd und mit Nachtcreme auf dem Gesicht aus der Koje zu holen, um mich zu entschuldigen, aber zum Glück passierte das nicht.

Im Gegenteil, ich schlief in jener Nacht sehr gut. Wir hatten eine winzig kleine Kajüte mit einem Stockbett. (Ich lag unten, weil ich nachts oft rausmuss, um Pipi zu machen – das wollten Sie nicht wissen? Entschuldigen Sie bitte. Aber ich habe festgestellt, dass viele Frauen dasselbe Problem haben und es ihnen nur peinlich ist, es auszusprechen.) Und die Bewegungen des Schiffes waren wie ein Schaukeln, und alles in allem war es eine gute Reise, und als wir aufwachten, waren wir in Frankreich!

Wir wollten nach Dijon, und das würde ungefähr sieben Stunden dauern. Aber selbst dieser Teil der Reise war angenehm, weil die französischen Straßen sehr gut sind, und wenn wir ein- zweimal anhielten, um etwas zu trinken und, ja, zur Toilette zu gehen, denn am Tage ist es fast genauso schlimm wie nachts, waren die Leute in den Geschäften

ENTZÜCKEND, überall erschallte *bon jour* und *merci* und *au revoir*.

Ich weiß, man hört überall, dass die Franzosen äußerst ungezogen sind, aber vielleicht gilt das nur für Paris, und um ehrlich zu sein, ist auch in Paris nie jemand ungezogen zu mir gewesen.

Obwohl, da fällt mir ein, dass das nicht stimmt. Ich habe den schrecklichsten Abend meines Lebens in dem Restaurant Georges oben im Pompidou-Restaurant erlebt. Ich erzähle Ihnen die Geschichte. Er Selbst und ich hatten einen Tisch fürs Abendessen gebucht, und wir kamen 0,4 Punkte einer Mikrosekunde zu spät, und als ich mich mit meinem zugegeben schauerlichen Französisch bei dem außergewöhnlich hübschen Begrüßungsmädchen entschuldigen wollte, starrte sie mich nur unverwandt und derartig verächtlich an, dass meine Entschuldigungsansprache einfach versiegte. Sie nahm zwei Speisekarten, schritt durch den Saal, schleuderte die Karten auf einen Tisch und rauschte, ohne uns eines Blickes zu würdigen, davon.

Damals näherte ich mich meinem vierzigsten Geburtstag und suchte dauernd und mit jedem Streit. Nachdem ich zugelassen hatte, dass diese junge Frau mich so herunterputzte, beschloss ich mich zu rächen, bevor wir gingen. (Jedes Mal, wenn sie an unserem Kindertisch vorbeikam und neue Gäste zu ihren Plätzen führte, rief ich ihr zu: »Alte Ziege!«, aber leider war die Musik so laut, dass sie mich nicht hörte. Er Selbst war mit mir einig, dass das Mädchen sich entsetzlich benommen hatte, und bot an, »etwas zu sagen«, aber ich bestand darauf, es selbst zu tun.)

Als wir aufbrachen (wir hatten nur ein Gericht zu uns genommen, und ich hatte meins vor lauter Zorn und Scham im Bauch nicht essen können), versicherte ich mich an der Tür, dass das Mädchen Englisch sprechen konnte – das konnte sie, sehr gut sogar –, und ich sagte ihr, sie sei bei unserer Ankunft unhöflich und unverschämt gewesen, dass sich das nicht gehöre und wir einen scheußlichen Abend verbracht hatten und nie wiederkommen würden.

Ich muss zugeben, dass sie ziemlich überrascht war, aber leider brach sie nicht in Tränen aus, wie es in einem miesen amerikanischen Film passieren würde, sie entschuldigte sich auch nicht für ihr rüdes Verhalten und behauptete nicht, als Kind schlecht behandelt worden zu sein und es nicht anders zu kennen; sie erklärte nicht einmal, dass, obwohl alle immer wiederholten, wie schön sie sei, sie sich innerlich hässlich vorkäme, hässlich, ja, HÄSSLICH … gut, sie war ein bisschen erschüttert. Und obwohl ich drei Tage lang nicht aufhören konnte zu zittern, weil ich den Mut zusammengenommen hatte, etwas zu sagen, war ich froh, dass ich es getan hatte.

JEDENFALLS. Von der Zicke im Centre Pompidou abgesehen ist jeder Franzose, dem ich je begegnet bin, ausgesprochen charmant gewesen.

Wir kamen gegen sechs Uhr in Dijon an, suchten eine Apotheke und wanderten in der Stadt herum. Als wir das Grüne Kreuz entdeckten, gingen wir hinein und tätigten unsere Geschäfte.

Wie schon gesagt, habe ich eine Vorliebe für Apotheken. Es sind nützliche Geschäfte mit vielen wundersamen und verschiedenartigen Waren. Oft liegen Mam und ich auf ihrem Bett und zählen die vielen, vielen Dinge auf, die man in einer Apotheke bekommen kann. Das Spiel fängt damit an, dass sie »Haargummis!« ausruft. Und ich sage: »Wattestäb-

chen!« Sie sagt: »Hustenbonbons.« Ich sage: »Solpadeine!«
Und sie sagt: »Bonjela Zahngel!« Und so geht es weiter, viele glückliche Stunden lang.

Als wir das Spiel zum ersten Mal spielten, wohnte Susan (Tadhgs Freundin) bei Mam und Dad (und bei Tadhg,
sollte ich besser hinzufügen), bis sie ihre eigene Wohnung
bekamen, und sie musste uns bitten, leiser zu sein, weil sie
schlafen wollte und am nächsten Morgen arbeiten musste,
und wir haben zwar versucht, sie in das Spiel einzubeziehen,
aber sie ließ sich nicht überreden.

Manchmal, aus heiterem Himmel und mitten in einem
Gespräch über etwas ganz anderes, auch wenn andere Leute
um uns herum sitzen, guckt Mam mich an und ruft: »Haargummis!«, und schon sind wir mitten im Spiel.

Leider war die Apotheke in Dijon ziemlich klein und hatte nicht alle Dinge im Sortiment, die Mam und ich in einem
Spiel abarbeiten, aber dafür nahmen Er Selbst und ich in Dijon ein großartiges Dinner zu uns – das erste von vielen –,
und am nächsten Tag fing das Wandern an! Das Wetter war
fantastisch – ein bisschen zu fantastisch, *entre nous, mes
amies*, denn es war die Sorte Wetter, bei der man am besten
an einem kühlenden Swimmingpool liegt und einen Mann
zur Seite hat, der einem kühlende Cocktails bringt. Stattdessen wanderten wir durch Weinberge und über Pfade,
und ich komme mit Hitze ja auch in der allerbesten Zeiten
nicht gut zurecht – weil ich Irin bin und einfach nicht dafür
eingerichtet –, aber das ist eine kleine Beschwerde; und wir
gingen durch Bilderbuchdörfer (oder sollte ich *villages* sagen?) mit Weinkellereien im Familienbesitz und hübschen
Chateaux und kleinen Boulangeries, wo wir Brioche mit
Gruyère für unseren Lunch kauften, und alles war so char-

mant und französisch, und unser Hotel war schön und das Dinner fabelhaft, und ich hatte solche Angst, dass ich am nächsten Tag nicht aus dem Bett kommen würde (wir waren ungefähr fünfzehn Kilometer gelaufen), aber ich hatte nicht die kleinste Schwierigkeit, und meine Welt war in Ordnung.

Wir wanderten fünf Tage lang, und manchmal übernachteten wir in Frühstückspensionen, und manchmal schicker, aber das Abendessen war immer großartig – nur dass es nicht besonders gut für Vegetarier geeignet war. Ich bin keine Vegetarierin, aber ich bin etwas mäkelig, etwa bei Sachen wie Leber, und Er Selbst ist das genaue Gegenteil: Wenn auf der Speisekarte Innereien stehen, ist das wie eine Herausforderung für ihn, was manchmal schwierig zu verdauen ist, selbst wenn ich nicht diejenige bin, die es isst.

Am schlimmsten war es in Beaune – ein unglaublicher Ort. Ich wünschte, wir hätten dort mehr Zeit verbracht. Auf dem Markt habe ich Mirabellen gekauft, in einer Boutique einen Wintermantel, und die Architektur, oh, es gab alles Mögliche. Auf der Speisekarte gab es – wer zart besaitet ist, möge jetzt weghören – einen Eintopf aus Hahnenkamm, Sie wissen, das sind die Zacken auf dem Kopf eines Hahns.

Als ich das las, wusste ich, dass er das bestellen würde, und er tat es frohlockend, aber die Kellnerin sah ihn entsetzt an. Besorgt eilte sie von dannen und kam mit der Chefin zurück, einer grotesk dickleibigen Frau (was nur zeigt, dass auch französische Frauen dick werden können) mit grelllila Lidschatten und schwarzem Kajalstrich bis zum Haaransatz à la Siouxie (oder wie man das eben schreibt) von 1977.

Die Bossfrau befragte Ihn Selbst zu seiner Wahl: Wusste er, worauf er sich da einließ? Hatte er das schon einmal gegessen? Mochte er auch Kutteln. Denn dies war wie Kutteln, nur schlimmer. Dann mischte sich ein Mann im weißen Jackett ein (vielleicht war er der Oberkellner), und eine besorgt klingende Unterhaltung auf Französisch begann. Dann zuckten sie die Achseln (denn sie waren Franzosen) und beschlossen, wenn der Rosbif (anscheinend nennen sie alle Engländer so, ist das nicht großartig?) ein Witzessen haben wollte, dann sollte er es bekommen.

Und als es auf den Tisch kam, war es noch schlimmer, als ich befürchtet hatte. Ich dachte, Eintopf bedeutete, dass der Hahnenkamm in kleine Stücke zerschnitten und unerkennbar sein würde, aber es war ein Teller mit drei RIESIGEN Hahnenkämmen, die gummiartig und widerlich aussahen, und als Er Selbst anfing, sie zu verspeisen, verließen alle Restaurantmitarbeiter bis zur Küchenhilfskraft ihre Posten und sahen staunend zu, wie der Rosbif sie aß. Unterdessen knabberte ich an einer Scheibe Brot und versuchte, meine Übelkeit im Zaum zu halten. Herr im Himmel.

Aber sonst war das französische Abenteuer FANTASTISCH.

mariankeyes.com, September 2005

Ulster sagt NEIN!!!

KYLIE!!! Sie kommt nach Irland! Das einzige Haar in der Suppe war, dass sie nach Nordirland kam und in Belfast auftrat, nicht in Dublin, aber so haben wir das gemacht: Wir zwölf aus Dublin – andere kamen aus London – mieteten uns einen Minibus, und es wurde ein großartiger Tag, außer als Ulster NEIN! sagte.

Wir hatten mit Leuten von der Odyssey Arena vor Ort im Voraus vereinbart, dass wir den Minibus parken konnten, aber als wir zum Parkplatz kamen, sagte uns ein Jugendlicher in orangefarbener Leuchtweste und mit einem Walkie-Talkie: »NEIN! HIER KÖNNEN SIE NICHT PARKEN! Der Wagen ist zu groß.« Er sagte, es gebe einen anderen Parkplatz für Minibusse, aber als wir aus dem Parkplatz rausfahren wollten, hieß es: »NEIN! IHR KÖNNT ERST FAHREN, WENN IHR DIE GEBÜHR BEZAHLT HABT!« Wir erklärten, dass wir erst vor sechs Sekunden angekommen seien, aber man sagte uns, Regeln seien Regeln. Doch schließlich durften wir fahren und fanden den Weg zu einem Busparkplatz, wo man uns – ja! –sagte: »NEIN! HIER KÖNNT IHR NICHT PARKEN! Normalerweise schon, aber die Stadt hat gerade bestimmt: NEIN! HEUTE KANN HIER NICHT GEPARKT WERDEN!«

Wir wurden an einen Stadtangestellten verwiesen – dies-

mal ein Mann in GELBER Leuchtweste –, der uns zum ersten Parkplatz zurückschickte und erklärte, es gebe für die
Fahrzeuge, die dort parkten, keine Begrenzungen bei Gewicht oder Höhe, aber dort kam – oh ja, *mes amies*, es war
zum SCHREIEN! – der erste Jugendliche in orangefarbener
Leuchtweste über die gesamte Länge des Parkplatzes auf
uns zu gerannt und schrie: »NEIN, NEIN, NEIN, NEIN,
NEIN, NEIN, NEIN, NEIN, NEIN, NEIN!«

Sie hätten ihn sehen sollen, er war so AUFGEREGT über
diese Gelegenheit, nicht zu helfen! Wir hatten ihn für den
Tag glücklich gemacht, vielleicht sogar fürs Jahr.

»NEINNEINNEINNEINNEINNEINNEIN! Verschwindet, ihr seid zu groß.«

»Aber der Mann mit der gelben Weste hat gesagt …«

»NEINNEINNEINNEINNEINNEINNEIN!!!! Ich habe
eine ORANGEfarbene Leuchtweste. ORANGE sticht GELB.«

Bevor er uns wieder wegschickte, zu dem Typen am Bus-
bahnhof (der, was niemanden überraschte, seine Haltung
nicht geändert hatte), wies er uns freundlicherweise den
Weg zu einem »Abrissgrundstück gleich um die Ecke, keine
drei Minuten von hier«.

Ich wusste nicht, welcher Teil seines Satzes mich am
meisten alarmierte. Das »Abrissgrundstück«? Die Angabe
»gleich um die Ecke« in einer fremden Stadt? Oder die Zeit-
angabe »keine drei Minuten von hier«? Iren sind bekannt
dafür, dass sie bei Zeit- und Streckenangaben lügen, alles
»kommt gleich« und ist »keine drei Minuten entfernt«.

Unterdessen versuchte Er Selbst die Frau in der Ver-
anstaltungszentrale zu erreichen, die ursprünglich einen
Platz zum Parken versprochen hatte, aber – was soll ich sagen? – richtig: KEINE ANTWORT.

Als wir versuchten, in die Odyssey Arena zu kommen, warf der Mann einen Blick auf unsere Eintrittskarten und sagte: »NEIN.« Er hatte sich schon abgewandt, um dem Nächsten ein »NEIN« entgegenzuschleudern, als wir ihn fragten, warum wir nicht rein dürften. Er sagte: »Sie brauchen einen Brief.« Wir zogen den Brief heraus, und er war tief enttäuscht, aber am Ende musste er uns einlassen. Inzwischen konnten wir uns nicht mehr halten vor Lachen.

Dann wollte Eileen vor dem Konzert draußen eine Zigarette rauchen, aber ihr wurde gesagt: »NEIN. NEIN. NEIN. NEIN. Gehen Sie ruhig raus, aber Sie können auf keinen Fall wieder reinkommen.«

Aber das Beste, das Allerbeste von allem, war, als Suzanne und ich während des Konzerts zur Toilette gingen. Auf dem Weg zurück standen wir einen Moment oben an den Stufen, um uns zu orientieren, und im nächsten Moment schrie ein uniformiertes Mädchen uns an: »NEIN! NICHT STEHEN! SIE KÖNNEN DA NICHT STEHEN!«

Wir lachten Tränen.

Trotz alledem war es ein fabelhaftes Konzert: atemberaubende Bühnenbilder und Kostüme und Tänzer und SCHUHE! Kylie ist ein kleiner Engel und die Liebenswürdigkeit in Person.

mariankeyes.com, Juli 2008

Zypern

Zypern! Wir flogen nach Zypern, weil Irland im Fußball gegen Zypern spielte, und zum Glück flogen wir nicht von Dublin, was ich im März getan hatte, um das Spiel gegen Israel zu sehen. Herr im Himmel, die Reise war ein ALBTRAUM gewesen! Der Flug ging um 4.30 Uhr am Morgen, und alle außer mir, Ihm Selbst, Tadhg und Susan waren besinnungslos betrunken, trugen grüne Lockenperücken und sangen »The Fields of Athenry«. (Warum? Warum gerade dieses Lied?) Es fühlte sich an, als würden wir sechs Stunden mit einem Überlandbus durch die Nacht fahren, in dem alkoholische Getränke verkauft wurden und aus dem man nicht aussteigen konnte.

Leute (also, Männer) stolperten über mich und behaupteten, ich sähe wie Eleanor McEvoy aus (das stimmt nicht, ich habe nichts gegen sie, sie ist reizend, aber ich sehe nicht wie sie aus), und forderten mich auf, ein Lied zu singen und nicht eine so trübsinnige Miene zu machen, und das Ganze war so entsetzlich, und ich hasste mich, weil ich es nicht toll finden konnte, aber ich bin Alkoholikerin, wenn auch eine, die nicht trinkt, kein Wunder, dass es schwer für mich war …

Diesmal flogen wir von London, und in der Schlange standen ein paar lärmige Männer in grünen Pullovern, und

Er Selbst zählte sie und sagte: »Gut, gerade genug für ein Singsong«. Und ich sagte: »Von mir bekommst du einen Singsong, wo du ihn spüren kannst.«

Als die Jungs in grünen Pullovern einstiegen, wollten sie unbedingt beweisen, wie wohlmeinend und liebenswert sie waren, und halfen der Flugbegleiterin, ein Köfferchen im Gepäckfach zu verstauen. »Hier, ich mach das schon«, sagte einer der charmanten Jungs. Darauf ein anderer liebenswerter Rüpel: »Ah, nein, Joxer, du machst das ganz falsch, lass mich mal.« »Nein, so geht das nicht«, sagte der dritte Tunichtgut zwinkernd. Obwohl die Flugbegleiterin darauf bestand, dass sie sehr gut imstande sei, den Koffer zu verstauen, schoben und zerrten die Jungs so lange daran herum, bis sie den Griff beschädigten. Dann trampelten sie nach hinten und riefen nach Bier.

Doch sonst war es ein großartiger Flug, und als wir in Zypern ankamen, herrschten dort 28 Grad! Die anderen waren schon da, auch Eileen, die Arme, die den Übernacht-bus-Flug aus Dublin genommen hatte, der so schlimm gewesen war, dass sie nicht darüber sprechen konnte.

Wir hatten es sehr gut, wir neun, und sonnten uns auf unserem eigenen grasbewachsenen Hügel und aßen gut zu Abend, zum Beispiel gebratener Halloumi als Vorspeise und Zypernsalat als Hauptspeise (das ist wie griechischer Salat, nur mit Halloumi statt Feta).

Aber das Spiel war eine Tragödie. Wir gewannen zwar, spielten aber grottenschlecht.

Als wir ins Hotel kamen, habe ich mich, wie üblich, ins Bett zurückgezogen, während die anderen in die Bar gegenüber gingen und viele glückliche Stunden damit verbrachten, ihren Kummer zu ersäufen.

Ein Mann im Anzug saß allein am Nachbartisch, aber niemand beachtete ihn, bis er aufstand und gehen wollte und Tadhg plötzlich verstummte. Er Selbst dachte, der Mann im Anzug habe Tadhg in den Po gekniffen, so bestürzt war Tadhgs Miene, aber Tadhg zeigte mit dem Finger hinter dem Mann her, der bereits die Straße überquerte, und sagte: »Das ist Ray Houghton.«

Für diejenigen, die es nicht wissen, sei gesagt: Ray Houghton ist ein irischer Nationalheld, der in Liedern und Geschichten und Komikerauftritten gefeiert wird, weil er 1988 in Stuttgart das entscheidende Tor gegen England erzielte. Es geht ja nicht immer darum, England achthundert Jahre der Kolonialisierung vorzuwerfen, und es ist auch nur ein Spiel, aber trotzdem: England zu schlagen!!!

Jedenfalls, Tadhg rief über die Straße: »RAY!«, und Ray drehte sich um und hob die Hand zu einem anmutigen Gruß – und ging in unser Hotel. Tadhg wollte sofort durch den Verkehr hinterherstürzen und musste zurückgehalten werden. Als Nächstes wollte er eine Gruppe zusammenstellen, das angenehme Gegenstück zu einer blutrünstigen Meute, um Ray aufzuspüren.

Aber es war spät, niemand wollte sich ihm anschließen, außer Seán (Caitríonas Kerl). Die anderen gingen auf ihre Zimmer. Offensichtlich verbrachten Tadhg und Seán die halbe Nacht damit, an Hotelzimmer zu klopfen und zu rufen: »Ray! RAY! Sind Sie da, RAY? Ray? Schlafen Sie schon? Darf ich Sie zu einem Drink einladen? Ich verehre Sie, Ray!«

Dann wurde gemunkelt, dass Seán den Portier am Empfangstisch ablenken sollte, damit Tadhg im Computer feststellen konnte, in welchem Zimmer Ray schlief.

Manches davon ist gelogen, leider, besonders das mit der Ablenkung und dem Computer. Was in Wirklichkeit passierte – Tadhg und Seán verbrachten weitere Stunden in der Hotelbar und hofften, dass Ray im Schlafanzug runterkommen und einen letzten Drink nehmen würde. Aber am nächsten Tag hatten wir so viel Spaß mit der Geschichte von: »Ray! RAY! Sind Sie da drin, Ray?«, dass ich dachte, ich schreibe sie trotzdem auf.

mariankeyes.com, Oktober 2005

Brasilien

Gut, am Valentinstag flogen wir nach Brasilien, und, es ist unfassbar, aber Rio ist GENAU SO, wie es auf Fotos aussieht. Die Copacabana war ein sich EWIG ausstreckender Strand, gestopft voll mit Millionen fast nackter Menschen, die Musik hörten und aus halben Kokosnüssen tranken, und entzückenden Kindern, die zwischen all dem herumrannten, und Frauen, denen es nichts ausmachte, dass sie nicht den perfekten Körper hatten (gefällt mir), und Jungen, die Volleyball und Fußball spielten, und der brennenden Sonne und Männern, die Eis verkauften. All das.

Um die nächste Landzunge liegt Ipanema Beach, und der war nicht anders. Zugegeben, es war Karneval (oder richtiger *carnaval*), und vielleicht sieht es nicht immer so aus, aber ich möchte es mir gern so vorstellen.

Für mich als Irin, gehemmt und voller Widerwillen gegen meinen eigenen Körper, die ich vom Moment der Geburt gelernt hatte, dass meine nackte Gestalt widerlich und schändlich ist und am besten mit einer aus kratziger Wolle gestrickten Ganzkörperhülle bedeckt sein sollte, war Rio eine ziemliche Herausforderung. (Gerade kommt mir der Gedanke, wie seltsam es doch ist, dass die Burka nicht in Irland ihren Ursprung hat. Sie würde doch ganz im Einklang mit der Botschaft der Priester stehen, dass alle Frauen lose Luder sind, die nach der Gelegenheit lechzen, mit dem Anblick eines Stücks ihrer Haut oder ihres Ellbogengelenks gute Männer vom Pfad der Tugend abzubringen, außerdem wäre sie in unserem feuchten Wetter sehr nützlich. Ich liebe Kapuzen. Wenn ich eine Jacke kaufe, bestehe ich praktisch auf einer Kapuze.)

Wir kamen in die helle, glänzende Hotellobby, und selbst da liefen die Menschen halb nackt herum. Nahe des Empfangstischs hielt sich die Standardausgabe eines typischen eurozentrischen Playboys von internationalem Format auf, mit schulterlangen Haaren, einer knall-orangefarbenen Speedo-Badehose (von der extrem anliegenden Sorte – Budgiesmuggler werden sie, glaube ich, genannt), einem farblich abgestimmten (ja, abgestimmten) T-Shirt und – das hätten Sie natürlich raten können – einer Männerhandtasche (leider nicht orange) unter der Achselhöhle. Er Selbst und ich stießen uns an und wollten schon loskichern, aber es fühlte sich nicht ganz passend an, weil wir spürten, wir steckten selbst bis über beide Ohren mit drin.

Nachdem wir den Schmutz der Reise abgewaschen hatten, verließen wir, bekleidet mit weiten T-Shirts und leichten, aber doch immerhin knöchellangen Hosen, schüchtern und vorsichtig das Hotel, traten in die Hölle der Copacabana und wurden sofort von der Hitze überwältigt.

Aber ich erinnerte mich an meine Freundin Nadine, die mir von Miami erzählt hatte. Bei ihrer Ankunft war sie völlig eingeschüchtert gewesen von all den Menschen mit gebräunten und wohlgeformten Körpern in knappen shocking-pink Shorts, die in Cabrios herumfuhren und Shakira hörten, aber nach ein paar Tagen hatte sie sich eingegliedert und ging als Eingeborene durch. Und so erging es mir auch, meine amigos! (Also, fast!)

Im Laufe der Tage legte ich immer mehr Kleidung ab, bis zu dem profunden Moment, da ich meine Oberarme – komplett – entblößte. Es war sogar ein länger anhaltender Moment, in dem ich sagen konnte: Ich bin einfach glücklich. Ich war auf dem Weg zurück von einem AA-Treffen (unglaublicherweise fand nur vier Minuten zu Fuß vom Hotel entfernt ein AA-Treffen in englischer Sprache statt), die Sonne ging unter, und die Menschen kamen in Trauben vom Strand und strebten zur Metro, und hier war ich, meine fleischigen Oberarme sichtbar für alle, und ich fühlte mich fantastisch. Allein, aber nicht einsam. Ein Mensch unter Menschen. Fleischige Arme vielleicht, aber sonst ein Mensch wie alle anderen.

Mir fällt es schwer, jemals wahrhaftigen Frieden zu erleben, tief in meiner Psyche ist immer etwas Rastloses, wie ein Hai, der sich endlos auf der Suche befindet. Obwohl ich unglaubliches Glück in meinem Leben gehabt habe und ein wunderbares Leben lebe, fällt es schwer, den Hai zur Ruhe zu bringen, aber in Rio gab er Ruhe.

Damit möchte ich nicht sagen, man müsste, um den Hai dauerhaft zur Ruhe zu bringen, nach Rio ziehen, denn das Rumoren des Hais begleitet einen durchs Leben, während man versucht, das Richtige zu tun, aber es tat gut, einen Moment der Freiheit zu haben. Verstehen Sie?

Eileen und ihre Schwester Deirdre, unsere Freundinnen, waren gemeinsam mit uns nach Rio gereist, und zusammen klapperten wir alle Touristenattraktionen ab (Christusfigur, Zuckerhut und so weiter), aber bei Weitem das Beste war der Abend im Sambadrome. Mir fehlen die Worte, um es angemessen zu beschreiben. Ich habe es als sehr emotional empfunden. Ich weinte sogar (was ich nicht sehr oft tue, außer in Gegenwart russischer Waisenkinder), weil es mich so rührte, wie viel Arbeit jede Schule in ihre Parade gesteckt hatte.

Zu denken, dass die Menschen in den Favelas, wo das Leben bestimmt nicht leicht ist (ich meine das nicht von oben herab, sondern ganz ehrlich), so schwer gearbeitet und mit so viel Stolz dieses atemberaubende Spektakel auf die Beine gestellt hatten (6 000 Menschen in umwerfenden Kostümen tanzten auf riesigen Wagen, die so hoch wie unser vierstöckiges Haus waren). Die Menschen sind unglaublich, das meine ich ehrlich.

Was mich noch an Rio überraschte: Ich hatte nicht damit gerechnet, dass die Menschen so warm sein würden. Ich weiß nicht, warum. Vielleicht weil man uns gewarnt hatte, dass die Stadt gefährlich sei. (Wir wurden mehrmals vor »Mugglern« gewarnt. Mein Lieblingswort unter den Neuschöpfungen.) Oder vielleicht, weil die Brasilianer so gut aussehen? Jedenfalls waren sie überraschend liebenswürdig und sympathisch. Sogar die Journalisten!

Nach sechs Tagen in Rio verabschiedeten wir uns von Deirdre, dann machten Er Selbst, Eileen und ich uns auf nach Manaus, dem Tor zum Amazonas. (Das ist nicht der offizielle Slogan, sondern mein eigener.) Früher war Manaus ein blühender Gummihafen (nicht, dass er aus Gummi gemacht ist!) und hatte eine eigene Oper (ich weiß!), aber das alles ist den Bach runtergegangen, als um 1910 herum der Gummimarkt zusammenbrach. Es ist ein Ort voller Atmosphäre, mit dem Flair verflossener Großartigkeit. Er Selbst sagte, er komme sich wie in einem Roman von Gabriel García Márquez vor.

Nach einer Nacht in Manaus fuhren wir den Amazonas hoch. *Ontre nu*, Eileen und mir war bei dem Gedanken an die Amazonas-Expedition gar nicht wohl. Wir würden in einer Lodge übernachten, wo es weder Strom noch Warmwasser gab und wo wir von Moskitos, Anakondas und Tarantulas attackiert zu werden fürchteten und wo – das Schlimmste überhaupt – alle Mahlzeiten gemeinschaftlich eingenommen wurden. Gibt es Schlimmeres? Beim Frühstück schon Konversation mit Fremden? Bei der man seine Tischnachbarn fragt, woher sie kommen, was sie tun, wo sie schon gewesen sind und wohin sie als Nächstes fahren (um dann – grässlich! – herauszufinden, dass sie genau dieselben Orte abklappern wie man selbst und dass man nicht der furchtlose Reisende ist, der man zu sein dachte, sondern eine Schachfigur im Spiel der Reiseanbieter).

Es fing schon schlecht an, weil ich in Manaus, kurz bevor wir das Boot bestiegen, bemerkte, dass ich meine Sonnenbrille verloren hatte, deshalb musste ich in Manaus schnell noch eine kaufen, und da ich einen außerordentlich kleinen Kopf habe, war die Auswahl begrenzt. Auf dem Schiff, als wir die Ufer an uns vorübergleiten sahen, erfasste mich Verzweiflung. Das überraschte mich, da ich – nach einem von Depressionen bestimmten Leben – in letzter Zeit etwas heiterer gewesen war. Ja, unvermittelt erschien alles um mich herum bösartig und von Verzweiflung gefärbt. Ich nahm die Sonnenbrille ab – und prompt wirkte alles froher! Setzte die Sonnenbrille wieder auf – und die Düsterkeit umfing mich wieder. Nahm die Sonnenbrille ab – und alles war viel heiterer!

Da wurde mir klar, dass nicht ich das Problem war, sondern die verflixte Sonnenbrille. Sie hatte eine gelbliche Färbung, was von *außen* nicht sichtbar war, denn ich würde niemals dieselbe Sonnenbrille wie Bono tragen, da ich ohnehin schon Gefahr laufe, mit ihm verwechselt zu werden: Wir sind beide klein und gedrungen, haben kräftige Oberschenkel, dunkles Haar, einen irischen Akzent und tragen immer hohe Absätze. Außerdem kann ich ziemlich gut singen. (Das ist gelogen.) Außerdem habe ich den Papst gesehen und ihn *dude* genannt. (Das ist ebenfalls gelogen.) Außerdem habe ich George Bush getroffen und zu ihm gesagt: »He, Sie, warum können wir nicht alle nett zueinander sein?« (Auch das ist gelogen, aber ich bin jetzt so in Schwung, dass ich nicht aufhören kann.) Außerdem fahren wir beide einen Maserati. (Stellen Sie sich vor: Das ist tatsächlich die Wahrheit. Anscheinend gibt es in der Republik Irland sechs Maseratis, und Bono gehört einer davon und mir – besser gesagt Ihm Selbst, um ehrlich zu sein – auch einer, und oftmals, wirklich, oftmals, wenn ich eine Ausfahrt unternehme, bleiben die Leute stehen und tuscheln: »Fährt Bono nicht so einen Wagen? Ist das etwa Bono?« Und wenn ich näher herankomme und sie mich am Steuer sitzen sehen – klein, gedrungen, mit kräftigen Oberschenkeln, dunklen Haaren und einem irischen Akzent, und ich singe: »*In the NAAAMMMEEE of LOVVVE! WHAAAATMOOORE in the name of LOVVVVE*«, dann sagen sie: »Mensch, das ist er! Das ist Bono!«)

Na, gut. Also, die Sonnenbrille. Von innen durch die Brille geguckt wirkte alles gelblich und traurig. Wie macht Bono das? Kein Wunder, dass er lauter gute Werke tut und sich der Unterdrückten und Bedürftigen annimmt, wenn er die Welt durch eine gelb gefärbte Brille sieht. Das zwingt einen die Dinge besser zu machen, sonst begeht man noch Selbstmord.

Nachdem das kleine Problem aus der Welt war, entwickelte sich alles zum Besten, und meine Tage am Amazonas waren die größte Überraschung meines Lebens.

Kaum hatten wir unser Ziel erreicht, wurden unsere Glieder ganz weich von der Luftfeuchtigkeit und der Entspannung, und wir verbrachten viele Stunden in den Hängematten mit Lesen. Zwischendurch erhoben wir uns und gingen auf Pirsch nach Alligatoren, oder wir befreundeten uns mit Anakondas, Faultieren, Tukanen, Piranhas und Tarantulas, die so groß waren wie Suppenteller.

Das Beste war der Ausflug auf dem Boot, bei dem wir in einen Nebenfluss einbogen, dann in einen schmaleren Nebenfluss und einen noch schmaleren, dann in einen winzigen, wo das Boot fast lautlos durch den ertrunkenen Wald glitt und die Äste der Bäume sich über dem Fluss trafen und alles Licht grün machten und dünne Strahlen von weiß blendendem Licht durch die Blätter brachen und ich das Gefühl hatte, ich sei an einem Ort, wo noch nie ein anderer Mensch gewesen war. Eileen sagte, es sei wie in *Apokalypse Now*. Selbst die gemeinsam eingenommenen Mahlzeiten waren kein Problem. Es war herrlich, wirklich herrlich. Also, auch wenn Sie sich, so wie ich, vor allem und jedem fürchten, würde ich Sie ermuntern, dorthin zu reisen, wenn Sie die Möglichkeit dazu haben.

Nach vier Tagen reisten wir nach Patagonien weiter. Als wir die Reise planten, hatten wir nicht berücksichtigt, dass Brasilien das fünftgrößte Land der Welt ist, und Argentinien das achtgrößte. Ich hatte gedacht: »Na, die Länder liegen nebeneinander, und wenn wir schon nach Brasilien reisen, sollten wir auch in Argentinien vorbeischauen.«

Großer Fehler, *mucho grande* Fehler. Wir brauchten zwei

Tage, um vom Amazonas nach El Calafate in Patagonien zu kommen (einschließlich einer Übernachtung in Buenos Aires, wo wir um zwei Uhr morgens ankamen und bei Sonnenaufgang schon wieder aufbrachen). Außerdem wechselten wir in den Tagen so oft die Zeitzonen, dass wir keine Ahnung mehr hatten, wo vorne und hinten war.

Als wir an einem Sonntagabend Eolo (das Hotel zwanzig Kilometer außerhalb von El Calafate) erreichten, hatten wir üble Laune. Wir waren erschöpft, müde und ausgehungert und bedauerten, dass wir unser bequemes Leben je verlassen und uns auf dieses verrückte Abenteuer eingelassen hatten. Im Auto vom Flughafen schlossen wir einen Pakt, dass wir, sobald wir im Hotel wären, unser Abendessen verlangen würden. »Noch bevor wir einchecken«, wies ich Ihn Selbst und Eileen an. »Habt ihr gehört?«

Später musste ich mich bei den reizenden Mitarbeitern im Hotel Eolo entschuldigen, die alle unsere Wünsche erfüllten, als ich bei unserer Ankunft darauf bestand, NEIN, wir wollten unsere Zimmer nicht sehen, und NEIN, wir wollten keinen Drink vor dem Essen, und JA, wir würden in die Küche gehen und uns das Essen selbst kochen, wenn sie sich weigerten, uns UMGEHEND etwas zu essen zu geben. Mir tat es wirklich sehr leid. Wir drei waren sehr müde und sehr hungrig, aber ich gebe zu, dass ich die Anführerin war. Ich war schuld. Ich hatte die anderen angestachelt.

In der Viertelstunde, bevor das Essen vor uns auf den Tisch gestellt wurde, guckte ich blicklos aus dem Fenster und auf die offen gestanden erstaunliche Aussicht und beklagte die Tatsache, dass wir jemals losgezogen waren, und wünschte mir inniglich, wieder in unserem schönen Irland zu sein. Beinahe hätte ich ein trauriges Lied darüber angestimmt, wie Iren das so tun, wenn sie Irland für zwanzig Minuten verlassen, nur dass ich zu hungrig war, um zu singen. (Daran sieht man nur, wie schwer es sein muss, für sein Essen zu singen.)

Der Gerechtigkeit halber muss gesagt werden, dass ich am nächsten Tag meine Periode bekam, sodass mein schlechtes Benehmen nicht nur auf meine Persönlichkeit zurückgeführt werden kann, sondern auf das dumme Progesteron (oder ist es Östrogen?).

Sehr, sehr früh am nächsten Tag – 6.30 Uhr oder noch früher – bestiegen die anderen beiden einen Gletscher. Er Selbst versuchte mich aus dem Bett zu holen, aber ich befand mich noch immer in den Klauen des Progesteron und schrie: »Ich werde nirgendwohin gehen, verdammt.« Und nachdem ich ihn zum zweiten Mal gebissen hatte, sagte er: »Dann leck mich doch«, und verließ mit seinen Steigeisen das Zimmer.

Ich schlief bis elf und stand dann auf, um die Hallen zu erkunden und wieder einmal nach Essen zu verlangen, und während ich komplexe Kohlehydrate in mich hineinschaufelte, stellte sich die Ruhe wieder ein. Das hier war UNGLAUBLICH SCHÖN. In den Tagen, die wir dort verbrachten, kamen wir zu dem Schluss, dass dies ein großartiger Ort war, um sich von einem Nervenzusammenbruch zu erholen.

Waren Sie mal in Patagonien? Wenn nicht, will ich versuchen, es Ihnen zu beschreiben. Es ist wild und windig und wunderschön auf kahle, karge und leere Weise, und wenn man im Flur des Eolo steht und in die eine Richtung guckt, sieht man das milchige Türkis des Gletschers, guckt man in die andere Richtung, breitet sich eine endlose senfgelbe Ebene vor einem aus, und wenn man über die Schulter guckt, sieht man Berge und dahinter eine zweite Reihe Berge, und dahinter die schneebedeckten Ausläufer der Anden.

Die Angestellten im Eolo sind unglaublich freundlich und entgegenkommend, und wenn man eine Wanderung machen möchte, geben sie einem vielleicht eine kleine Tüte mit Mandeln und Rosinen, und im Gebäude selbst stehen überall große, bequeme Sofas, außerdem gibt es viele Ecken, in denen man ein Buch lesen und sich von seinem Nervenzusammenbruch erholen kann. (Und es gab vier Welpen, ich finde, jedes Kurheim sollte junge Hunde haben.)

Nach zwei Tagen hatte ich mein Tief überwunden und ging raus, wo ich den Gletscher erforschte und die niedrigen Berge bestieg, und Eileen ging zum Pferdereiten, und insgesamt hatten wir einen großartigen Aufenthalt mit viel Wind und Draußensein und tausend wunderbaren Ausblicken. (Außerdem, das fällt mir gerade ein, die Männer dort waren über die Maßen gut aussehend.)

Dann flog Eileen nach Buenos Aires, und Er Selbst und ich flogen nach Bariloche, was auch in Patagonien, jedoch zwei Flugstunden entfernt – Argentinien ist wirklich groß – im Seenland liegt, und dort war es zum Schreien. Als wären wir in der Schweiz! Überall Holzhütten. Häuser in Dreiecksform! Alles aus Holz! Gezackte, schneebedeckte Gipfel! Schokolade! (Ja, leider wieder ein Aussetzer in meiner zuckerfreien Lebensführung.) Kiefernwälder! Tiefe, dunkelblaue Seen! Berauschend, es war ungeheuer berauschend.

Ich und Er Selbst wohnten in einem Hotel in Bariloche, das Llao Llao hieß (was so ähnlich wie Jau Jau ausgesprochen wird, wie ich glaube, oder aber derjenige, der mir das gesagt hat, wollte auf meine Kosten einen Scherz machen).

Anscheinend ist es ein berühmtes Hotel, und es existierte schon sehr lange, aber offen gestanden, *mes amies*, ich fand es etwas seltsam. Es hatte eine merkwürdige schweizerische bzw. Wild West-Identität. Viel Holz und Hirschgeweihe und hölzerne Treppengeländer und tote Tiere, die aus der Wand zu kommen scheinen und Kuhhäute auf dem Boden … und Sie wissen schon. Aber auch nicht schlecht.

Dazu kam, dass wir in einem winzigen, schrecklichen Zimmer wohnten, mit zwei Einzelbetten, obwohl wir um ein Doppelbett gebeten hatten, und wenn es etwas gibt, wovon Er Selbst unglücklich wird und sich den Rücken verrenkt, dann zwei Einzelbetten. (Er verrenkt sich den Rücken, wenn er versucht, die Betten zusammenzuschieben, obwohl sie am Boden verschraubt sind.)

Das war also ein schlechter Anfang. Aber dann wurde es besser, als wir in einem Kanu auf dem See neben dem Hotel fuhren und es dabei sehr gut hatten. Doch dann bemerkten wir eine riesige Baustelle, die uns bis dahin nicht aufgefallen war. (Bitte bleiben Sie dran, das wird noch wichtig.)

Jedenfalls, zwei Tage später waren wir in der großen Halle unten beim Frühstück (das erkläre ich noch), als wir niemand Geringeren als John Rocha erspähten, der lässig gekleidet um das Frühstücksbuffet schlenderte, in der Hand einen Teller mit Rührei.

Für diejenigen unter Ihnen, die John Rocha nicht kennen, will ich das erklären. Er ist ein irischer Designer, der Kleidung, Glaswaren und Hotels designt. Er hat das Morrison Hotel entworfen. Er ist außerdem eine ziemlich auffallende Gestalt, mit seinem taillenlangen glatten schwarzen und ergrauenden Haar, und er trug Designer-Schwarz und passte – das ist die Wahrheit, auch wenn es wehtut – nicht zu den argentinischen Urlaubsgästen in ihren bunten Ferienkleidern und Fleecejacken und anderer Freizeitkleidung.

Er Selbst und ich waren KOLOSSAL aufgeregt, eine irische Berühmtheit zu sehen, und dann noch an einem dermaßen ungewöhnlichen Ort, und es hätte zu keinem besseren Zeitpunkt geschehen können, weil wir langsam Heimweh bekamen. Er Selbst beschloss sich auf die Füße zu stellen, die Hände zum Trichter geformt vor den Mund zu legen und mit lauter Stimme und seinem besten Colin Farrell-Akzent über die Köpfe der eleganten Argentinier hinweg, die bei ihrem *dulce de leche* waren (sie sind verrückt danach, ich eigentlich auch, es ist wie Karamell, und man isst es hier auf Brot, sehr süß, köstlich), zu rufen: »John, JOHN!! John, du verrückter Kerl, was machst du denn hier?« (Hier sollte ich einfügen, dass John Rocha uns nicht kennt.) Jedenfalls, Er Selbst hat es dann doch nicht gemacht, sondern nur so getan als ob, und das hat uns große Freude gemacht, und wir sind zu dem Schluss gekommen, dass John das Design für den neuen Flügel des Jau Jau entwirft und sich dabei hoffentlich von Geweihen und Ähnlichem fernhält.

Ach ja, ich muss ja noch erklären, was wir am Frühstücksbuffet machten, denn obwohl ich Buffets großartig finde, kann ich es nicht ausstehen, mein Frühstück in der Anwesenheit von Fremden zu essen. Morgens bin ich in keiner guten Verfassung, ich bin nervös und unruhig, alles kommt mir zu laut und hell vor und – ja, verzeiht mir, *mes amies* – zu geruchsintensiv. Und der Geruch von Eiern – besonders der von Spiegeleiern, aber ich zähle auch verlorene, gekochte, gerührte Eier dazu – weckt in mir den Wunsch, mir die Kehle durchzuschneiden. Ich versuche also, ein gemeinschaftliches Frühstück zu vermeiden, denn wenn ich nur im Geringsten in selbstmörderischer Stimmung bin, stößt mich der Geruch von Eiern ein bisschen näher an den Rand.

Dieses war jedoch nicht unser erstes Frühstück an diesem Tag, sondern unser zweites. Das erste hatten wir mehrere Stunden zuvor eingenommen, bevor wir ausgecheckt hatten und zum Flughafen aufgebrochen waren, aber auf dem Weg zum Flughafen entdeckten wir, dass unser Flug elf Stunden Verspätung hatte, deshalb kamen wir zum Jau Jau zurück, und die Mitarbeiter ließen uns rein und schlugen vor, dass wir eine der elf Stunden mit einem zweiten Frühstück verbringen könnten. Was wir dann auch taten. Und der Gedanke, dass wir John Rocha, wie er die Coco Pops umkreiste, verpasst hätten, wenn unser Flug nicht verspätet gewesen wäre! (Ich entschuldige mich bei nicht-irischen Lesern. Möglicherweise ist für sie der Anblick von John Rocha beim Toasten seines Frühstücksbrots nicht ganz so aufregend wie für mich.)

Nach vier Tagen flogen wir nach Buenos Aires, wo wir uns eigentlich mit Eileen treffen sollten, was aber wegen unserer Verspätung platzte. Und am nächsten Morgen ging ihr Flug nach Irland, damit war das also erledigt.

Also nur zwei Tage in BA (wie sie dort sagen). (Ohne die Verspätung unseres Fluges wären es drei gewesen.) Nachdem ich mich beim Einkaufen bis zu diesem Zeitpunkt extrem zurückgehalten hatte, ergab ich mich jetzt einem milden Schuh-und Taschenrausch in einem Laden, der Ricky Sarkovy oder so ähnlich hieß. Ich habe metallic-blaue Stilettos gekauft, eine metallic-silberne Tasche und einen metallic-lila Gürtel.

Mein Freund Conor McCabe hatte mir versichert, dass

alles in Buenos Aires – und ich zitiere –»spottbillig« sei. Leider kann ich das nicht bestätigen. Vielleicht habe ich es schon erwähnt, aber in mir ist etwas, das sich gegen Schnäppchen auflehnt. Ich glaube, es liegt daran, dass ich das Gesicht einer Idiotin habe, und wenn die Inhaber mich kommen sehen, denken sie: »Die kauft jeden Scheiß« – was stimmt –, »da hebe ich die Preise mal eben um 1500 Prozent an.«

Und jetzt bin ich also hier, wieder zu Hause, zittere und habe ein leichtes Übelkeitsgefühl – Jetlag. (Dazu die schreckliche Aussicht, wieder arbeiten zu müssen.)

mariankeyes.com, Februar 2007

Die Auvergne

Ich und Er Selbst fuhren zu einem Wanderurlaub nach Frankreich. Ich weiß, mein Leben scheint nur aus Ferien zu bestehen, aber das ist wirklich nicht der Fall, es gab einfach eine Lücke im Terminkalender: Das neue Buch war in den Händen der Lektorin, und ich hatte eine Weile lang nichts zu tun, bis die Fahnenkorrektur anstand. Man muss doch die Gelegenheiten nutzen, wenn sie sich einem bieten, deshalb sind wir nach Frankreich gefahren.

Übrigens plagten mich zusätzlich grässliche Schuldgefühle, weil ich in diesen schrecklichen Zeiten der Finanzkrise in die Ferien fuhr, aber dies würden sehr billige Ferien sein, weil wir unsere Tage mit Wandern verbrachten, was nichts kostet, und in sehr einfachen Herbergen übernachteten (Linoleum auf dem Fußboden, sehr kleine Zimmer, sodass einer im Bett bleiben musste, wenn der andere sich anzog, und dergleichen mehr, außerdem kein Fernsehen, was nichts ausmachte, weil ich sowieso kein Französisch spreche).

Wir hatten zwar die Kosten für die Fähre und das Benzin, aber das war ja nicht das Gleiche, als wenn wir nach Reethi Rah auf den Malediven geflogen wären und für zwei Wochen in einer Villa mit Pool und eigenem Butler Ferien gemacht hätten. (Ich verbringe viel Zeit im Internet und gucke mir das dort an und träume …) Jedenfalls, wir brachen auf, nach Frankreich, in die Auvergne.

Die Auvergne ist ein vulkanisches Gebirge, überall gibt es erloschene Vulkane, und im Reiseführer hieß es, die Landschaft sei sehr entlegen, weswegen ich mir vorgestellt hatte, wir würden auf inzestuöse Bauern treffen, die uns mit Steinen bewerfen und schreien würden: »*Allez chez vous!*«, wenn wir mit unseren Wanderstiefeln und Rucksäcken durch ihre Dörfer kamen, aber der Reiseführer hatte sich gründlich geirrt.

Die Landschaft war von ÜBERWÄLTIGENDER SCHÖNHEIT. Es gab Seen und – ja, Hügel, man konnte sie auch Berge nennen. Und – das Beste – die Wiesen waren voller Wildblumen, Osterglocken und Veilchen und Fingerhut und Mohn in den Hecken, überall Schmetterlinge und all das, und es erinnerte mich an Irland, bevor man dort Unkrautvernichtungsmittel benutzte.

Auf den Weiden gab es Kühe und Ziegen und Schafe und – beunruhigend – Lamas. Ja, Lamas. Peruanische Lamas, keine tibetanischen. Zweimal habe ich welche gesehen. Einmal hätte ich mir noch mit einem leicht verwirrten Geisteszustand meinerseits erklärt, aber beim zweiten Mal dämmerte es mir, dass ich sie mir doch nicht eingebildet hatte. Aber nicht einmal wurden wir mit Steinen beworfen. Wir trafen kaum Menschen, aber wenn wir mal einen alten Bauern auf seinem Trecker begegneten, dann war er sehr freundlich und SALUTIERTE uns. Ein Gruß wie bei der Armee.

Komisch, meine Mutter kommt vom Lande, und sie benutzt das Wort »salutieren«, wenn sie »grüßen« oder »winken« meint, aber ich wusste nicht, dass es BUCHSTÄBLICH so aussieht.

Jeden Tag wanderten wir viele Meilen. Dreizehn. Meilen, nicht Tage, also etwa 21 Kilometer. Sechs Tage. Am Abend kehrten wir in unserer Unterkunft mit Linoleumfußboden ein und aßen genug mächtiges Essen, um ein Schlachtschiff zum Untergehen zu bringen. Ja, das Essen war faszinierend. Überhaupt nicht das, was ich von französischem Essen erwartet hatte, denn das hatte ich immer mit komplizierten Rezepten und sahnigen Saucen und insgesamt stilvollen Gerichten assoziiert.

Was wir bekamen, war einfache, ländliche Kost. Das traditionelle Gericht besteht aus einem halben Acker Kartoffel, vermischt mit einem riesigen Laib Käse und fünfzig Litern Sahne, dazu ein halbes Schwein. Die PORTIONEN, *amigos*. ENORM. Wie im ländlichen Irland, wo die Frau des Hauses glaubt, als Gastgeberin versagt zu haben, wenn ihre Gäste im Lauf des Essens nicht einen Leistenbruch bekommen.

Und zum Frühstück gab es weder in Scheiben geschnittenes Obst noch Granola oder andere Lifestyle-Nahrung; man bekam aber sehr wohl ein überdimensionales Croissant und einen Eimer Kaffee, und ich war außer mir vor Freude, denn ich mag Croissants für mein Leben gern, aber ich versage sie mir, wegen des Dauerkonflikts zwischen meinem Appetit und der Breite meines Arsches. So aber hatte ich keine Wahl, als das Riesencroissant zu essen, denn es gab nichts anderes, und ich hatte eine harte Tageswanderung vor mir, das war also wunderbar.

Vor der Wanderung kauften wir Käse und so weiter als Proviant, und eines Tages bestand ich darauf, zehn Scheiben Parmaschinken zu kaufen, und entdeckte später, als wir uns an einem See niederließen, um uns zu erlaben, dass es nicht Parmaschinken war, sondern roher Schinkenspeck. Ein kritischer Moment, *amigos*. Ja, das war eine Enttäuschung und – ich muss es leider zugeben – ein schändlicher Versuch, die Schuld abzuwälzen und mich aus der Verantwortung zu stehlen.

Aber von diesem kleinen Reinfall abgesehen hatten wir *un temps merveilleux!*

mariankeyes.com, Mai 2009

Slowakei

Als die Prager in Prag lebten, besuchte ich sie regelmäßig. Und als feststand, dass Irland in der Qualifikation für die Europameisterschaft gegen die Slowakei antreten würde, passte beides gut zusammen. Ich flog also zusammen mit Ihm Selbst, Tadhg und Susan nach Prag, und von dort fuhren wir mit Niall nach Bratislava, um dabei zu sein, wenn unsere ruhmreiche Mannschaft die Slowakei nach Strich und Faden schlug.

Okay, die Slowakei. Wir hatten gedacht: 1. die irische Mannschaft würde die Slowaken gründlich schlagen, und 2. die Slowaken seien reizende Menschen (Ljiljana hatte das gesagt). Beides erwies sich als falsch.

Am Samstagmorgen brachen wir bei bester Laune aus Prag auf. Auf der Fahrt hielten wir ungefähr fünfzehn Mal an den diversen McDonald's auf der Strecke, teils wegen des geringen Fassungsvermögens meiner Blase, teils weil wir alle zu unterschiedlichen Zeiten Hunger hatten und nicht zuletzt, weil es der Monat war, in dem Er Selbst sich seinen Einmal-im-Jahr-Burger gönnte.

Als wir beim SAS Radisson im Zentrum von Bratislava ankamen, stellten wir fest, dass nur eins von unseren drei Zimmern bezugsfertig war (obwohl es schon nach drei Uhr war). Wir konnten den mürrischen, sehr mürrischen, extrem mürrischen Mann am Empfangstisch kaum verstehen, so laut schallte »The Fields of Athenry« aus den Bars auf der anderen Straßenseite herüber. Unbeirrt nahmen wir das fertige Zimmer in Besitz, und Tadhg lehnte sich aus dem Fenster, sah sich die Horden irischer Fans an und sagte: »Da! Ich habe den ersten aufblasbaren grünen Hammer gesehen!« Damit wurden die Festivitäten für eröffnet erklärt!

Wir gingen auf die Straße. Überall irische Fans voller Freundlichkeit. Slowakische Polizei auch überall, nicht voller Freundlichkeit. Forderten die Iren auf, die irische Fahne runterzunehmen. Verboten ihnen das Singen. Slowakische Barkeeper – nicht voller Freundlichkeit.

Zurück zum Hotel, um zu sehen, ob die Zimmer fertig sind. Enthüllung seitens eines anderen, ebenfalls mürrischen Mannes: das Hotel war überbucht. Es gab kein Zimmer für Niall. Die ganze Stadt war voll. Man bot ihm eine einfache Unterkunft außerhalb der Stadt an, auf halbem Wege nach Budapest. Alle waren sehr verstört. »Er ist unser Bruder!«, riefen wir. »Wir sehen ihn nur selten. Schicken Sie ihn nicht halb nach Budapest!«

War nichts zu machen. Stimmung gedrückt. Verabredung für vor dem Spiel um 18.15 Uhr in der Hotellobby. Aber … aber … war es nicht unser Glück, dass wir im selben Hotel abgestiegen waren wie das Fußballteam? Ja! Vor unserer Verabredung schmissen Er Selbst und ich uns in Schale (das heißt, wir zogen uns unsere grünen Sachen an), als wir einen besonderen Lärm von der Straße unten hörten: Ein Bus war vor dem Hotel vorgefahren. DER Bus. Um das Team einzuladen und zum Stadion zu bringen.

Wir waren so aufgeregt, dass wir aus dem Fenster und auf das Vordach kletterten, und dann beschlossen wir, nach unten zu gehen und sie *in der Lobby* zu sehen. So machten wir es! Sie kamen alle aus dem Aufzug, Sekunden, nachdem Er Selbst und ich die Lobby betreten hatten, und versammelten sich in einem Hinterzimmer des Hotels zu einem »Gespräch«. Dann traten sie wieder heraus, in einer langen Schlange, angeführt von Damien Duff, zu dem ich immer eine besondere Zuneigung hatte, weil er angeblich gern zwanzig Stunden hintereinander schläft.

Und auch er hatte sich – der reine Zufall – genau wie ich erst kürzlich das Rot aus den Haaren gefärbt, denn er sah sehr blond und nordisch aus (aber klein), (an klein gibt es nichts auszusetzen, überhaupt nichts). Als er das Team durch die Lobby zum Bus führte, trafen sich unsere Blicke für einen Moment, und er zwinkerte mir langsam und absichtlich zu. (Leider ist das komplett gelogen, aber ich habe es so oft erzählt, dass ich es inzwischen selbst glaube.)

Dann gingen wir etwas essen. Mein Gott, diese eisige, abweisende Feindseligkeit überall. Man könnte denken, zu lächeln sei in der Slowakei illegal. Vielleicht ist es das ja! Genug Polizei, um ein solches Gesetz durchzusetzen, war jedenfalls auf den Straßen. Offen gestanden waren wir völlig überrascht von der Unfreundlichkeit der Angestellten. Es stimmt ja, dass Iren manchmal etwas anstrengend sein können, mit ihrer Redseligkeit und Offenherzigkeit und dem Wunsch, einen Witz zu machen, aber mal ehrlich!

Dann gingen wir zum Stadion, wo der herzliche slowakische Empfang weiterging. Es gab nur zwei Eingänge für die irischen Fans und 279 für die (13) slowakischen Fans. Nur Gras und Gestrüpp wehte durch die Eingänge für die Slowaken, trotzdem durften wir sie nicht benutzen. Wir wurden (schroff, nein, brutal) zu den irischen Eingängen geschickt, die aussahen wie die Nahrungsmittelausgabe des Roten Kreuzes in einem Hungergebiet. Es war furchterregend.

Zwar waren wir alle (damit meine ich die Iren, nicht die Slowaken mit ihren Granitgesichtern) durchweg guter Stimmung, aber der Raum im Stadion war so beengt, dass meine Füße den Boden nicht berührten. Als wir endlich drin waren, wurden bereits die Nationalhymnen gespielt, und draußen warteten noch Tausende von Iren auf Einlass, die den Anfang des Spiels verpassten.

Jedenfalls, je weniger über das Spiel gesagt wird, desto besser. Erst sah es aus, als würden wir gewinnen, dann haben wir in der Nachspielzeit ein Tor kassiert, mehr brauchen Sie nicht zu wissen. Déjà vu! Wie damals in Tel Aviv! Wir waren am Boden zerstört! Und zu allem Überfluss ließen die Slowaken lauter Bereitschaftspolizisten ins Stadion, die offenbar scharf auf eine Auseinandersetzung waren.

Nie in meinem Leben bin ich so schwer beleidigt worden! Ich bin bei vielen irischen Spielen in vielen verschiedenen Ländern gewesen, und so sind wir nie behandelt worden. Irische Fans sind nett! Das weiß jeder! (Wie gesagt, wir können anstrengend sein, mit unseren Anekdoten und der Gutmütigkeit, aber Menschen einen auf die Mütze zu geben, einfach damit sie den Mund halten, ist wirklich nicht die richtige Art des Umgangs.)

Dann – noch einmal Salz in die Wunde – wurden die irischen Fans nach dem Spiel fünfzehn Minuten lang eingeschlossen – ja, *eingeschlossen* –, damit die sechs slowakischen Fans sicher nach Hause kamen. (Ich weiß, zunächst habe ich gedacht, es wären 13 slowakische Fans, aber sieben davon waren Iren, die slowakische Eintrittskarten kaufen mussten, weil die irischen ausverkauft waren).

Es war eine traurige Geschichte. Zweifellos gibt es viele nette Slowaken, die den ganzen Tag gute Laune haben und viel lachen. Ich verurteile nicht die slowakische Nation, nur die 417 Slowaken, denen ich begegnet bin. Vielleicht hatten sie einfach einen schlechten Tag. Alle 417.

Offen gesagt ist es kein Wunder, dass die Trennung von den Tschechen seinerzeit, als die Slowaken ihr eigenes Land haben wollten, so glimpflich vonstattenging. Die Tschechen waren bestimmt hocherfreut. »Macht ihr mal, Jungs, und viel Glück. Nein, nein, ihr braucht keine Schuldgefühle zu haben, wir kommen bestens zurecht. Wir werden euch vermissen, klar, eure lächelnden slowakischen Gesichter, aber wir respektieren natürlich, dass ihr euren eigenen Weg gehen müsst.«

Und natürlich kann eine Leidenserfahrung auch große Kunst hervorbringen. In diesem Fall habe ich mich zu einem Gedicht über meine slowakische Reise inspiriert gefühlt:

Die Slowakei, die Slowakei!
Sie ist mir so was von einerlei.

Noch ein kleiner Nachtrag, dann bin ich auch fertig. Susan und ich wachten mitten in der Nacht auf, weil ein berauschter und tieftrauriger irischer Fan auf der Straße schrie: »Staunton. Stauuuuntooon!« (Staunton ist der irische Manager.) »Wir wissen, dass du da drin bist! Komm runter, du …« (kurze Atempause) »nutzloser …« (wieder Atempause) »TROTTEL!« Nach einer weiteren tragenden Pause hörten Susan und ich ein herzzerreißendes Schluchzen.

(Er Selbst und Tadhg wurden nicht in ihrem Schlaf gestört, weil sie den Schlaf der sehr Betrunkenen schliefen.

Und Niall wurde natürlich nicht in seinem Schlaf gestört, weil er auf halbem Wege nach Budapest nächtigte, weil das SAS Radisson Bratislava sein Zimmer einem anderen gegeben hatte. Ich bin nicht bitter. Das nicht. Ich sage es nur.)

Anmerkung: Später hörte ich, dass nur deshalb so wenige slowakische Fans bei dem Spiel gewesen waren, weil sie das Spiel wegen der hohen Eintrittspreise boykottiert hatten. Und dass das SAS Radisson Bratislava nicht Slowaken gehört. Woraus wir schließen sollten, wenn es Slowaken gehörte, hätten sie Nialls Zimmer nicht weggegeben.

mariankeyes.com, September 2007

Donegal

Der Juli war der nasseste, an den ich mich erinnern kann, und irgendwann beschlossen Er Selbst und ich, dass wir für ein paar Tage nach Donegal fahren würden, nach dem Motto: Wenn man nicht gewinnen kann, muss man sich auf die Seite des Gegners schlagen. Anscheinend regnet es auch in Donegal die ganze Zeit, wenn es also ohnehin überall nass sein würde, konnten wir genauso gut auch dort sein.

Ich war noch nie in Donegal gewesen (Er Selbst auch nicht, aber das ist nicht verwunderlich, schließlich ist er Engländer), und ich hatte es mir immer als verrückte, wilde, mystische Gegend vorgestellt, und gesetzlos, wie ein ganz anderes Land.

Als ich Freunden davon erzählte, erhielt ich zwei ganz unterschiedliche Reaktionen. 1. Wir wurden gewarnt, dass in der Grafschaft Donegal die Verbreitung von Bungalows höher als sonst wo in Irland sei und dass ab der Grenze alle vier Meter Lautsprecher aufgestellt seien, aus denen man vierundzwanzig Stunden am Tag mit Liedern von Daniel O'Donnell beschallt würde, so wie es in Nordkorea mit den Lehren von Kim Il Kim der Fall ist. Oder 2. die Leute sagten, es sei dort sehr, sehr schön.

Nun, ich kann dazu berichten, dass es zwar in einigen Gegenden eine große Menge Bungalows gibt, dass aber andere Gegenden (der Nationalpark) von großer Schönheit sind, wild und unbewohnt und wunderbar, dass ich aber leider nicht ein einziges Mal den Barden Daniel gehört habe.

Die Menschen sind außergewöhnlich freundlich und liebenswürdig, und dann der wunderschöne weiche, melodische Akzent. Aye! Vor Letterkenny hatten wir einen Platten, und die Menschen kamen in Scharen, um uns zu helfen, und bei der Reifenhandlung Ulster Tyres trafen wir noch mehr entgegenkommende Menschen, die ihren Akzent so weit mäßigten, dass wir eine kleine Ahnung von dem hatten, was sie sagten.

Es war sehr komisch, wir waren auf unserem Weg nach Sliabh Liag (der höchsten Meeresklippe in Europa), und als ich (wie ständig bei mir) austreten musste, hielten wir mitten in der Landschaft bei einer Teestube mit Kunstgewerbe namens Ti Linn an, wo es wunderbares Kunstgewerbe zu kaufen gab, und ich verspürte wieder den für alle meine Ferien typischen Drang, Dinge zu kaufen, die ich zu Hause nie kaufen würde, wie Kissen und Tischdecken.

Und während ich mich im Laden umsah, fiel mir auf, dass er SEHR VOLL war, dafür dass wir uns mitten in der Pampa befanden. Außerdem stand am Ende des Raums ein Tisch, der voll beladen war mit Knabbereien. Da viele Männer in Anzug Cocktailwürstchen verspeisten, kam Er Selbst zu dem Schluss, dass es der Empfang nach einer Beerdigung war, während ich dachte, es sei ein Firmenausflug, und die Männer würden gleich einen letzten Drink einnehmen, bevor sie Sliabh Liag bestiegen.

Wie sich herausstellte, handelte es sich weder um das eine noch um das andere! Stattdessen hatten wir uns Zugang zur offiziellen Eröffnung des Ti Linn verschafft (obwohl es schon seit vier Jahren existiert – ich meine das ehrlich, ich übertreibe nicht) und fingen ein Gespräch an mit einer reizenden Frau, Laoise Kelly – die zufälligerweise eine der besten Harfenspielerinnen Irlands ist – und Steve Cooney, auch er ein bekannter Musiker. Er Selbst war sehr beeindruckt, denn er ist ein großer Freund traditioneller Musik. Ich erklärte, dass ich nicht die geringste Ahnung hatte, wer sie waren, weil ich immer nur George Michael höre, und sie waren nicht im Mindesten beleidigt und stellten uns Siobhán vor, der Inhaberin von Ti Linn, und bevor wir wussten, wie uns geschah, waren wir mitten in der Party, verzehrten ebenfalls Cocktailwürstchen und amüsierten uns prächtig.

mariankeyes.com, Juli 2008

Finnland / Lappland

Einmal hatte ich besonderes Glück, als der *Guardian* mich und Ihn Selbst zu einem romantischen Wochenende nach Finnland / Lappland schickte. Es war EIN TRAUM. Besonders fabelhaft war, dass wir an einem Freitagabend um sechs Uhr in Helsinki ankamen und ich annahm, die Geschäfte hätten geschlossen. Jedoch! Damit lag ich völlig falsch. In unmittelbarer Nähe unseres Hotels gab es achtundvierzig – GEÖFFNETE! – Marimekko-Läden, und sie waren RIESIG. Die größte Ansammlung von Marimekko-Waren, die ich je gesehen hatte. Die größte Dichte von Marimekko-Waren im kleinsten Umkreis – das könnte ins *Guinnessbuch der Rekorde*.

Ich übte angemessene Zurückhaltung, schon wegen meiner guten Vorsätze fürs neue Jahr, und erstand nur zwei Nachthemden und keine ganze Kiste mit Handtüchern, Bettwäsche und Bekleidung. Nur zwei Nachthemden, eins mit entengrünen und dunkelblauen Streifen und das andere anthrazit mit einem Obstschalenmuster. Ich trage sie, wenn ich arbeite, in gewisser Weise sind sie meine Uniform, ich kaufte sie also, ohne Schuldgefühle zu bekommen.

Dann ging es weiter nach Ivalo, dem nördlichsten Flughafen Finnlands, und da gab es so vieles, das schön und ungewöhnlich ist, dass ich dem kaum gerecht werden kann.

Im Grunde schien es, als wären wir gekommen, um einen neuen Planeten zu kolonialisieren. Weil die Sonne im Januar nicht richtig aufgeht, war der Himmel von sonderbarer Schönheit; es war hell, aber das Licht hatte eine seltsame Farbe, ein bisschen wie Flieder, und überall lag Schnee, der das Licht reflektierte, und die Wolken sahen aus wie große lila Satelliten, die über unseren Köpfen hingen, und überall dehnten sich die Kiefernwälder aus.

Wir waren in einem Ort, der Kakslauttanen hieß, wo Holzhütten und Glasiglus und Eiszimmer in einer verschneiten Landschaft verteilt standen, und während wir dort waren, wurden eine Eiskirche und ein Eisrestaurant gebaut.

Ich muss allerdings eine Sache hervorheben: Es war sehr, sehr kalt. Jeden Tag war es minus 15 Grad, und wir mussten mehrere Schichten langer Thermounterhosen anziehen, bevor wir unsere Holzhütte verlassen konnten. Die übrigens äußerst hübsch war. Ich hatte erwartet, dass sie – genau, hölzern –, aber auch streng und funktional sein würde, doch sie war so weich und bequem und voller reizender Ideen, wie der herzförmige Tisch, der überhaupt nicht so kitschig war, wie es hier klingt, sondern mich an das Haus von Minnie Mouse in Disneyland erinnerte (was sehr, sehr gut ist).

Außerdem gab es ein Bett mit vier riesigen Bettpfosten und andere Möbel, die mit Schnitzereien verziert waren, was mich an *Falsches Spiel mit Roger Rabbit* erinnerte. Wirklich entzückend!

Wir unternahmen lauter tolle Sachen. Wir machten eine Fahrt mit einem Schlitten, der von Rentieren durch den unglaublich schönen verschneiten Wald gezogen wurde. (Dasselbe hätten wir mit Huskys machen können, nur dass ich mich so sehr vor Hunden fürchte.)

Dann machten wir mit beim Autorennfahren auf Eis. (Für Ihn Selbst war es das BESTE. Er sagte, dass wir zwar ein »wunderbar romantisches Wochenende zu zweit« erlebten, aber dass dies auch ein toller Ort für ein Junggesellenwochenende sei. Ja …) Und das Beste von allem: eine Fahrt im Snowmobil, um das Nordlicht zu sehen.

Alle hatten uns gewarnt, dass wir es wahrscheinlich nicht sehen würden, weil es nicht wie ein abgerichteter Seelöwe ist, der auf Befehl seine Kunststücke zeigt. Aber können Sie es glauben? – wir haben es gesehen! Es fing damit an, dass es aussah, als würde hellgrüner Staub über uns umherwirbeln. Doch bald schon bildeten sich Formen – eine sah wie eine fliegende Untertasse aus, eine zweite wie eine Brücke, und eine hatte die Form einer ENORMEN Kathedrale, die im Himmel hing, und andere Formen wie ein Gebirgsmassiv. Je mehr Zeit verging, desto mehr Formen erschienen – in meinem ganzen Leben habe ich noch nie ein solch Ehrfurcht einflößendes, magisches Spektakel gesehen.

Wir lernten eine entzückende japanische Frau kennen, die Tamoko Ono hieß und mit ihrem Mann dort war, der wie ein japanischer Er Selbst wirkte (still, eine große Stütze). Manchmal trifft man jemanden und denkt, man hat eine Seelenverwandte gefunden, und so ging es mir mit Tamoko Ono. (Wir teilen die Liebe zu Marimekko und Hello Kitty, und wir sind beide damit geschlagen, im Sternzeichen der Jungfrau geboren zu sein.) Sie hatte – typisch Japanerin – diese fantastischen Wärmekissen, die man in die Handschuhe oder Stiefel steckt und am Körper befestigt, und sie erwärmen sich und verhindern, dass man erfriert. Als sie und ihr japanischer Er Selbst abreisten, gab sie mir ihre restlichen Wärmekissen. Die Freundlichkeit von Fremden …

Unsere letzte Nacht verbrachten wir in einem Glasiglu. Die Idee ist, dass man im Bett liegen und durch das Glasdach das Nordlicht sehen kann, aber leider gab es an dem Abend kein Nordlicht. Trotzdem war es lustig – wie Glaszelten.

Erstmals veröffentlicht im *Guardian*, Januar 2009.

New York

Der Zufall wollte es, dass Er Selbst und ich aus unserem Haus in Dublin rausmussten, weil wir Feuchtigkeit in den Wänden und das Haus voller Handwerker hatten, und dies mit Caitríonas »besonderem Geburtstag« zusammenfiel, weshalb wir nach New York flogen und dort für einen Monat eine Wohnung mieteten. Was für Glückspilze wir doch sind!

Wir waren in folgender Besetzung unterwegs: Mam, Dad, Tadhg, ich, Er Selbst, Suzanne aus London, Eileen (Eilers) und Siobhán … wenn ich mir jetzt die Liste angucke, erscheint sie mir recht kurz. Ich hatte eindeutig das Gefühl, dass wir, wenn alle zusammen waren, viel mehr waren. (Ich sollte noch hinzufügen, dass nicht alle den ganzen Monat blieben – sondern nur Er Selbst und ich, die anderen blieben fünf Tage.)

Rita-Anne konnte nicht mitkommen, weil sie schwanger war, und Susan, Tadhgs Verlobte, konnte auch nicht kommen, was ein schrecklicher Schlag war, denn die beiden sind die einzigen Vernünftigen in der Familie.

Jetzt komme ich zu Siobhán. Siobhán und ich sind miteinander befreundet, seit wir vierzehn waren (ihr Bruder war mein erster Freund, und obwohl er mich für ein vornehmes Mädchen mit dicken Titten sitzen gelassen hat, sind

Siobhán und ich Freunde geblieben). Unsere Freundschaft ist von der Art, wo die beiden Freunde NULL GEMEINSAMKEITEN haben, sich aber trotzdem lieben.

Sie hat drei entzückende Mädchen und ein perfektes Zuhause und perfektes blondes Haar und trägt Pastelltöne, auf denen keine ominösen Brauntöne erscheinen, sobald sie die Sachen anzieht. Ganz im Gegenteil zu mir. Aber wir verstehen uns großartig, und Er Selbst und ich sind die Paten von Emily, ihrer jüngsten Tochter.

Fünf Tage amüsierten wir uns prächtig, dann flogen die anderen zurück, und Er Selbst und ich blieben da, und unsere Wohnung ist wunderschön, besonders weil sie, anders als die meisten Wohnungen in Manhattan, ein Fenster hat, wofür wir natürlich extra bezahlen mussten, und der einzige Wermutstropfen war der, dass ich in unserer ersten Nacht von sehr, sehr lauter Musik aus der übernächsten Wohnung im Flur aus meinem Jetlag-Schlummer geweckt wurde.

Und in der zweiten Nacht wurde ich von sehr, sehr lauter Musik aus der übernächsten Wohnung im Flur aus meinem Jetlag-Schlummer geweckt.

Und in der dritten Nacht wurde ich von sehr, sehr lauter Musik aus der übernächsten Wohnung im Flur aus meinem vom Schlafentzug halb wahnsinnigen Schlummer geweckt. Die Wände bebten praktisch, die Bässe dröhnten laut, aber Sie haben noch nicht das Beste gehört – es war nämlich ein Song von Cher! Ein Song von Cher, versehen mit einer zusätzlichen Basslinie im Tanzrhythmus, und dazu erklang ihre typisch wackelige, wie frisch in eine Plastikröhre gesungene Stimme. Es war der Gipfel der Beleidigung. Wenn ich schon mitten in der Nacht geweckt werden muss, dann wenigstens von guter Musik, etwa von George Michael.

An dem Cher-Song war so viel verkehrt, dass ich gar nicht wusste, wo ich anfangen sollte. Die Tatsache, dass es halb drei in der Nacht war, erschien mir ein guter Anknüpfungspunkt, und ich erhob mich aus meinem Bett und trat, während Er Selbst mich zurückzuhalten versuchte, auf den Flur, wo die Musik so laut dröhnte, dass der Putz von der Decke bröckelte, und hämmerte wie eine Bekloppte an die Tür der Wohnung, aus der die Cher-Klänge brandeten. (Er Selbst, noch im Halbschlaf, stolperte im Schlafzimmer herum und suchte nach einer Unterhose, damit er mich begleiten konnte.)

Als ich die Geschichte später erzählte, waren die Leute schockiert und sagten: »Aber in New York, da haben die Leute Waffen, du hättest erschossen werden können!« Allerdings wäre ich, so wie ich mich fühlte, von Herzen froh gewesen, wenn jemand mich erschossen hätte! Ich brauche meinen Schlaf. Ich brauche viel Schlaf. Ich kann ohne Schlaf nicht funktionieren.

Schließlich öffnete ein junger Mann mit lockigem, gut geschnittenem Haar die Tür, und ich wäre fast erblindet, als die Musik mir entgegendonnerte, aber der junge Mann erschoss mich nicht, sondern fand das Ganze schrecklich komisch, was vielleicht ganz passend war, da ich in meinem Nachthemd, die Haare wild um den Kopf und vor Frustration weinend vor ihm stand.

Nach langwierigen Verhandlungen und vielen Pausen, in denen er sich vor Lachen ausschüttete, war er bereit, die Musik leiser zu drehen. Seitdem gehe ich jede Nacht mit zusammengebissenen Zähnen zu Bett, voller Angst, ich könnte von Cher oder Schlimmerem geweckt werden.

Obwohl ich so gut wie nichts über den Cher-Verehrer weiß, bedenke ich seine Tür, wenn ich daran vorbeigehe, mit intensiven Blicken und versuche ihn zu »erspüren«. Und meine Fantasie hat sich lauter Dinge über ihn ausgedacht, hauptsächlich auf der Tatsache basierend, dass er keine Arbeit zu haben scheint, denn am Tage läuft immer der Fernseher, und nachts kann er sich müde tanzen, anscheinend ohne einen Gedanken daran zu verschwenden, dass er am nächsten Morgen zur Arbeit aufstehen muss.

Außerdem hat seine Wohnung ein Fenster, was bedeutet, die besseren Dinge des Lebens wie Manhattans Tageslicht sind ihm nicht fremd. Woher hat er also sein Geld? Von seinem reichen Daddy, ist meine (zugegeben unfundierte) Schlussfolgerung.

Hin und wieder kommen Gäste (andere, ebenfalls gut zurechtgemachte junge Männer) zu später Stunde zu ihm. Sie hämmern an seine Tür und rufen: »He! Mach auf, Mann!«, und ich liege in meinem Bett und kräusle die Lippen und sage: »He!« mit großer Verachtung, denn der junge Mann ist sehr jung (ungefähr fünfzehn), und seine Frisur ist nicht gerade typisch für einen Menschen, den man mit »He!« anspricht.

Das Seltsamste daran ist die Tatsache, dass New York zwar eine wirklich laute Stadt ist, aber es mir nichts ausmacht, von Polizeisirenen oder Autohupen oder körperlosen Stimmen aufgeweckt zu werden, die laut kreischen: »Du hast das nicht getan, du Arschloch, du HAST DAS NICHT GETAN!« Ein Jugendlicher aber, der nichts weiter tut, als mitten in der Nacht in seiner Wohnung zu Cher-Songs zu tanzen, kann mich in den Wahnsinn treiben.

Jetzt zu Hochzeitskleidern! Caitríona heiratet im August, und einen Großteil meiner Zeit in New York habe ich in Brautausstattungsgeschäften verbracht, wo ich mir Caitríona in den schönsten Kleidern ansah. Ich weiß nicht, ob unter meinen Leserinnen welche sind, die Erfahrung damit haben, ihre Liebsten bei der Anprobe von Hochzeitskleidern zu begleiten, aber ich glaube, ich habe meine Nische, mein Hobby, meine Leidenschaft gefunden. Es ist eine Erfüllung. Ich finde es endlos interessant, beruhigend, aufregend und angenehm, es macht einen anderen Menschen aus mir. Meine Aufmerksamkeitsspanne ist erschreckend kurz, aber ich könnte meinen Lieben auf alle Zeiten dabei zusehen, wie sie Hochzeitskleider anprobieren.

Leider (oder auch nicht leider, es hätte ja nicht für immer so weitergehen können) fand sie schließlich ein Kleid, das atemberaubend, fabelhaft und sehr besonders ist. Maeve Binchy hat einmal einen Artikel geschrieben mit dem Titel »Die Frau, die zu Hochzeiten ging«, über eine Frau, die sich Zutritt zu Hochzeiten verschaffte, weil sie sich da so wohlfühlte. Vielleicht sollte ich mich in nächster Nähe von Brautkleidergeschäften aufhalten und mich in die Grüppchen einschleichen, die zur Hochzeitskleideranprobe kommen – meistens sind so viele Menschen anwesend, dass ich mich unbemerkt daruntermischen könnte.

Und dann ging ich zu einem Waxing – zu der einzigen Blinden in New York, die Waxing anbietet. Selbst in einer Stadt der ungewöhnlichen Dinge wie New York ging das zu weit. Ich glaube, die Ärmste wusste gar nicht, dass sie blind war, aber ich musste ihr ständig Stellen zeigen, die sie übersehen hatte, und nachdem ich jetzt wieder in der Wohnung bin und meine Beine beim Licht des teuren, aber unverzichtbaren Fensters begutachten kann, sehe ich, dass sie wie ein unregelmäßig gemähtes Feld aussehen! Aber wenn das alles ist, worüber ich mir Sorgen machen muss, dann sieht es nicht so schlecht aus. Meine Mammy würde sagen: Wenigstens *hast* du Beine.

Und jetzt alle zusammen: DO YOU BELIIIEEEVE IN LIFE AFTER LOOOOVE.

mariankeyes.com, Februar 2008

Portugal

Portugal! Ich und Er Selbst hatten plötzlich vier Tage, an denen wir verreisen konnten, und die Entscheidung musste schnell getroffen werden, weil gerade keiner etwas von uns wollte und es unsere einzige Gelegenheit in diesem Sommer sein würde. Wir brauchten also einen Direktflug von Dublin (denn wenn man über Heathrow fliegt, verliert man fünf Stunden, außerdem den Lebenswillen), und Lissabon war nur zweieinhalb Stunden entfernt, und eine halbe Stunde Fahrt mit dem Auto brachte uns nach Sintra, einer Stadt voller Atmosphäre und hübschen Anblicken.

Ich war bezaubert: Die Berge und die mächtigen prähistorischen Bäume und die Zickzackstraßen und das grüne Licht und – das Beste – die verrückten gotischen Paläste und Häuser mit ihren unterirdischen Tunneln und dem Brunnen der Initiation. Ich fühlte mich an Donna Tartts Roman *Die geheime Geschichte* erinnert und konnte mir nur zu gut vorstellen, wie Byron und seine Freunde (die oft hier waren) bei Vollmond nackt tanzten und sich mit dem Opferblut eines Kaninchens bestrichen. Großartig!

Das Ganze war eine riesige Freude und kein bisschen Jetlag, denn Portugal liegt ähnlich weit westlich im Atlantik wie Irland und damit in derselben Zeitzone. Das ist mir bisher noch nicht passiert.

Während unseres Aufenthalts wurde die EM ausgetragen, und Portugal spielte, und zum Dank für die glücklichen Tage, die wir dort verbrachten, beschlossen wir, für Portugal zu sein, aber da ich für jedes Team, das ich unterstütze, der Todeskuss bin, hätte ich besser das andere Team unterstützen sollen. Denn egal, welche Mannschaft ich unterstütze (oder Er Selbst), plötzlich und unerklärlich verlässt sie das Glück, und es geht bergab. In den seltenen Fällen, wenn ich auf ein Pferd setzte, brach es sich ein Bein und musste nach dem Rennen eingeschläfert werden.

Portugal verlor, natürlich tat es das. Trotzdem hat es Spaß gemacht: Wir waren mit vielen anderen Menschen in einer Bar. (Darunter alarmierend viele Iren – wenn ich verreise und einen irischen Akzent höre, kriege ich immer ein bisschen Angst –, denn anscheinend lieben die Iren Portugal. So wie ich jetzt auch. Das liegt nicht nur an der Landschaft und dem Wetter – auch die Menschen waren entzückend und freundlich und irgendwie unschuldig).

Wenn ich eine Beschwerde äußern wollte, dann die, dass das Essen mehr als fade war. An einem Abend gingen wir in einem Ort am Meer essen, und der Kellner versuchte, mich für ein Fischgericht zu interessieren, »mit einer traditionellen portugiesischen Sauce« zubereitet. Und als ich fragte, woraus diese Sauce bestehe, sagte er mit großem Stolz: »Kochendes Wasser.«

»Nur kochendes Wasser?«, fragte ich.

»Ja, und ein bisschen Brot«, sagte er. »Aber eigentlich nur kochendes Wasser.«

Ich musste das Gericht also bestellen, um zu sehen, ob es so schlecht schmeckte, wie es klang. Und es freut mich berichten zu können, dass es wirklich nach nichts schmeckte.

Und jetzt weiß ich, warum die Iren Portugal lieben! Irland ist berühmt für seine schlechte Küche, in der ganzen Welt sind wir dafür bekannt, dass wir unser Gemüse so lange kochen, bis aller Geschmack verschwunden ist. Man könnte sogar sagen, es ist unser nationaler Slogan: »Garantiert kein auffallender Geschmack in unserem Essen!«

Aber in Portugal können wir so tun, als wäre unsere Küche so variantenreich und wohlschmeckend wie die koreanische oder französische oder peruanische.

mariankeyes.com, Juni 2008

Chile

Ja, da können Sie mal sehen, ich bin mit Ihm Selbst nach Chile gereist.

Es fing damit an, dass mich eine Sache an der Osterinsel interessierte – vielmehr mehrere Sachen: Hunderte von gemeißelten Steinköpfen, die überall auf der Insel herumstehen, der entlegensten bewohnten Region unserer Welt. Und so weiter.

Und da die Osterinsel zu Chile gehört, muss man über Santiago fliegen, und Er Selbst sagte, wenn wir nach Santiago fliegen würden, könnten wir dann bitte in die Wüste Atacama fahren. Sie müssen verstehen, Er Selbst abonniert eine Zeitschrift, die *Wanderlust* heißt, und manchmal kommt er zu mir, ein *Wanderlust*-Heft in der Hand, und versucht, meine Begeisterung für eine weit entfernte, unterentwickelte Gegend zu wecken, und früher habe ich dann gesagt: »Gibt es da Geschäfte? Hat Prada da ein Outlet? Und? Nein? Das dachte ich mir: Nein. Mach dich also mit deiner dummen Zeitschrift davon.« Und er schlich davon, zurechtgewiesen und mit gesenktem Kopf.

Aber ich habe mich verändert, und ich weiß nicht, wann sich die Änderung vollzogen hat, aber jetzt habe ich nichts gegen »aktive« Ferien. Also, ich mag es immer noch nicht, wenn meine Haare nass werden, aber ich wandere. Oh ja.

Selbst in der entsetzlich hässlichen Kleidung. Bergauf und so, solange die Berge nicht zu steil sind. Ich erklärte mich also großzügig bereit, mit ihm die Wüste Atacama zu bereisen, und er zog von dannen.

Zuerst auf die Osterinsel. Die war so, wie ich es erwartet hatte, und mehr noch. Die Steinköpfe waren ÜBERALL, eine Riesenmenge, auf der ganzen Insel verteilt, und die Insel ist aus vulkanischem Gestein und frei von den Hässlichkeiten des modernen Zeitalters. Es gibt nur eine Stadt und darüber hinaus kaum Gebäude, man sieht keine Telefonkabel oder ähnlichen Unsinn, und obwohl die Insel mitten im Pazifik liegt, erinnerte sie mich an County Clare. Außer dass es warm war.

Die Bevölkerung beträgt 4500 Einwohner, die Menschen kennen sich alle untereinander, und jeder hat dreizehn verschiedene Berufe – wir trafen einen Fischer, der zugleich bei Lan Chile Steward ist –, und es gibt 6000 halbwilde Pferde, und die Menschen sind aus wer weiß wie vielen Rassen zusammengesetzt, weil immer wieder Kolonialmenschen dort Halt machten und sich einmischten, aber es gibt auch einen starken polynesischen Strang, was bedeutet, dass die Menschen UNGLAUBLICH gut aussehen.

Der erste Mensch, den wir am Flughafen trafen, war ein Mädchen namens Tammy, und Sie hätten sie sehen sollen, die Mandelaugen, die leuchtende Haut, das lange glänzende Haar. Aber das eigentlich Überraschende ist, dass die Männer noch besser als die Frauen aussehen. Heilige Jungfrau!

Es ist schwer, sie zu beschreiben, ohne dass ich wie eine lüsterne Alte klinge, aber ich versuche es einfach. Also! Sie sind groß. Ich meine, hoch gewachsen und sehr muskulös mit breiter Brust voller wunderschöner Tätowierungen im polynesischen Stil, und sie ziehen ihre Hemden bei jeder Gelegenheit aus. Gebräunt und mit braunen Augen (die meisten), aber das Beste, *das Allerbeste von allem*, ist ihr Haar. Für solches Haar wäre ich bereit zu MORDEN. Und diese Männer eignen sich bestens für »Schmuck«, zum Beispiel Federschmuck im Haar oder Muschelketten oder Armbänder aus Haifischzähnen, Sie wissen, was ich meine. Aber besonders für Haarschmuck.

Ich hatte den Eindruck, dass diese jungen Männer (sie sahen alle aus wie zweiundzwanzig, aber das kann wohl nicht sein) sich mit den weiblichen Touristen bestens amüsieren. Wir hatten einen »Wanderführer«, der in Windeseile einen Vulkan im Fahrwasser zweier blonder Mädels hochspurtete und mich und Ihn Selbst dabei weit hinter sich ließ. Als wir ihn endlich eingeholt hatten, wedelte er vage in Richtung der Felsenzeichnungen und anderer archäologischer Wunder, um derentwillen wir den Vulkan erklommen hatten, und klebte dann wieder an den beiden blonden Mädels. Und nachdem Er Selbst und ich uns so weit wie möglich alles angesehen hatten, gingen wir zu ihm, und er hatte den Nerv, wirklich, die FRECHHEIT, uns um einen Stift zu bitten! (Um sich die Telefonnummern der blonden Mädels aufzuschreiben, natürlich.)

Sogar Er Selbst ärgerte sich. Ich ärgere mich andauernd, aber Er Selbst so gut wie nie. Als der Mann nach einem Stift fragte, sah ich ihn kalt an, und Er Selbst sagte mit nicht sehr überzeugender Kühle: »Eh … nein. Nein! Ich habe keinen Stift.« Und als wir auf dem Weg den Berg runter waren, flüsterte Er Selbst mir zu: »Ich habe wohl einen Stift.« Und ich flüsterte zurück: »Ich weiß«. Er Selbst hat immer einen Stift. Er Selbst ist sehr organisiert. Und das ist der

Grund, warum ich ihn geheiratet habe. Einer der Gründe, wenigstens.

Alle anderen Fremdenführer waren reizend: charmant, kenntnisreich und umsichtig. Mit schönem Haar.

Wir wohnten in einer Unterkunft namens Explora, die einfach rundum perfekt war. Sie ist praktisch in der Landschaft versteckt und aus Holz und natürlichen Materialien gebaut, und alles ist in Maßen und sehr bequem, die Blicke sind berauschend und das Essen ist fantastisch – aber auch hier maßvoll: Man kann zwischen zwei Gerichten wählen, und das ist reichlich.

Die Angestellten sind reizend – sehr warmherzig, aber auch tatkräftig. Sie kennen sich mit allen Aktivitäten aus, aber nicht auf überhebliche, autoritäre Art.

Zum Beispiel hatten Er Selbst und ich Karten für eine Show gebucht, und die Küche wusste davon und servierte unser Essen früher, damit wir nicht zu spät zur Show kämen. Eigentlich wollte ich gar nicht zu der Show gehen, weil sie als »Regionaler Tanz« beschrieben wurde, und ich dachte, das wäre der übliche Touristenkram.

Und als wir mit dem Taxi über den ungepflasterten Weg holperten und dann bei einer Scheune aus Wellblech hielten, sanken meine Erwartungen in den Keller.

Aber, Mann, wie ich mich geirrt hatte! Es war über die Maßen beeindruckend. Die Tänzer nahmen das, was sie taten, sehr ernst, und nicht eine Minute lang hatte ich das Gefühl, es handele sich um eine halbherzige Geldschneideübung. Ich empfand das Tanzen als mystisch und uralt und zutiefst authentisch, fast schon spirituell.

Das Lustige war, dass die erste Tänzerin wie Tammy aussah, das umwerfend schöne Mädchen, das wir am ersten

Tag am Flughafen kennengelernt hatten. Während der ersten Hälfte überlegten wir die ganze Zeit: Ist sie es? Ist sie es nicht? Bis Er Selbst sie eindeutig anhand ihrer Tätowierungen erkannte. Normalerweise hätte ich Ihm Selbst einen über die Rübe geben, weil er einer anderen Frau so viel Aufmerksamkeit widmete, aber im Ernst, sie war so schön, dass ich es ihm nicht vorwerfen konnte.

Das Interessante in Explora ist, dass »alles inklusive« ist. Man kann also so viel Sprite Zero bestellen, wie man will (oder auch Wein oder Pisco Sour, was immer man mag), und ich habe sehr friedliche Stunden damit verbracht, in der zur Natur hin offenen Bar zu sitzen, aufs Meer und das Gras und die wilden Pferde und das Fehlen von Hässlichkeit zu blicken. Ich war sehr, sehr glücklich … fast so glücklich wie damals, als ich mir eine Überdosis Emla-Salbe verpasst hatte.

Danach fuhren wir für ein paar Tage nach Santiago. Man hatte uns inständig zugeredet, dass ein paar Tage in Santiago ganz sicher ein paar Tage zu viel seien, aber störrisch wie wir sind, bestanden wir darauf, das »echte« Chile sehen zu wollen.

Aber wie soll ich es beschreiben? Es ist nicht Rio de Janeiro ist vielleicht das Beste, was man sagen kann. Was ich mir nämlich nicht klargemacht hatte, ist die Tatsache, dass Chile in der Region die stärkste Wirtschaft hat und die Chilenen ein Volk eifriger Arbeiter sind. Obwohl dort die größte Anzahl von Palästinensern außerhalb von Palästina lebt, außerdem eine große serbische Gemeinschaft, gab es keine Hinweise auf ein lebendiges Völkergemisch. Und die Geschäfte waren Mist. Was immer sie mit ihrer erfolgreichen Wirtschaft produzieren, sie machen keine Schuhe.

Dann ging es in die Wüste Atacama, zum Trekken und Ähnlichem. Das war der Teil der Reise für Ihn Selbst, ich hatte mich deshalb nicht viel darum gekümmert. Ich hatte mir einfach vorgestellt, es wäre eine meilenweite Ausdehnung von Nichts, schließlich ist es die trockenste Gegend der Welt und so. Aber *wie sehr ich mich geirrt hatte.*

Also, die Atacama. Sehr hoch gelegen. Sehr kalt bei Nacht. Nahe der Anden. Jeden Tag ging es etwas höher. (Wir waren fünf Tage lang da und mussten langsam machen, falls wir höhenkrank würden.)

An unserem vorletzten Tag waren wir auf 14000 Fuß, also 4300 Meter, und zu Beginn unserer Wanderung sagte der Reiseführer: »Wir fangen mit unserem Trek hier an.« Und ich dachte: »Trek? Meine Güte, mache ich … *Trekking?*« Und als ich mich umsah und die kleineren Berge der Anden nirgendwo sehen konnte, fragte ich Ihn Selbst, wo sie seien, und er sagte, wir seien mittendrin.

»In den Anden?«, sagte ich. »Ich bin in den Anden? Auf einer Trekkingtour. Heißt das also, ich mache … Trekking in den Anden?«

Ja, es stellte sich heraus, dass ich genau das tat. Eine verdammt merkwürdige Sache, wenn Sie mich fragen. Ich weiß nicht, wann ich zu einer Trekking-in-den-Anden-Person geworden bin, aber anscheinend bin ich das jetzt. Da sieht man mal wieder.

mariankeyes.com, Januar 2009

Bulgarien und Amsterdam

Wie schon gesagt, ich bin mir bewusst, dass mein Leben wie ein einziger langer Urlaub aussieht, aber ich musste einfach nach Bulgarien fliegen und dort meine patriotische Pflicht erfüllen, denn Irland traf in der Qualifikationsrunde für die Weltmeisterschaft auf Bulgarien (im Fußball, nicht im Rugby).

Also machten wir uns mit unseren grünen Pullovern und unseren dreifarbigen Perücken auf den Weg nach Sofia, zusammen mit Tadhg und Susie. Und ich hatte keine Ahnung, was ich von Bulgarien zu erwarten hatte.

Offensichtlich treibt es sie um, dass sie in der Welt keine kohärente Identität haben. Ich wusste nur, dass es dort leckeren Joghurt gab.

Allerdings hatte ich von den kurzen Kontakten am Telefon, als ich mich nach Hotels erkundigte, den Eindruck gewonnen, dass die Menschen warm und angenehm waren. Und das waren sie auch!

Die Menschen in Sofia waren erstaunlich offen. Und sprachen sehr gutes Englisch. Womit ich nicht gerechnet hatte. Außerdem – sehr billige Geschäfte, SEHR billig.

Das Ergebnis des Spiels (unentschieden) war gut, und wir waren drei Tage dort und hatten unseren Spaß. In Sofia gab es fünf irische Pubs, natürlich nicht echte irische Pubs, denn am ersten Abend gingen in einem davon (McCarthy's, glaube ich) DIE GETRÄNKE AUS. Meine Güte!

Und in einem der anderen Pubs – in den wir am häufigsten gingen, JJ Murphy's – waren die Leute hinter der Bar nicht auf einen Ansturm irischer Fans vorbereitet. Es dauerte eine Stunde, bis man bedient wurde, und die Barkeeper waren so überfordert, dass die Fans ihnen zeigten, wie man ein Bier zapft, und als ein Fan gleich zehn Biere bestellte, ging der Barkeeper einfach davon und wurde später weinend in einer Ecke gesehen.

Dann verabschiedeten wir uns von Tadhg und Susie, und Er Selbst und ich flogen nach Amsterdam zur öffentlichen Buchpräsentation von *Märchenprinz* auf Holländisch.

Und welche Schönheit! Ich war noch nie in Holland gewesen und verstehe nicht, warum nicht. Vielleicht waren diejenigen, die mir in der Vergangenheit von Amsterdam vorgeschwärmt hatten, alte Kiffer, die unablässig erzählten, dass der Stoff dort legal war, und das Lustige ist, dass ich zwar als Süchtige jederzeit nach allem Möglichen süchtig werden könnte, aber die paarmal, die ich in meiner Jugend kiffte, mir überhaupt keinen Spaß machten. Ich fand es abscheulich.

Ich mochte nicht, wie die Zeit sich verlangsamte, und ich dachte: »Ich muss jetzt aufstehen. Ich muss aufstehen und zwar bald. Vielleicht in zwölf Sekunden, vielleicht in siebenunddreißig«, während ich noch dalag, außer Kraft gesetzt, unfähig, mich zu bewegen. Und dann hörte ich einen Satz in meinem Kopf, und nachdem mehrere Stunden vergangen waren, dachte ich: »Habe ich das wirklich laut gesprochen, oder nur in meinem Kopf?« SCHRECKLICH, SCHRECKLICH, SCHRECKLICH!!! Ja, wahrscheinlich bin ich wegen dieser Erlebnisse nie nach Amsterdam gereist, weil ich insgeheim dachte, ich müsste haufenweise von dem Zeug rauchen.

Aber Amsterdam war ganz anders. Wir kamen am Sonntagabend an, und es regnete, was mich verwunderte, weil ich der Überzeugung anhing, dass es auf dem Kontinent nicht regnete.

Das Licht war sehr nordeuropäisch (dünn und klar, wie ich es liebe), und theoretisch wusste ich, dass es in Amsterdam Kanäle gibt, aber wenn man sie in Wirklichkeit sieht! So viele!

Und alles ist so hübsch und sauber und heil. Hunderte und Hunderte von schmalen Kaufmannshäusern aus dem achtzehnten Jahrhundert und Kopfsteinpflaster und Brücken und Straßenbahnen und Menschen auf Fahrrädern.

Ich musste arbeiten und hatte deshalb nicht viel Zeit für Besichtigungen, aber als ich am Montagabend fertig war, kaufte ich mir ein Schokoladenbrötchen und bestieg ein Boot, und weil ich nach den Interviews so erledigt war, empfand ich es als unglaublich angenehm, mich einfach zurückzulehnen und die schöne Stadt vorbeigleiten zu sehen.

Anscheinend gibt es ein Handtaschen-Museum! Ja! Ist das zu glauben? Doch leider hatte ich keine Zeit, es zu besuchen. Es gibt sehr viele Museen in Amsterdam, unter anderem das Van Gogh-Museum. Ich liebe seine Bilder, ich finde sie sehr aufwühlend. Vor unserer Reise hörten Er Selbst und ich uns im Netz an, wie man »Vincent Van Gogh« richtig ausspricht, und Mann!, das ist ganz schön schwierig. Man sagt es so: »Finchent Fen« – und dann kommt das richtig Schwierige: Man muss mit einem Husten sprechen: »Finchent Fen COUGH!«

Wir hatten keine Zeit für das Finchent Fen COUGH-Museum, das muss also bis zum nächsten Mal warten. Außerdem muss ich ein Geständnis machen. An unserem ersten Abend, als wir durch die Straßen irrten und versuchten, ein Gefühl für die Stadt zu bekommen, kamen wir an einem Schuhladen vorbei! Ja! Wie groß war die Wahrscheinlichkeit? Und da gab es die fantastischsten Schuhe, wie architektonische Gebilde. Aber das Geschäft – Jan Jansen – war geschlossen. Ich schrieb mir also den Namen auf und erwähnte ihn gegenüber einigen Journalisten, die mich interviewten, und sie sagten alle: »Er ist der berühmteste Schuhdesigner der Niederlande.«

Also ging ich am Mittwoch, kurz bevor es Zeit war, zum Flughafen zu fahren, zu dem Laden, fest davon überzeugt, dass sie sowieso nichts in meiner Größe haben würden, und so war es auch, aber es gab ein Paar eine Nummer größer, und die Verkäuferin stanzte zusätzliche Löcher in die Riemen und gab mir Gel-Einlagesohlen – umsonst –, und die Schuhe passen! Sie sind unglaublich schön und architektonisch. Er selbst behauptet, die Absätze seien wie ein Ausleger konstruiert.

Obwohl diese Schuhe gleichermaßen Kunst und Architektur sind, hatte ich bei ihrem Kauf Schuldgefühle (warum lebenslange Angewohnheiten ablegen?), denn eigentlich hatte ich gerade ein Paar Fitflops gekauft. Haben Sie davon schon gehört? Sie haben eine seltsam geformte Sohle, sodass man beim Gehen die Muskeln in Beinen und Gesäß trainiert, und am ersten Abend ging ich darin ins Kino, um den Eric Cantona-Film zu sehen (oh, wie ich ihn liebe), und am nächsten Morgen konnte ich kaum aufstehen, weil meine Muskeln so stark trainiert waren. Konnte ich ein Paar

Jan Jansen-Sandalen zusätzlich zu meinen Fitflops rechtfertigen? Also ... ich kam zu dem Schluss, dass sie sehr unterschiedliche Rollen in meinem Leben erfüllen.

mariankeyes.com, Juni 2009

Laos

Ich bin mit Ihm Selbst nach Laos geflogen (obwohl es in der Zeitung Lagos hieß und mit der ernsthaften Erklärung versehen war: »Keyes ist auch früher schon aus karitativen Gründen nach Afrika gereist.«) Aber nein, es war LAOS. Laos ist in Asien, es grenzt an Vietnam, China, Burma und Kambodscha, und auf der anderen Seite des Mekong liegt Thailand.

Bevor wir aufbrachen, wurde ich mehrmals gefragt: »Warum Laos? Was um Himmels willen ist gegen die Malediven einzuwenden?« Und ich hatte keine Antwort. Sehr wohl aber die unangenehme Vermutung, dass wenn ich auf einen Ort beschränkt wäre, wo es außer Sonnenbaden und exzessivem Trinken (beides keine Aktivitäten für mich) nichts zu tun gab, die unerträglichen Gefühle in meinem Solarplexus außer Kontrolle geraten würden.

Also ging es los nach Laos, während das Dach unseres Hauses abgehoben wurde und überall Gerüste mit Außengängen aufgebaut wurden, als wäre es ein Gefängnis, und alles, aber wirklich ALLES mit Staub bedeckt war: die Messer und Gabeln in den Schubladen, die Wattestäbchen in der Packung, die Backenzähne hinten in meinem Mund.

Ich muss jedoch einräumen, dass die Handwerker richtig nett sind – nicht wie früher, zu Zeiten des »Keltischen

Tigers«, als die Wirtschaft derartig boomte, dass ihnen ihre Arbeit herzlich gleichgültig war und es passieren konnte, dass sie mit der Leiter ein Stück von dem hundert Jahre alten Stuck abbrachen und dann mit einem Lachen sagten: »Ja, das war richtig alt, wie?«

GUT! Also Laos. Wir kommen da nie an, bei den ganzen Nebenbemerkungen. Jetzt aber: Lange Reise über Heathrow, Bangkok und dann Luang Prabang, die Hauptstadt des historischen Königreichs von Laos. Die Hitze war überwältigend. Mir bricht der Schweiß aus, wenn ich nur daran denke. Unvorstellbar feucht dazu. Sofort kräuselten sich meine Haare, als wäre ich Krusty der Clown.

Luang Prabang (im Weiteren LP genannt) hat in der Zeitschrift *Wanderlust*, die Er Selbst abonniert, zweimal hintereinander die Auszeichnung »Stadt des Jahres« gewonnen. Sie liegt am Mekong und ist sehr hübsch und voller Tempel mit Buddhas, und wir mussten sie alle besichtigen. (Meine persönliche Obergrenze für Tempelbesichtigungen ist einunddreißig, danach werde ich ungehalten, ja sogar taktlos.)

Es gibt nur wenige Autos, dafür aber Millionen von Mofas und Mopeds und Tuktuks (Autorikschas) und viele Restaurants mit Fusion-Küche. Aber so gut wie keine Geschäfte, alles wird an Ständen oder Hütten oder auf Märkten verkauft. Eine irgendwie unschuldige Stadt. Selbst auf dem Markt für Kunstgewerbe rief niemand: »Hier, hübsche Dame! Mache guten Preis für Sie!« Man sieht sich die Sachen an, die Händler gähnen, man wandert weiter, und es ist erstaunlich, dass überhaupt etwas verkauft wird. Kein Unternehmergeist. Lord Sugar würde sie ganz schön zusammenstauchen.

Wir waren drei Nächte dort, und jeden Abend versank die ganze Stadt (nein, es ist keine richtige Stadt, es ist eher wie Dún Laoghaire) in Dunkelheit, weil der Strom ausfiel – wir fanden das bezaubernd. Er Selbst konnte seine Stirnlampe tragen, was er sehr AUFREGEND fand.

Am nächsten Tag fuhren wir mit einem Wanderführer und einem Fahrer »raus«, und das Land kam uns tatsächlich wie unerforschtes Gebiet vor. Erschreckend schmale Straßen verliefen auf den Graten von Bergen mit steilen Abhängen, die, manchmal auf beiden Seiten, Hunderte von Metern in die Tiefe abfielen.

Wir hielten in einem Dorf der H'mong, und der Reiseführer bestand darauf, dass wir ein paar der Einwohner in ihren einfachen Behausungen besuchten, und ich bestand gleichermaßen darauf, dass wir das nicht tun würden, denn das habe ich früher schon gemacht, und anschließend war ich voller Hass auf mich selbst, und ich bin mir ziemlich sicher, dass die Einwohner mich ebenfalls hassten. Ich komme mir voyeuristisch und ausbeuterisch vor, und es ist mir peinlich, in ihre Privatsphäre einzudringen, außerdem muss man Small Talk machen, was ich verabscheue – ich muss mich nach ihrer Ziege erkundigen und fragen, wie oft sie sie melken, und ich muss ein Lachen hervorbringen, wenn der Hahn bei meinem Anblick ein entsetzlich kreischendes Geräusch macht.

Die Dorfbewohner interessieren sich nicht für mich. Einmal in Thailand versuchte ich, mit einer Frau ein Gespräch anzufangen, und sagte, meine Großmutter habe, genau wie sie, über offenem Feuer Wasser warm gemacht, und sie starrte mich an mit einem Blick, der bedeutete: »Was geht mich das an?«

Ich bin gern bereit, Geld zu geben, damit ich die Dorf-bewohner NICHT besuchen muss.

Nach ungefähr acht Stunden kamen wir in einer mittel-großen Stadt an, die Phonsavan hieß – eine lebendige Stadt mit vielen Märkten, wo ein reger Handel mit Blecheimern, Nylonunterwäsche und lebendigen Fledermäusen getrie-ben wurde (ich gestehe, dass ich mich noch nicht wieder von dem Anblick erholt habe).

Und dann! Passierte etwas Unglaubliches! Ich sah eine Schachtel mit BB Creme. ASIATISCHER BB Creme – also die beste, authentischste BB Creme überhaupt. Bis zu dem Zeitpunkt hatte ich auf die BB Creme von Estée Lauder ge-schworen, die ich ÄUSSERST zufriedenstellend finde und die meiner Haut guttut, aber auf Twitter sagen alle, dass die beste BB Creme die asiatische sei, und hier stand ich davor!

Ich stürzte mich darauf und zog sie zwischen den Fleder-mäusen und Eimern hervor, und die schlaue Standinhaberin musterte mich von oben bis unten und kam zu dem Schluss, dass ich zwei Pfund fünfzig bezahlen konnte. Offensicht-lich glaubte sie mich zu schröpfen, während ich überglück-lich war, und mein Reiseführer völlig perplex. »Was bewirkt sie?«, fragte er (wie jeder), und ich sagte: »Ich weiß es auch nicht, aber man muss sie haben, wenn man sich für Schön-heitspflege interessiert. Das BB bedeutet ›Blemish Balm‹ – Abdeckcreme –, und in jeder ordentlichen Make-up-Tasche gibt es eine Tube davon und … also! Ich weiß es auch nicht! Aber es ist was Gutes, und ich brauche es.«

Dann kam es mir in den Sinn, dass viele meiner Freun-de auch interessiert wären, eine authentische asiatische BB-Creme zu besitzen, und deshalb nahm ich mir ein kleines Projekt vor, dass ich in jeder Stadt, in der wir Halt machten, die Stände danach absuchen würde. (Es gibt nämlich keine Apotheken wie in der »entwickelten« Welt. Und die Stände sind mehr wie Basare, wo ein Stück Lux-Seife neben einer Schale mit Heuschrecken und einem Stapel Valium liegt, und man kann alles nach dem Pick'n'mix-Prinzip kaufen – so verlockend es auch war, ich widerstand. Ich bin so schon schlimm genug.)

An dem Abend nächtigten wir in einem Hotel, das bis unters Dach voll war mit lauten Männern, die von ihrer »Dienstreise« sprachen und aussahen, als wären sie noch im Vietnamkrieg. Bürstenschnitt und Tarnkleidung und andere Dummheiten. Irgendwann ging uns auf, dass ihre Aufgabe die Entfernung von Landminen war – Laos ist das Land, das am meisten bombardiert wurde. Während des Vietnamkriegs wurden mehr Bomben von den US-Streitkräften auf Laos abgeworfen (obwohl die USA nicht mit Laos im Krieg waren) als auf Europa im Zweiten Weltkrieg. Oft warfen die US-Bomber die Bomben ab, weil sie nicht alle ihre Ziele in Hanoi bombardieren konnten, aber nicht mit der ganzen Ladung zurückfliegen wollten – sie ließen die Bomben einfach fallen, als wäre Laos ein einziger großer Mülleimer.

Bis heute sind große Teile des Ackerlands in Laos unbebaubar, weil Bomben in der Erde vergraben sind, und diese freundlichen Männer auf Dienstreise waren dabei, die Bomben zu entfernen. Nach einer sehr seltsamen Mahlzeit, bei der wir fast alles auf der Speisekarte nicht bestellen konnten, gingen wir auf unser Zimmer, und dann fiel der Strom aus. Also gingen wir mit der Kopflampe von Ihm Selbst raus.

Am nächsten Tag fuhren wir auf die Ebene der Tonkrüge, die ich, genau wie die BB-Creme, nicht richtig erklären kann. Es ist ein riesiges Gebiet, auf dem lauter … also …

Tonkrüge stehen. Enorm große Tonkrüge. Bis zu drei Meter hoch. Manche sagen, es seien Begräbnisurnen, andere sagen, es seien Aufbewahrungskrüge. Aber keiner weiß es. Trotzdem, es herrscht eine spezielle Atmosphäre, besonders auf den Feldern Nummer zwei und drei, wo wir keine anderen Menschen sahen.

Das ist das Besondere an Laos – es wirkt sehr unberührt und unverdorben, und die Menschen sind sehr unschuldig.

An dem Abend übernachteten wir in einer sehr einfachen Unterkunft, wo es offiziell keinen Strom gab, also nicht wie in den Hotels, wo es immer mal wieder Strom gab. Die Zimmer waren kleine Holzhütten, und es gab Fenster, aber keine Fensterscheiben, und wir waren nahe eines Flusses, der ein Zufluss zum Mekong war. Und im Allgemeinen bin ich nicht jemand, der mit »einfach« zufrieden ist – hauptsächlich, weil ich mich vor vielen Dingen fürchte, besonders vor Tieren, zum Beispiel Spinnen, Insekten und so weiter.

Aber wer weiß, was mich besessen hat, denn ich war sehr glücklich. Wir saßen vor der Hütte auf einer Holzbank und tranken Mango-Smoothies (vielmehr: Er Selbst trank ein Laos-Bier) und bewunderten den Fluss, und als wir ins Bett gingen, war über uns ein Moskitonetz gespannt, das mich, so glaubte ich fest, vor allen wilden Tieren schützen würde. Kurz bevor ich einschlief, legte ich meine Anti-Wahnsinn-Tabletten auf den Nachttisch, damit ich am Morgen leicht drankam.

Und als ich aufwachte, nach einem ausgezeichneten Nachtschlaf, waren sie alle gegessen? Ja! Meine Anti-Wahnsinn-Tabletten! Von Insekten oder anderen kleinen unbekannten Tieren! Die den ganzen Tag in SPITZENFORM gewesen sein mussten.

Laos ist also ein Land, in dem die Ameisen deine Anti-Wahnsinn-Tabletten essen, aber es ist ein sehr, sehr schönes Land.

mariankeyes.com, April 2012

Tagebuch der Antarktis

Hallo, willkommen bei MAD! (Marian's Antarctica Diary!)
Der Text ist lang und in Tagebuchform geschrieben. Das
sage ich nur, damit Sie sich darauf einrichten können.

ERSTER TAG

Grüße aus Heathrow, wo ich das reine Nervenwrack bin! So
ist es! Der Flug aus Dublin hat zweieinhalb Stunden Verspätung, weshalb mir jetzt bis zu meinem Flug nach Buenos Aires nur noch ein Puffer von zweieinhalb Stunden
bleibt, und ich habe ECHTE ANGST, die sich auf EMPIRI-
SCHE FAKTEN und ERFAHRUNGEN DER VERGANGEN-
HEIT gründet, dass mein Koffer es nicht nach Argentinien
schafft und ich in der Antarktis ohne folgende Dinge sein
werde:

1. Thermokleidung
2. Meine Anti-Wahnsinn-Tabletten

So überzeugt bin ich, dass dies geschehen wird, dass ich
mir ein Heft und drei (3) Stifte bei WHSmith gekauft habe,
um eine Liste von den Dingen zu erstellen, die ich in Ushuaia besorgen muss (der südlichsten Stadt der Welt, aber
ganz und gar nicht – was Sie denken könnten, wenn Sie das
Wort »südlich« hören – heiß, sondern kalt, sehr, sehr kalt).

Wer mich kennt, weiß, dass mein Gepäck bei Flügen häufiger verloren geht, als dass es ankommt. Und in Heathrow umzusteigen ist praktisch eine Garantie dafür, dass zwar ich das Flugzeug erreiche, nicht aber mein Gepäck, und Sie werden natürlich denken, ich hätte inzwischen dazulernen und wenigstens ein paar Anti-Wahnsinn-Tabletten in mein Handgepäck stecken können, aber nein, habe ich nicht, und ich fange an mich zu fragen, ob ich vielleicht doch im Grunde Optimistin bin, obwohl ich mich mein Leben lang für eine Pessimistin gehalten habe, aber das Leben ist doch ein einziger langer Prozess der Selbsterkenntnis, richtig?

Er Selbst (Er Selbst ist nämlich mein Reisebegleiter) fragte einen »Mann« von British Airways, ob er uns etwas über den Verbleib unseres Gepäcks sagen könnte, und der »Mann« war hilfreich! Er ließ sich nicht hinreißen zu sagen, dass das Gepäck es ins Flugzeug schaffen würde, aber er konnte uns versichern, dass es Terminal 1 verlassen hatte und in Terminal 5 angekommen war.

(Eine kleine Nebenbemerkung zu British Airways: Früher nannte ich sie nur die »Arroganteste Fluglinie der Welt«, denn ich hatte das Gefühl, dass die Flugbegleiter in ihrer Ausbildung lernten, die Fluggäste im Stil von Mary Poppins zu behandeln: »Seien Sie barsch! Barsch und herablassend, kalt und, ja, ablehnend. Und lassen Sie es die Fluggäste spüren, wenn sie ihre Gesichter nicht gründlich gewaschen oder ihre Schuhe nicht ordentlich geputzt haben. Schimpfen Sie mit ihnen.«)

Ich habe meine Gründe für diese Einschätzung … *dunkles Murmeln* … Es begab sich nämlich einmal, als ich auf einem British Airways-Business-Class-Flug nicht neben Ihm Selbst saß, sondern neben einem stinkigen Mann (wahrscheinlich war er nicht stinkig, ich sage das einfach so), und es war ein Nachtflug, und die Nachtflugsitze sind wie zwei kleine Schoten, die sich umeinanderlegen, und es wäre ein bisschen so, als würden der Mann und ich zusammen schlafen, und Er Selbst war ganz hinten auf einem Platz neben einer Dame platziert, ich versuchte also eine Flugbegleiterin anzuhalten und sagte: »Miss, entschuldigen Sie bitte, Miss, aber kann ich bitte nicht neben dem stinkigen Mann schlafen und …« Und sie baute sich vor mir auf, groß und knochig, das Tuch unnormal ordentlich geknotet, und sagte: »Setzen Sie sich bitte hin!« Dann eilte sie davon und wies einen Mann zurecht, der sich die Schuhe ausgezogen hatte, und ich kam mir dumm und gescholten vor und besorgt, weil ich neben dem stinkigen Mann schlafen musste (der wahrscheinlich gar nicht stinkig war, wie gesagt, ich sage das nur so).

Aber das war vor langer Zeit! Ja! In einem anderen Leben, und jetzt habe ich ganz eindeutig den Eindruck, dass die Mitarbeiter bei British Airways »herzlicher« geworden sind. Und außerdem grolle ich nie lange, nein, das ist nicht meine Art, obwohl, vielleicht doch, aber dann sollte ich wohl nicht damit angeben.

Hier bin ich also und warte darauf, mein Flugzeug zu besteigen, und ich bin angespannt, so angespannt, dass ich eine Moshi-Monser-Zahnbürste gekauft und bei Harrods mit einer Alexander Wang-Handtasche in einem wunderhübschen hellen Blaugrünton geflirtet habe, und ich hätte sie gekauft, aber ich wusste, dass ich nicht bei klarem Verstand war, ich habe sogar zu Ihm Selbst gesagt: »Ich würde sie gern kaufen, aber ich bin nicht bei klarem Verstand. Ich will sechsunddreißig Stunden warten, mal gucken, ob ich sie dann auch noch haben will.« (Gerade habe ich bei Net-a-Porter geguckt, wo sie nicht zu finden ist, und ich überlege, ob ich vielleicht doch noch zu Harrods rennen und sie kaufen soll. Aber wozu, ich habe ja nichts, womit ich sie füllen kann, mein Gepäck ist ja »im Transit verloren gegangen«, was auch eine ziemlich gute Beschreibung meines Geisteszustands ist.)

Jedenfalls: Antarktis! Die Reaktionen der Leute, wenn ich von meiner bevorstehenden Antarktisreise erzählte, waren sehr lustig. Sie wogen einen Moment lang ab, dann zuckte blitzartig ein Ausdruck – Verwirrung-Ablehnung-Mitleid – über ihr Gesicht, und ich sah, wie sie dachten: »Ist sie verrückt? Wer reist schon in die Antarktis, wenn man nach Lanzarote fliegen kann?«

Eine Sekunde später rissen sie sich zusammen und sagten etwas übertrieben fröhlich: »Na, das wird ganz schön … kalt! Ja. Aber du siehst da bestimmt Eisbären?«

Und ich sagte: »Nein, Eisbären gibt es nur am Nordpol.« Und sie sagten: »Kommst du bis zum Nordpol?« Und ich sagte: »Nein, du Blödhammel, habe ich nicht gerade gesagt, dass ich das nicht tue?«

… Aber ich muss gehen, ich muss ins Flugzeug. Er Selbst ist angespannt.

ZWEITER TAG
Buenos Aires!

Der Flug dauerte vierzehn Stunden, wovor ich ein bisschen Angst hatte, weil ich dachte, ich könnte bei dem beschränkten Platz ein bisschen verrückt werden, aber es lief GUT, ich schlief die meiste Zeit und wachte in optimistischer Stimmung auf. Als wir ankamen, herrschte Streik – schließlich waren wir in Argentinien, und so demonstriert man hier seine Dankbarkeit für den Besuch. Der Flughafen war GESTOPFT voll, Horden von Menschen, die herumirrten und anstanden, um rausgelassen zu werden. (Es war wie damals, als die irischen Grenzbeamten streikten, man könnte auch sagen, sie arbeiteten »nach Vorschrift« und hielten jeden an und unterhielten sich zu lange, um den Ablauf zu verzögern; ich aber mochte den kleinen Schwatz, und ich bin mir sicher, dass Besucher, die in unser gesprächiges kleines Land kommen, auch ihre Freude daran fanden.)

Dann zur Gepäckausgabe, wo zu meiner AUSSERORDENTLICHEN Überraschung unser beider Koffer ankamen. Ich war so erleichtert, dass mir vielleicht eine kleine Träne aus dem Auge lief. Unsere Glückssträhne hielt an, denn als wir zur Passkontrolle kamen, kriegten ich und Er Selbst den argentinischsten aller Passkontrolleure. SEHR gut aussehend, ja offen gestanden so argentinisch aussehend, dass man denken konnte, er sei unmittelbar von einem Polo-Match gekommen und sein Pferd stehe gleich neben ihm und reiche ihm den Datumsstempel und so weiter. Man muss wirklich sagen, dass diese Argentinier ein sehr gut aussehendes Volk sind.

In Buenos Aires war ich vor langer Zeit schon einmal, vielleicht vor sieben Jahren, und daran erinnere ich mich noch: handgemachte Riesensmarties und blaue Metallicschuhe. Das war toll!

Aber diesmal war keine Zeit für hübsche blaue Metallicschuhe: Wir mussten zum Inlandflughafen, der eine Stunde Autofahrt entfernt ist, und ich sage Ihnen, man hätte denken können, wir wären in Chicago oder Melbourne oder ähnlichen Städten. Wohlhabend wirkende Gegenden. Parks und Bäume und Menschen beim Joggen, und ein Sport-Spielplatz, wo eine Reihe durchtrainierter Männer mit ihren Kindern Klimmzüge übten.

Und als wir ankamen, war der Flughafen ÜBERFÜLLT von Menschen. Außerdem war es heiß, und wir waren aus der Kälte gekommen und würden noch am selben Tag wieder in die Kälte fliegen, und ich war ein bisschen missgestimmt, was aber vermutlich mit verschiedenen Dingen zusammenhing, einschließlich der künstlichen Luft, die man im Flugzeug einatmet, und dem Gefühl, dass man sich im Transit befindet und (vorübergehend) kein Zuhause hat.

Es ist komisch, denn so dankbar ich auch bin, dass ich diese Reise, und auch alle anderen Reisen, unternehmen kann, bin ich vor der Abfahrt immer von einem überwältigenden Gefühl der Schwermut befallen. So war ich schon als Kind, ich wollte nicht von zu Hause weg, und das ließ erst nach, als ich die vielen Lesereisen machte, weil ich einfach in Bewegung bleiben musste. Aber in den letzten eher »schwierigen« Jahren kam es zurück, das Gefühl, und die ganze letzte Woche hoffte ich, dass etwas passieren würde und die Reise abgesagt werden müsste, aber nichts passierte, und es wird alles gut ausgehen.

Man würde ja auch denken, dass ich nicht immer in solche entlegenen Gegenden reisen müsste wie Laos oder die Wüste Atacama oder – richtig – die Antarktis. Aber mir ist klar geworden, dass mir solche extremen Orte gefallen: Eigentlich bin ich immer voller Anspannung oder schlicht voller Angstgefühle, aber wenn ich an diesen Orten eintreffe, die wie eine andere Welt und außergewöhnlich wirken, sind meine Gefühle plötzlich angemessen. Das ist die

Zeit, wenn mein Geisteszustand mit meiner Umgebung im Einklang steht, und ich »richtig« in der Welt bin: »Gefühle von Unbehagen? Genau so sollte es sein!«

Deshalb möchte ich nie wieder nach Italien. »Oh, die Kunst, die Schönheit, die Zypressen, die mittelalterlichen Städte, die jungen Männer, die jungen Frauen, die Schönheit, der blaue Himmel, die Berge der Toskana, die Schönheit, die Lederhandtaschen, die Schönheit, wie kann man da jemals unglücklich sein?« *Entschuldigendes Hüsteln.* »Tut mir leid, aber ich habe das Gefühl, hier in der Hölle zu sein. Ihr wart alle reizend, wirklich reizend, aber ich muss jetzt nach Hause.«

Gut, ich melde mich später wieder, mit den »ersten Eindrücken« von Ushuaia, dem Beagle-Kanal, der bitteren Kälte und so weiter.

19.00 Uhr
Wir kommen in Ushuaia an.
Die anderen Passagiere klatschen, als das Flugzeug landet,
was mir Sorgen bereitet ...!

Gut, hier sind meine ersten Eindrücke von Ushuaia. Vom Wind umtost, felsig, ein Triumph der Natur = Ushuaia. Die ganze Stadt sieht aus, als wäre sie aus Wellblech und Cornflakeskartons gebaut. Sie ist außergewöhnlich hässlich und gleichzeitig bewundernswert. Sie balanciert an einer Erdkante, und hinter ihr erhebt sich ein Massiv schwarz-weißer Berge, die nicht von dieser Welt zu sein scheinen, drohend aufragen und die Stadt ins Meer zu schieben scheinen. Es kommt mir vor wie ein kleiner Außenposten auf einem anderen Planeten.

Die Stadt sieht aus, als könnte sie in fünf Minuten ausgewischt werden, was offensichtlich nicht geschieht, denn sie ist immer noch da, trotz des starken Winds und der Eiseskälte. Die Straßen sind gestampfte Lehmwege, alle Autos sind schmutzig, und ihre Federung ist lediglich eine ferne Erinnerung, das sieht man auf den ersten Blick.

Aber es gibt auch unerwartete Anblicke von Schönheit: Überall sind Blumen – vielleicht Rittersporn? Lange, schlanke Blumen – Fingerhut?

Unser Hotel liegt am Stadtrand und bietet einen Blick auf den Beagle-Kanal, und auf der gegenüberliegenden Seite kann man immer und immer mehr der furchteinflößenden Berge sehen. Reihe um Reihe, die bis in die Ewigkeit reichen.

Das Hotel ist wunderbar mit viel Glas und Ausblicken. Mit uns treffen auch viele andere Gäste ein, ich vermute, dass sie mit uns auf dem Schiff sein werden, deshalb mustern Er Selbst und ich sie diskret, aber ich habe Ihm Selbst gesagt: »Vermeide unbedingt jeglichen Blickkontakt!« Wir sind zurückhaltende, friedliche Typen, denen Smalltalk schwerfällt.

P. S.: Ich habe die Alexander Wang-Handtasche ganz vergessen. Alles ist jetzt anders. Neue Perspektive. Genau.

DRITTER TAG
In Ushuaia!

Himmel. Was soll ich sagen? Würde ich hier leben, würde ich in null Komma nix in der Klappsmühle landen. Alles ist so kahl und freudlos und gottverlassen. Allerdings gibt es eine Anzahl von Kirchen, und ich finde immer, die florieren an Orten der Verzweiflung besonders. Es gibt zwei Schuhgeschäfte, in denen die Plateausohlenschuhe verkauft werden, die Ginger Spice vor neunundzwanzig Jahren trug, und es gibt 400 Souvenirläden, in denen es Pinguin-T-Shirts, Pinguin-Glaskugeln, Pinguin-Schnitzereien und Pinguin-Kuscheltiere zu kaufen gibt, und in den Schaufenstern führen statt Schaufensterpuppen Pinguine die Kleider vor (keine echten, versteht sich, aber mannshohe und mit überraschend düsterem Gesichtsausdruck)…

Ich kaufe jeden Scheiß, dafür bin ich bekannt, aber hier gab ich nach einer Weile auf. »Wenn ich noch einen Pinguin sehe«, sagte ich, »zerspringt mein Kopf.« Wir gingen also ins Hotel zurück und guckten die erste Episode von *The Good Wife*, die mir gefiel. Er Selbst sagte, es sei nicht schlecht gewesen, und ich sagte: »Es war besser als nicht schlecht.«

VIERTER TAG
Auf dem Schiff!

11.30 Uhr
Wir mussten um 10.00 Uhr aus unseren Zimmern im (schönen) Hotel auschecken, aber der Bus kommt erst um 15.00 Uhr, wir sitzen also alle in der Lobby und vermeiden jeglichen Blickkontakt. Alle haben diskrete Pflaster gegen Seekrankheit hinter den Ohren (außer mir, weil ich zu viele Anti-Wahnsinn-Medikamente nehme und mich lieber mit Kwells gegen Reiseübelkeit begnüge) und sind wacklig auf den Beinen und haben glasige Augen.

Bei unserem Orientierungstreffen gestern Abend habe ich die Passagierliste gesehen und festgestellt, dass ich die einzige Irin bin! Mindestens die Hälfte, wenn nicht zwei Drittel, sind aus den Vereinigten Staaten, viele aus Kanada und aus Großbritannien. Ein Pole, zwei Japaner, zwei Südafrikaner und ein Brasilianer. Ach ja, und zwei aus Taiwan!

13.29 Uhr
Ich esse ein Dulce de Leche-Eis und Er Selbst eine Dulce de Leche-Crème Brulée. Köstlich.

16.00 Uhr
Wir gehen an Bord! Ich bin so aufgeregt. Wir sind auf dem Weg zu den Pinguinen! Wir sind ungefähr hundertzwanzig Passagiere, die meisten scheinen der Baby-Boomer Generation anzugehören, aber es gibt ein paar Ausnahmen – drei asiatisch aussehende Hipster mit erstaunlichem Haar und coolen Brillen und grellen Neopren-T-Shirts, zum Beispiel.
Außerdem sind zwei australische Rucksacktypen dabei, die offenbar nur Geschichten zu bieten haben, wie sie »ausgenommen« wurden, als sie in São Paulo vier Dosen Bier kaufen wollten, oder »ausgenommen« wurden, als sie in Montevideo Geld gewechselt haben, oder »ausgenommen« wurden, als ihnen ihr Zelt über dem Kopf weggestohlen wurde, als sie in Lima in einem öffentlichen Park campierten. Sie scheinen vom Pech verfolgt, Gottes Hilfe mit ihnen!

17.00 Uhr
Orientierungstreffen in der Oceanic Lounge, wo wir die zwölf Mann starke Besatzung kennenlernen, die für die Exkursionen zuständig ist. Diese Männer, alle Wissenschaft-

ler – Geologen, Meeresbiologen, Wildhüter –, halten Vorträge und so, steuern außerdem die kleinen Zodiacs (die Schlauchboote, mit denen wir vom Schiff an Land gebracht werden) und sind allesamt fröhliche, begeisterte Männer und sehr reizend.

Sie geben sich große Mühe, uns zu versichern, dass die Überfahrt so reibungslos sein wird, wie das auf der Drakestraße nur möglich ist. Das Schiff werde den geschützte Beagle-Kanal gegen 23.00 Uhr verlassen und das offene Meer erreichen, aber tatsächlich werde es eine sehr ruhige Überfahrt.

19.00 Uhr
Dinner. Köstlich. Die beiden australischen Rucksacktouristen haben spitzgekriegt, dass die Kreuzfahrt *all inclusive* ist und sie so viel Bier trinken dürfen, wie sie wollen. Sie können es kaum fassen. Noch nie sind sie so sehr »nicht ausgenommen« worden! Ihre Freude ist – also – eine Freude!

20.45 Uhr – 21.45 Uhr
Wir sehen uns einen Film über die Antarktis an, wie kalt es da ist.

22.00 Uhr
Wir gehen ins Bett.

22.59 Uhr
Das Meer ist still wie ein Mühlenteich.

23.00 Uhr
Das Meer wird zur Achterbahn! Das Meer ist wild, die Wel-

len türmen sich auf, es scheint, dass das Schiff auf der Seite balanciert. So geht es die ganze Nacht. Ich schlucke mehrere Handvoll Kwells.

FÜNFTER TAG
Die »berüchtigte« Drakestraße!
Versehentlich sitze ich beim Frühstück neben einer Kreationistin!

Ich muss Ihnen erzählen, dass das Meer so wild war und das Schiff so geschaukelt hat, dass ich in die Dusche flog, als ich mir Socken anziehen wollte. Ich musste mich auf den Boden legen, um die Jeans anzuziehen. Und als ich in den Frühstücksraum kam, erklärten uns die Leute von der Besatzung, dies sei die ruhigste Überfahrt seit Menschengedenken.

Aber. Jetzt die Geschichte mit der Kreationistin. Im Speisesaal sind die Tische für sechs bis acht Personen gedeckt. Man holt sich also seine Speisen vom Buffet und setzt sich dann zu Leuten an einem Tisch und sagt dabei: »Dürfen wir uns zu Ihnen setzen?« Es gilt als schlechter Stil, einen »neuen« Tisch anzufangen, solange andere Tische noch nicht voll besetzt sind. Und natürlich muss man sich mit den Leuten unterhalten, an deren Tisch man sich gesetzt hat. Aber gestern Abend hatten Er Selbst und ich das Riesenglück, einen der wenigen Tische für zwei Personen zu ergattern (ich glaube, im ganzen Speisesaal gibt es nur drei Zweiertische). Wir mussten also nur miteinander reden, während an allen anderen Tischen das Kennenlernen weiterging. »Und woher kommen Sie?«, »Was machen Sie da?«, »Ist das ein Franchise?«, »Damit verdienen Sie wohl viel Geld, wie?« etc. etc.

Mir graut vor dem Moment, wenn ich gefragt werde, was ich »mache«, weil die Leute

a) fragen: »Dann habe ich schon von Ihnen gehört?«
b) von mir gehört haben und sagen: »Ich lese diesen Quatsch nicht.«
c) sagen: »Ah, ich habe eine tolle Idee für ein Buch!«
d) sagen: »Woher bekommen Sie Ihre Ideen?«
e) sagen: »Sind von Ihren Büchern welche verfilmt worden?«

Um eine dieser Situationen zu vermeiden, haben Er Selbst und ich verschiedene Deckgeschichten bereit. »Er Selbst hier hat eine Verletzung bei der Arbeit vorgetäuscht, und wir haben bei seinem Arbeitgeber eine fette Entschädigung ausgehandelt, von der wir jetzt leben – zeig dem Mann mal dein lahmes Bein«, ist in unseren Augen die beste Geschichte.

Jedenfalls, heute Morgen saß eine Frau allein beim Frühstück, und wir fragten sie, ob wir uns zu ihr setzen könnten, und sie sagte: »Natürlich. Mein Mann sitzt da drüben.« Und so war es, ihr Mann saß an einem anderen Tisch, an dem noch ein Platz frei war, und ich dachte: »Alles ein bisschen seltsam, aber jeder nach seiner Fasson.« Dann setzten sich zwei Männer von der Besatzung zu uns, zwei reizende Männer, die in Kontinentformation und Albatrosfedern und Ähnlichem promoviert hatten. Und wir unterhielten uns höflich über die Anden und wie sie vor 33 Millionen Jahren entstanden waren – Sie verstehen: nette, nicht-kontroverse Frühstücksunterhaltung, absolut angemessen für eine Kreuzfahrt in der Antarktis –, als plötzlich die Frau mit dem

Mann an einem anderen Tisch sprach: »Wir wollen nicht vergessen, dass die Erde erst fünftausend Jahre alt ist und das menschliche Leben im Nahen Osten entstand.«

Na! Zugegeben, ich hielt das für eine Art Witz! Aber dann sagte sie: »Alles Leben existiert dank Gott, dem Schöpfer.«

Sie meinte das ernst! Und wir waren alle sprachlos. Und ich dachte: »Warum kommen Sie dann auf eine Kreuzfahrt wie diese, Sie Übergeschnappte?«

Wir aßen schnell unseren Toast auf und entschuldigten uns.

Mein erstes Frühstück an Bord war nicht sehr erfolgreich.

Der restliche Tag

Das Wetter ist extrem hell, und die Sonne spendet Wärme, und das Wasser ist sehr blau. Aber das Meer ist rau und aufgewühlt, und viele der Passagiere scheinen seekrank zu sein.

Vor unserem Fenster sitzt ein riesiger Vogel und starrt zu uns herein. Er bleibt den ganzen Tag da sitzen, und Er Selbst sagt, es sei ein Albatros.

Sie müssen wissen, obwohl Er Selbst es leugnet, bis ihm die Luft ausgeht, interessiert er sich für Vögel. Zu Hause hat er eine Vogelfutterstation gebaut und ärgert sich, wenn die Tauben auf dem Dach sitzen und die kleineren Vögel vertreiben, und dann steht er am Fenster und sagt: »Ist das eine Ringeltaube? Sie hat eindeutig einen Ring um den Hals.« So redet er mit sich selbst.

Aber wenn ich zu ihm sage: »Du magst Vögel«, dann leugnet er es. Ich sage ihm, es sei keine Schande, aber er besteht darauf, dass Vögel ihn nicht interessieren. Ich glaube, er denkt, ich finde es langweilig, Vögel zu mögen. Oder »alt«.

SECHSTER TAG
Land in Sicht!
Buckelwale in Sicht!

10.30 Uhr

Eigentlich sollten wir erst morgen an Land gehen, aber auf Grund der »außerordentlich ruhigen Bedingungen« sind wir viel weiter gekommen als erwartet, sodass wir um 10.30 Uhr, als Er Selbst von der Geologie-Vorlesung zurückkam, etwas am Horizont entdeckten, das wir zunächst für Wolken hielten. Wir starrten und starrten, bis uns klar wurde, dass es Land war – die Südlichen Shetlandinseln. Und soeben wurde durchgesagt, dass wir schon heute Nachmittag von Bord gehen und unsere erste Expedition unternehmen werden.

Eilig gehe ich meine Expeditionskleidung durch: Ein Thermounterhemd, ein zweites Thermounterhemd, ein Fleece, ein Daunenparka, eine gelbe Wachsjacke, wie Bauarbeiter und Verkehrshelfer sie gern tragen, eine lange Thermounterhose, eine zweite Thermounterhose, Winterhosen, wasserdichte Überhosen, zwei Paar extradicke Kniestrümpfe, eine blaue Mütze, eine rosa Mütze, eine weiße Fellmütze, ein rosa Ohrenschützer, ein lila Rundschal, zwei Paar Thermohandschuhe und ein Paar weiße Fausthandschuhe, die wie Boxhandschuhe aussehen. Ich kann mich mit all den Sachen am Leib kaum aufrecht halten, aber dem Verlauten nach werde ich sie brauchen.

Das Land kommt auf uns zu geholpert. Große, drohende, steile Klippen und spitze, steinige Inseln, und Eisberge, die aussehen, als wären sie aus gefrorenen Marshmallows gemacht. Das Land kommt ziemlich schnell auf uns zu, was Ehrfurcht einflößend und auch beängstigend ist.

Hat jemand Lust, einen dystopischen Roman zu schreiben, der in der nahen Zukunft spielt und in dem die Weltmächte um den Besitz der Antarktis ringen, weil der Rest der Welt verbraucht ist? Ich könnte so etwas nicht schreiben, aber ich würde es gern lesen.

Und hier sind die Wale! Zwei Buckelwale, und gerade ertönt die Durchsage, dass wegen all der Dinge, die wir uns ansehen wollen, Lilianas Vortrag über Pinguine leider ausfallen muss.

Noch eine Durchsage: Die Stabilisierungsflossen werden eingefahren – also Vorsicht!

Pinguine!!!! Pinguine auf 1 Uhr! Die im offenen Meer schwimmen. Sie machen kleine geschwungene Sprünge wie Delfine. Und, meine Güte, gerade ist ein Eisberg mit lauter Zügelpinguinen drauf vorbeigesaust. Enormes Tempo hatten sie drauf. Es sieht aus, als würden sie den Eisberg fahren. Als wollten sie aus der Antarktis weg, und der Eisberg ist ihr Fluchtauto. »Immer schön den Fuß auf dem Gas, Patsy!« Halten sehr gut ihr Gleichgewicht. Und jetzt sind sie vorbei, aber eine ganze Reihe von ihnen schwimmen noch um das Schiff herum.

Er Selbst ist gerade hingepurzelt – muss mit den Stabilisierungsflossen zu tun haben –, aber er ist schon wieder auf den Füßen, ihm ist nichts passiert.

Alle zwanzig oder dreißig Sekunden taucht eine neue Gruppe Pinguine aus dem schwarzen Wasser auf, als würden sie eine Show für uns machen.

An Deck ist die Kälte phänomenal, aber einer der asiatischen Hipster trägt nur eine Shorts mit Paisleymuster und khaki-braune Crocs. Seine beiden Gefährten sind nicht zu sehen. Vielleicht sind sie in der Kabine und hören Musik oder drehen einen kleinen experimentellen Film oder richten ihr (offen gestanden supertolles) Haar.

Jetzt sind wir ganz nah am Meer, und das Wasser ist nicht richtig schwarz, sondern eher metallgrau, und die Eisberge sind nicht weiß, sondern hellgrün, ziemlich ähnlich wie der Farbton der Alexander Wang-Handtasche, die ich komplett vergessen habe.

12.30 Uhr

Und jetzt ertönt der Gong zum Lunch! Schnell!

13.45 Uhr

Wir haben beim Lunch mit einer reizenden Dame aus Südafrika und ihrer Nichte zusammengesessen, die beiden reisen zusammen. Wir haben nett miteinander geplaudert, und niemand hat gefragt, was die anderen »machen«.

14.30 Uhr

Wir gehen von Bord und flitzen in einem der kleinen Zodiac-Boote übers Meer. Der Himmel ist blau und sonnig, und der Schnee auf den Bergen glitzert wie Silber.

Wir landen auf Half Moon Island, auf dem es vor Pinguinen nur so WIMMELT. Tausende und Abertausende, auf dem Strand und den Klippen. Sie verhalten sich eindeutig wie Pinguine – sie watscheln, sie hüpfen, sie rutschen auf dem Bauch den Hang hinunter und benutzen die Flügel wie Ruder. Sie sind zum Piepen komisch!

Sie haben süße rosa Füße und fürchten sich nicht im Geringsten vor uns Menschen: Sie kommen auf uns zu und schneiden uns den Weg ab und rennen voran, als hätten sie es eilig – als würden sie sich verspäten oder es wäre ihnen gerade eingefallen, dass sie das Bügeleisen nicht abgestellt haben. »Aus dem Weg, ich habe es ungeheuer eilig!«

Oben auf den Klippen tummeln sich die Baby-Pinguine, die überhaupt nicht wie ihre Eltern aussehen.

Und der Radau der erwachsenen Pinguine! Sie schreien einstimmig, als wäre es ein Fußballlied. »Luton are shit! Luton are shit! Luton are shit! Alle zusammen, Luton are shit!«

Sie recken die Hälse und werfen die Köpfe zurück und reißen die Schnäbel auf und heulen den Mond an, als wären sie von Sinnen.

19.30 Uhr

Dinner. Wir wissen über die anderen Passagiere jetzt etwas besser Bescheid. Die meisten sind aus den Vereinigten Staaten, wie ich schon sagte. Die drei asiatischen Hipster sind einfach UMWERFEND! Einer hat Haare wie Sideshow Bob von den Simpsons, und es sieht aus, als trüge er ein schwarzes Band genau über seinem Haaransatz. Der zweite hat eine kastanienrote Tolle, passend zu seinem Ziegenbart. Der dritte trägt eine überdimensionale Perspex-Brille, so eine, die man trägt, wenn man für Securicor arbeitet. *Die ganze Zeit* trägt wenigstens einer von ihnen ein Holzfällerhemd. Er Selbst sagt, dass sie vermutlich in Kürze auf einem Fixie-Bike in den Saal geradelt kommen. Wir können nicht herausbekommen, aus welchem Land sie sind, denn obwohl sie untereinander gesprächig sind, sind sie sonst eher still.

An Bord gibt es auch viele Alleinreisende, was ich äußerst bewundernswert finde. Viele junge Männer – ein paar Skandinavier, ein paar Amerikaner und Asiaten (darf ich hier Asiaten sagen, ohne jemandes Zorn zu erregen?), die sowohl Japaner als auch Koreaner als auch Taiwanesen sein könnten. Außerdem eine Reihe alleinreisender Frauen. Bisher habe ich eine Australierin und eine Französin identifiziert.

SIEBTER TAG
Deception Island!

Ein trüber, farbloser Tag. Wir legen an einer Insel an, auf der sich eine verlassene norwegische Walfangstation befindet. Und was soll ich sagen? Die Atmosphäre! Geisterhaft, verzaubert, seltsam und traurig, faszinierend und fabelhaft. Die Insel ist ein (noch aktiver) Vulkan, weshalb sie von Schwefellachen umgeben ist, von denen Dampf in die entsetzlich kalte Luft aufsteigt. Dieser Gestank! Mutter alles Göttlichen! Als lägen 40 000 mit hart gekochten Eiern belegte Sandwichs am Strand.

Ich bin begeistert, begeistert, so *begeistert*. Die Insel sollte Insel der Trostlosigkeit heißen. Wegen der Vulkanartigkeit ist der Sand schwarz. Alles hat die Farbe von Anthrazit in verschiedenen Abstufungen – dunkelgrau, hellgrau, mittelgrau.

Zwei hölzerne Fischerboote, deren Farbe zu Nichts ausgebleicht ist, liegen im schwarzen Sand und vermodern. Weiße Walknochen sind überall verstreut. Ein langes, niedriges Bauernhaus – einst das Zuhause der Norweger, arme Schweine – steht noch, aber das Dach ist eingestürzt. In der Nähe des Hauses erheben sich Steinhaufen, jeder mit einem Kreuz obenauf, auf dem norwegisch wirkende Namen stehen.

Es gibt eine Sammlung riesiger Metallfässer, die so aussehen wie das berühmte Museum in Bilbao, das Frank Gehry gebaut hat.

Er Selbst ist fühlbar verstört. »Das sieht alles ein bisschen postapokalyptisch aus, wie in den dystopischen Romanen, die du so gern liest.«

Ernsthaft, ich möchte inständig jemanden bitten, eine zehnteilige Serie über die postapokalyptische Welt zu machen, die man hier vorfindet. Und wenn es auf Schwedisch, Dänisch oder Norwegisch wäre, umso besser.

In diesem Teil der Insel gibt es nicht so viele Pinguine. Wir kommen an einer Vierergruppe vorbei, die in ein ernstes Gespräch vertieft sind. Drei watscheln plötzlich in das brodelnde Meer, der vierte bleibt störrisch am Ufer stehen. Einer der drei Pinguine kommt wieder aus dem Wasser und scheint auf den, der sich weigert, einzureden: »Willst du es nicht mal versuchen?«, scheint er zu sagen. »Komm schon, sonst sind die anderen traurig.«

Aber der vierte sagt: »Nein. Hör auf, mich zu bearbeiten. Ich bin einfach nicht in der Stimmung. Ich bleibe hier, vielen Dank.«

»Dann rutsch mir doch den Buckel runter«, sagt der dritte. »Du machst es für uns alle kaputt.« Und er geht wieder ins Wasser.

Die asiatischen Hipster sind wunderbar gewandet. Selbst ihre wasserdichten Hosen sind nicht einfach schwarz, wie die der anderen, sondern blau, rot, grün. Außerdem schmücken sie sich mit »interessantem« Zierrat, zum Beispiel trägt der mit der Securicor-Brille einen »ironischen« kleinen Stoffhund am Reißverschluss seines Rucksacks.

Sideshow Bob liegt bäuchlings auf dem Schnee und macht eine Nahaufnahme von irgendwas, und ich sage: »Schau, er instagrammiert den Fels zu Tode«. Und Er Selbst sagt: »Instagram? Von wegen! Er nutzt eine neue, fabelhafte Social Media-Sache, von der wir erst nächsten Juli erfahren.«

19.00 Uhr
Wir geben uns Mühe, ausnahmsweise einmal nicht die Ersten beim Essen zu sein. Allerdings sind wir mit dieser Idee nicht allein, wir geraten in einen regelrechten Ansturm auf den Speisesaal.

Wir sehen, dass der alleinreisende Asiate von den drei asiatischen Hipstern aufgenommen worden ist! Ich sage Ihnen, es würde Ihr Herz erfreuen. Da sitzen sie, die drei Hipster und der sehr gewöhnlich aussehende Mann, und erzählen sich und lachen lebhaft in ihrer gemeinsamen seltsamen Sprache.

Der Gesichtsausdruck des gewöhnlich aussehenden Mannes ist eine Freude! Er leuchtet wie ein Weihnachtsbaum, und man sieht seine Gedanken: »Ich *fasse* es nicht, dass diese Hipster sich mit mir anfreunden. Was für ein *Glück* ich habe! Ob sie wohl noch meine Freunde sind, wenn wir zurück in Japan / Korea / vielleicht Taiwan sind?«

Ich will Ihnen jetzt den Tagesablauf an Bord beschreiben. Bitte bedenken Sie, dass die Zeitangaben ungefähre sind.

7.30 Uhr: Wecken vom großen Gong eines ausgezeichneten Frühstücksbuffets.
9.30 Uhr: Man zieht sich alle wetterfeste Kleidung an und fährt mit einem Zodiac-Boot zu einer Insel mit Pinguinen oder Seelöwen oder anderen reizenden Dingen.

12.20 Uhr: Lunch auf dem Schiff.

14.30 Uhr: Eine weitere Expedition.

16.30 Uhr: Tee und Kuchen werden in der Bar serviert.

18.30 Uhr: Tagesrückblick und Ausblick auf die Pläne für den nächsten Tag. Dazu heiße Snacks.

19.00 Uhr: Ein fantastisches viergängiges Menü.

Nach dem Abendessen gibt es manchmal einen Vortrag über »Die Wunder der Antarktis«. Oder Ähnliches. Oder man kann in der Kajüte einen Film im Fernsehen sehen.

Eine Beobachtung am Rande: Die Passagiere erscheinen sehr pünktlich bei den Mahlzeiten, und die Snacks beim »Tagesrückblick« sind außerordentlich beliebt.

ACHTER TAG
Landmasse der Antarktis!
Ich wende mich gegen Argentinien!

7.30 Uhr

Wir wachen auf, und es schneit blizzardmäßig. Bisher hatten wir Glück mit dem Wetter, heute aber nicht. Ich beschließe, nicht an der morgendlichen Exkursion teilzunehmen, weil ich mir die Haare waschen will und nicht die Energie habe, beides zu tun. Man könnte denken, die extreme Kälte würde einen wacher machen und mit Energie füllen, aber das Gegenteil ist der Fall. Die zusätzliche Anstrengung, die der Körper unternehmen muss, um nicht auszukühlen, macht die Menschen chronisch müde.

Auch die Kleidung zum Schutz gegen die Kälte macht müde, weil sie so schwer ist; die Neoprenstiefel wiegen mehrere Kilo, so dass ein einzelner Schritt kolossal anstrengend ist.

Das Haarewaschen ist auch unter günstigen Umständen eine größere Operation, und hier ist es noch erschwert, weil aus der Dusche zwar manchmal heißes und manchmal eiskaltes Wasser fließt, aber immer nur in Form eines dünnen Rinnsals. (Nur die Dusche ist nicht de luxe auf dieser Reise, alles andere ist fantastisch und sehr bequem.) Mir ist zu kalt, als dass ich mir alle Sachen ausziehen kann, also wasche ich mir die Haare in meinen Neoprenstiefeln und meiner Wärmekleidung.

11.50 Uhr

Er Selbst kommt mit Fotos von jungen Pinguinen, die gerade geschlüpft sind, und mir ist schlecht vor Bedauern, dass ich nicht mitgekommen bin und mir stattdessen die Haare gewaschen habe.

12.30 Uhr

Der große Gong kündigt das Lunch an, und wir rennen los und stoßen an der Tür zum Speisesaal mit den anderen zusammen. Beim Lunch sitzen wir bei einem reizenden, frisch vermählten Paar am Tisch, und niemand fragt, was die anderen »machen«.

14.20 Uhr

Wir kommen in die Paradiesbucht, es hat aufgehört zu schneien, und die Sonne ist rausgekommen. Wieder einmal sind die Farben der Landschaft anders als alles andere, was wir gesehen haben. Das Meer ist wie geschmolzene Diamanten, alle silbergrau und kristallartig, fast wie Sirup, wie

Wasser mit Zucker. Es gibt Unmengen von Eisbergen; vielleicht liegt es an den schmelzenden Eisbergen, dass das Wasser so dickflüssig ist.

Plötzlich erscheint wie von Geisterhand ein Schiff aus dem Nichts. Es ist dunkelbraun, wie ein Schatten. Und es sieht nicht wie ein modernes Schiff aus, eher wie aus *Piraten der Karibik*, mit drei Masten, wie es sich für ein Geisterschiff gehört. Oder? Ich muss mich bei Ihm Selbst versichern, dass ich keine Halluzination habe.

Er bestätigt, dass auch er ein Schiff sieht, und sagt, es gebe in der Nähe eine argentinische Militärbasis, deshalb kommen wir zu dem Schluss, das Schiff habe etwas damit zu tun.

14.30 Uhr

Eine Durchsage! Die Argentinier wollen uns nicht an Land gehen lassen! Mistkerle! Wir stehen bereit, schwitzen in unseren achtzehn Lagen von Bekleidung, und warten auf weitere Anweisungen.

Eine zweite Durchsage! Die Argentinier werden uns *auf keinen Fall* an Land gehen lassen. Plan B: Wir machen mit den kleinen Zodiac-Booten eine Minikreuzfahrt.

Ich erhebe meine Faust gegen das argentinische Geisterschiff und rufe: »Buh, Argentinien!«

14.45 Uhr

Er Selbst und ich führen ein Gespräch, in dem wir die irische Version von dem nachmachen, was die Argentinier gesagt haben, als sie uns nicht an Land lassen wollten. »Ein Schiff, sagen Sie? Und Sie wollen hier anlegen? Ja, aber ich weiß nicht, ob ich das darf. Ich meine, es ist gegen die Vorschriften. Das tut mir sehr leid, wirklich. Es tut uns allen leid, aber es ist mehr, als unsere Arbeit wert ist. Ich muss jetzt gehen, denn meine Jungs und ich, wir legen uns jeden Nachmittag zwischen 14.30 Uhr und 17.00 Uhr hin. Völlig erschöpft sind wir. Wir bemerken nichts. Gar nichts. Na, dann viel Glück, und eine gute Reise, und von mir haben Sie das nicht gehört.«

15.15 Uhr
Als wir das kleine Zodiac-Boot für unsere Minikreuzfahrt besteigen, beklagt sich ein US-Mensch bitterlich über das argentinische Militär, und was für gemeine Hunde das seien, und ich sehe ihn an und merke, dass unwillkommene Wörter in meiner Kehle aufsteigen und rauswollen: »Nein, wirklich, das US-Militär würde sich doch niemals auf so hochfahrende Art verhalten!« Aber ich schlucke die Wörter runter und schlucke sie runter, und schließlich verschwinden sie.

15.30 Uhr
Die Sonne ist rausgekommen, und wir befinden uns auf einem großen Silbersee, umringt von weißen Bergen. Das Wasser ist blendend und sehr still, wie ein fleckiger Spiegel (aber schön). Eisberge sehen wie erstarrte Wellen aus, die durch die Oberfläche stoßen. Ich kann einige Formen ausmachen: ein riesiges Krokodil, eine Achterbahn, das Starship Enterprise, ein Softeis, einen Kamm, den königlichen Palast von Lhasa, einen Wasserski, das Schwanzende eines Wals, ein Gehirn, einen riesigen Amboss und ein weißes Cadbury Crunchie. Manche Eisberge sind weiß, andere sind von leuchtend blauer Farbe, als hätten sie Glühbirnen eingebaut.

Zeitweise habe ich das Gefühl, mich in einem großen modernen Museum zu befinden, in dem enorme Skulpturen aus weißem Glas oder weißem Marmor stehen.

Wir sind auf Wasserhöhe, wodurch alles von überraschender Unmittelbarkeit ist. Ich könnte aus dem Boot springen und auf einem Eisberg davonsegeln, wenn ich das wollte.

Hin und wieder sind tief dröhnende Geräusche zu hören – Eislawinen. Dann sehen wir, wie eine sich löst – ein riesiger Eisbrocken bricht von einem Eisberg und poltert ins Wasser –, und man erklärt uns, wir sollten uns auf eine große Welle gefasst machen, und ich bin sehr besorgt, ich könnte Wasser in mein schlimmes Ohr bekommen, und das muss ich um jeden Preis vermeiden. Zum Glück kommt die Welle nicht bis zu unserem Boot, und mein Ohr ist gerettet.

18.23 Uhr
Wir verlassen unsere Kajüte für unseren täglichen Tagesrückblick. Wir sind sieben Minuten zu früh, aber meine Gedanken sind schon bei den Snacks – schmackhafte Sachen, wie man sie zur Weihnachtszeit auch bei Marks & Spencer bekommt, zum Beispiel Cocktailwürstchen und winzige Zwiebel-Bhajis und Frühlingsrollen –, und ich möchte ganz vorn in der Schlange stehen.

18.24 Uhr
Vor uns stehen schon sechzig Passagiere an. »Also wirklich«, sage ich fast vorwurfsvoll, »man könnte denken, die Leute hier kriegen nie was zu essen.«

19.02 Uhr
Ich gebe meine antiargentinische Haltung offiziell auf. Das Leben ist zu lang.

20.16 Uhr

Er Selbst hat ein knallrotes Gesicht – er kriegt einen Sonnenbrand! In der Antarktis! Ich halte ihm einen ernsten Vortrag über die Verwendung von Sonnencreme. Sagen Sie mir, welches Problem haben Männer nur mit Sonnenschutzcreme? Sie tun so, als wäre das etwas für Mädchen und ein Zeichen von Schwäche.

21.00 Uhr

Er Selbst macht sich auf den Weg zu seiner Übernachtung im Freien auf dem Antarktischen Schelfeis. Ich sollte das auch machen – bevor wir zu Hause aufbrachen, hatte ich mich dazu gemeldet und schon meine Prahlerei vorbereitet: »Aber ja, ich habe draußen campiert, in der Antarktis. Kalt? Aber ja, entsetzlich kalt! Ich dachte, ich würde sterben. Aber dann habe ich meine Sinne nach innen gerichtet und in mir die Stärke dazu gefunden.«

Aber der vorbereitende Vortrag gestern hat mir schreckliche Angst eingejagt.

Dave, der Reiseführer, sagte Folgendes, worauf ich meine Entscheidung revidierte:

1. Man würde nicht aufs Schiff zurückkönnen, egal was. Wenn es jemand zu kalt und windig und lebensbedrohlich fand, dann war das PECH! Niemand könne vor dem Morgen wieder aufs Schiff.

2. Die Temperaturen gingen auf minus 10, vielleicht minus 15 Grad zurück.

3. Es wäre besser, wenn man nachts nicht Pipi machen müsste, weil man dazu aus seinem Schlafsack aussteigen und sich die schweren Stiefel sowie vier Lagen Hosen und mehrere Jacken anziehen müsste, und dann durch

Schnee und Wind stapfen müsste, um zu den improvisierten Aborten zu kommen. Da ich nachts ungefähr zwölfmal rausmuss, war das eine echte Sorge.

4. Das Wichtigste sei, dass man sich möglichst warm hielt, aber das sei schwierig.

Dann kam Kevin, auch ein Reiseführer, dazu und verteilte seine Ratschläge. Er sagte: »Das Wichtigste ist, warm zu bleiben, aber das ist sehr schwierig. Manche graben sich in den Schnee ein, aber wer das tut, soll anschließend das Loch wieder zumachen. Am besten, Sie trinken am Nachmittag nichts, denn es wäre besser, Sie müssten nachts nicht aufstehen, um Pipi zu machen, denn dabei könnte man kalt werden, und das Wichtigste, das *absolut Wichtigste* ist, warm zu bleiben, und das ist sehr schwierig.«

Dann kam Dave, der erste Reiseführer, zurück und sagte: »Noch eins. Sie könnten von einem Seeleoparden angegriffen werden. Und schließlich! Halten Sie sich warm! Aber das ist schwierig!«

Es ist zwar traurig, aber ich werde nicht mit meinem Survivalabenteuer auf dem Eis angeben können.

NEUNTER TAG

6.30 Uhr
Er Selbst wurde mir nach seiner Nacht auf dem Eis wiedergegeben. Er sagt, die Gruppe habe überwiegend aus Männern bestanden, deren Frauen eigentlich mitmachen wollten, es sich aber nach Daves und Kevins Angst einjagenden Vorträgen anders überlegt hatten. Offenbar hatte die Pipimach-Geschichte eine stark abschreckende Wirkung.

Jedenfalls, Er Selbst hatte eine geschützte Stelle für sich gefunden und eine kleine Eismauer um seinen Schlafsack gebaut. Aber da war ein junger Mann aus einem schneereichen skandinavischen Land gekommen – wir wollen ihn »Rolf aus Schweden« nennen, um seine Identität zu schützen –, und Er Selbst erzählte, dass Rolf sich eine Schaufel geben ließ und in einem Anfall von Aktivität ein sechs Fuß tiefes Loch grub, worauf die anderen ihn schalten, er würde sein eigenes Grab graben, aber Rolf nahm das gutmütig hin und sagte, er müsse sich betätigen. Dann grub Rolf einen Tunnel von seinem eisigen Loch zum Mittelpunkt des Lagers (wo auch die improvisierten Aborte waren). Dann grub er Verbindungskanäle von allen Schlafsäcken zum Zentrum. *Dann* musste ihm die Schaufel weggenommen werden. »Beruhige dich, Rolf, beruhige dich, oder wir müssen dich aufs Schiff zurückschicken.«

Allgemeine Informationen, die ich weitergeben möchte, die aber nicht an eine bestimmte Tageszeit gebunden sind.
Es gibt massenhaft zu essen, und wir sind dauernd müde und seltsam träge. Wir stehen auf, wenn man es uns sagt, und gehen zum Essen, wenn man es uns sagt, und nehmen an Informationstreffen teil, wenn man es uns sagt, und alles ist richtig gut. Ich fühle mich in meinem Kopf ganz gut. Ich bin öfter müde als sonst und kann besser schlafen als sonst, aber ich bin nicht an einem dunklen Ort, weit davon entfernt.

Am Anfang der Kreuzfahrt hatte man uns gesagt, dass wir jeden Tag mit einer Übermenge von sinnlichen Eindrücken konfrontiert würden, und das stimmt. Es ist einfach Wahnsinn, aus dem Fenster zu gucken und einen drei Meilen hohen schneeigen Everest-Zwilling zu sehen. Wahrscheinlich gibt es einen Moment, wo mein Verstand sagt: »Jetzt reicht es aber mit all dem unglaublichen Zeug, jetzt ziehen wir uns in einen Kokon zurück und bleiben da.«

Etwas anderes gefällt mir: Die Stimmung an Bord ist völlig unaufgeregt – niemand zieht sich zum Essen fein an oder kämmt sich die Haare. Seit Tagen habe ich kein Make-up mehr benutzt. Das Wichtigste ist, dass wir uns warm halten.

14.30 Uhr
Wir werden in Kürze in einem kleinen Ort anlegen, der Port Lockroy heißt. Aber während wir darauf zuhalten, weht der Wind mit ungefähr fünfzig Knoten. (Ich weiß nicht genau, was das heißt, aber das Schiff krängt erheblich, wenn es dadurch anschaulicher wird.) Und, du lieber Gott, Port Lockroy markiert ein neues Tief auf der Skala des Desolaten! Es ist ein winziger, grauer, vom Wind umtoster Felsen, auf dem eine schwarze Nissenhütte thront. Anscheinend leben vier Menschen hier (und betreiben irgendwelche wissenschaftlichen Untersuchungen), aber sie leben nicht *normal* hier, denn sie haben kein frisches Wasser und keine Waschmöglichkeiten, und sie müssen auf freundliche Schiffe warten, die sie an Bord lassen.

Hier sollen wir eigentlich unsere Postkarten zur Post geben und unsere Pässe stempeln lassen, aber wir haben soeben erfahren, dass der Wind zu stark ist und wir nicht ankern können. Aber eins der Zodiac-Boote flitzte übers Wasser und brachte einen der vier Leute mit, damit er uns etwas erzählt.

Wir wurden außerdem unterrichtet, dass wir eine Weile warten würden, um zu sehen, ob die Wetterbedingungen sich zum Besseren wandeln. Ich will versuchen, in Worte zu fassen, wie wunderbar die Reiseführer auf dem Schiff sind. Sie sind um unsere Sicherheit bemüht, was beruhigend ist, aber sie sind auch unglaublich erfinderisch und einfallsreich und können sich den extremen und ständig wechselnden Wetterbedingungen anpassen und tun alles dafür, um uns die bestmöglichen Erlebnisse zu bieten. Außerdem sind sie immerzu fröhlich, gut gelaunt, voller Informationen und lustig.

16.03 Uhr
Der Wind hat so weit nachgelassen, dass wir nach Port Lockroy übersetzen können, und das tun wir dann auch, in einem wendigen kleinen Zodiac!

Auf der Insel gibt es überall Eselspinguine, in jeder Ritze und auf jedem Felsen, und es gibt viele frisch geschlüpfte Junge, die von ihren Mamas gefüttert werden. Ich halte das nicht aus.

Es gibt sogar einen Geschenkladen! Und eine Post! Und ein Museum!

Und das Beste an dem Museum ist, dass es nicht wie ein Museum ist (also langweilig, aber ehrenwert), sondern wie ein Antarktishaus von »früher«, also vielleicht vor sechzig Jahren. Es gibt eine Küche mit – wie heißt das Muster aus roten und weißen Karos? Vichy, genau! – mit Vichy-Vorhängen.

Und Schränken voller Dosen, wie Sardinen und Kochschinken und anderen Esswaren. Außerdem Pulver für Vanillepudding und Mandelpudding! (Mandelpudding! Wir rufen eine Kampagne zur Wiederbelebung von Mandelpudding aus.) Es gibt einen Herd, und darüber sind lange Unterhosen aufgehängt, aus einer Wolle, die sehr kratzig aussieht. Es gibt ein (entsetzlich kaltes) Wohnzimmer, einen Funkraum, eine Waschküche und ein Schlafzimmer mit sehr schmalen Stockbetten und – ja! – Bildern an den Wänden von Frauen mit extrem großen Brüsten.

Auf der Post geben wir unsere Postkarten auf und kaufen Souvenirs.

18.19 Uhr
Wieder auf dem Schiff. Er Selbst hat mir gerade über die Schulter geguckt, um zu sehen, was ich tue, und sagt dann mit tragender Stimme: »Neunter Tag, und die Pinguine wurden rastlos …«

19.36 Uhr
Beim Dinner starrt Er Selbst unentwegt zu einem anderen Tisch hinüber. Dann sagt er: »Hat unser Freund was mit seinen Haaren gemacht?«

»Wer?«

»Der gewöhnlich aussehende Asiate. Der mit den Hipstern.«

Ich sehe hinüber. Tatsächlich. Das Haar des gewöhnlich aussehenden Mannes hat eindeutig etwas von einer Tolle.

Außerdem … Er Selbst und ich sagen es wie aus einem Mund: »Er trägt ein Holzfällerhemd!«

20.04 Uhr
Er Selbst meint, er habe ein Geständnis zu machen. »Ich habe das noch nie gemacht«, sagte er. »Ich weiß nicht, was über mich gekommen ist, und ich bin mir sicher, es passiert nicht wieder, aber …«

»Ja?«

»... aber ...«

»SAG ES MIR, UM GOTTES WILLEN!«

»Ich habe heute ... etwas ... in einem Vogelbuch nach-geschlagen ...«

»Grundgütiger!«

»Ja, ich hatte einen Vogel gesehen, vor dem Fenster, und wollte wissen, was für einer es war, und bevor ich wusste, was geschah, habe ich es in einem Vogelbuch nachgesehen.«

»Mist«, sage ich. »Es ist schlimmer, als wir gedacht hat-ten.«

22.45 Uhr

Bevor wir uns schlafen legen, kommt Er Selbst auf das eng-lische Wort »glacier« für Gletscher zu sprechen: »Sagt man ›glassy-er‹ oder ›glay-shur‹?«

»›Glassy-er‹ natürlich«, sage ich. »Wie Fox's Glassy-er Mints. Oder Fox's Glassy-er Fruits.«

Nach einer Pause sagt er: »Typisch, dass du es mit Süßig-keiten vergleichst.«

Er hat gut reden, er mit seinen Vögeln.

ZEHNTER TAG
Tag der Inspiration!

Hört zu, Jungs, ihr braucht die dystopische Fernsehserie, die in der nahen Zukunft in der Antarktis spielt, nicht zu schreiben, ich glaube, ich kann das selbst! Ja!

Hier ist mein Vorschlag ... Wir schreiben das Jahr 2036, der Planet hat so gut wie keinen Treibstoff mehr, und der

Wettkampf mehrerer Nationen um die Antarktis hat begonnen. Die Vereinten Nationen haben einen offenen Krieg verhindern können, aber die Feindseligkeiten schwelen weiter.

Er Selbst und ich machen ein Brainstorming, um einen Titel zu finden. Ich bin für *Das tote Land,* und er sagt, das Wort »Eis« müsse im Titel vorkommen. Aber inzwischen hat er *Der Süden* vorgeschlagen, und ich stimme ihm zu, dass das eine nachhaltige Wirkung hat.

Okay!

Erste Szene
Prachtvolle Frau in schwarzem Zodiac-Boot auf einem stillen Meer voller Eisberge, umgeben von eisbedeckten Bergen. Sie trägt einen roten, wasserabweisenden Parka und eine große Sonnenbrille und dem Anschein nach kein Make-up, denn sie ist eine von den unerschrockenen Frauen, die sich mit dergleichen nicht abgeben, aber natürlich hat sie tolle Haut, und man kann erkennen, dass sie Sonnencreme trägt.

Ihr Haar ist lang und dunkel und dick und gelockt, und es kümmert sie nicht, wenn es sich kraust. Sie steuert ihr kleines Boot und beobachtet ein paar Pinguine, die wie Delfine herumspielen, und ein paar lahmarschige Seelöwen, die auf Eisschollen liegen. Sie lächelt, obwohl sie allein ist, und man sieht, dass sie »in ihrem Element« ist.

Plötzlich ist ein SEHR LAUTES Dröhnen zu hören, und ihre Miene wird besorgt. Sie überprüft ein paar Instrumente, und ihre Miene wird umso besorgter, aber sie fängt nicht an, mit sich selbst zu sprechen, wie Sandra Bullock in *Gravity,* was irritierend und unglaubhaft war. Dann holt sie ihr Walkie-Talkie hervor und sagt: »Camp South? Camp South? Hört ihr mich?«

Aber es ist nur ein Knistern zu hören.

Dann dreht sie sich um und sieht eine GIGANTISCHE Welle aus einer Meile Entfernung über das spiegelglatte Meer auf sich zukommen, und sie sieht ernsthaft schockiert aus und sagt: »Scheiße!«

Ende der Szene.

Neue Szene

In der Luft gefilmt, in schneller Bewegung, einem kleinen Propellerflugzeug folgend, das über riesige Eisschelfs und Schneeberge und eine Felsenkolonie lärmender Pinguine und silbriges Wasser fliegt, wo Wale und Seelöwen die Oberfläche durchbrechen. Das Flugzeug landet auf einer vereisten Piste, und ein UNGLAUBLICH ATTRAKTIVER Mann steigt aus und schwingt sich seine Tasche mit männlichem Elan über die Schulter.

Ich überlege, wer diesen unglaublich attraktiven Mann spielen soll. Ich habe Pasha oder Benedict Cumberbatch oder Tom Dunne in der Auswahl.

Aber nein, ich brauche Pasha für die russische Rolle in der Story, die erst einige Episoden später stattfindet, denn es gibt eine russische Basis, ebenso wie eine chinesische und eine skandinavische.

Also gut, Tom Dunne, der die Rolle von »Tom Dunne« spielt, mit schwingenden Hüften und bekleidet mit seinen Outdoor-Sachen und einer Sonnenbrille die Flugzeugtreppe hinuntergeht und die Basis betritt, wo er von Sawyer aus *Lost*, Sayid aus *Lost* und Freckles aus *Lost* begrüßt wird. (Ich habe nie richtig verwunden, dass *Lost* aufgehört hat.)

Tom Dunne: »He! Scheinen ja alle wieder versammelt zu sein.«

Sawyer (überrascht, aufgeschreckt): »Ich dachte, du hättest deinen letzten Winter hier hinter dir.«

Tom Dunne: »Hab's mir anders überlegt. Welches ist meine Pritsche?«

Er geht einen kurzen fensterlosen Flur mit Gewölbedecke entlang.

Sayid: »Du bist wieder da? Ich dachte ...?«

Tom Dunne (*lacht kurz und freudlos*): »Sie haben mich gehen lassen.«

Tom Dunne findet eine schmale, in die Wand gebaute Pritsche. Er beginnt, den Inhalt seiner Reisetasche in ein Metallschließfach zu räumen und stellt ein seltsames, futuristisch anmutendes, holografisches Foto auf die Ablage neben dem Bett. Sawyer und Sayid sprechen auf dem Flur.

Sawyer: »Sieht aus, als würdest du das Zimmer mit Psycho teilen. Na, dann viel Glück.«

Sayid: »Solange er die Finger von den Löffeln lässt.«

Neue Szene

Im Kontrollraum, wo eine Frau die Anzeigen und Monitore beobachtet. Ich habe beschlossen, dass ich diese Frau spielen werde. Auf dem Monitor sieht sie, wie Tom Dunne an der Pritsche seine Tasche auspackt.

Ich: »Oh nein, er ist wieder da ...«

Neue Szene

Gruppenansicht von ungefähr dreißig Menschen offensichtlich unterschiedlicher Nationalitäten, die zusammengekommen sind, um sich eine Ansprache des Basis-Kommandanten anzuhören, der von dem (wie immer) charismatischen, lustigen, freundlichen, weisen und schwedischen Krister Henriksson gespielt wird.

Die Kamera schweift über die Gesichter, die einen ernsten, aufmerksamen, begeisterten und etwas beklommenen Ausdruck haben. Dies sind einige der Darsteller: Zayn* von One Direction, Paul Hollywood, Claudia Winkleman, Leonard Cohen, Sarah Lund, José Mourinho, Michael Bublé, Dermot O'Leary, Cher, Graham Norton, Beth, zwei sehr kleine, rothaarige irische Brüder (die Roten), Kerry Washington, George Michael, Gianfranco Zola, meine Mammy, Cathy Kelly, Fran aus *Love / Hate*, Tommy aus *Love / Hate*, Judy McLoughlin, Fergal McLoughlin, Sali Hughes, Margaret Mountford, Posh Kate, Nile Rodgers, Angélique Kidjo. Louise Moore, JohnEamonChippyBill, India Knight, Mary Kennedy, Djocko Djokovic, Michelle Obama, Jean Byrne – das Wettermädchen, Jonathan Lloyd, alle Darsteller aus *1864*, Jojo Moyes, Zoë Ball. Und andere, die ich mag, die mir aber gerade nicht einfallen.

Krister Henriksson: »Wieder einmal herzlich willkommen beim Polarwinter! Die Menschen wissen nicht, wie oder warum wir uns das antun, aber in diesem Jahr ist unsere Anwesenheit wichtiger denn je. Blablabla …«

Neue Szene

Zurück im Kontrollraum. Ich habe die skandinavische Basis kontaktiert. Das Gesicht von Lars Mikkelsen erscheint auf dem Monitor. Wir lächeln uns warm zu. Wir sind »alte Freunde«.

---

* Inzwischen lehne ich Zayn ab und will ihn nicht mehr in meiner Show haben.

Ich: »Hier sind wir also wieder, Lars, wieder einmal ein Winter.«

Lars: »Das hat Krister schon gesagt. Das brauchst du nicht auch zu sagen. Halt die Dinge in Bewegung.«

Ich: »Ist in Ordnung. Hast du Kontakt zu der chinesischen Basis herstellen können?«

Lars: »Negativ.«

Ich: »Bei mir auch. Ein bisschen besorgniserregend, meinst du nicht, Lars?«

Lars: »Durchaus, Emka, aber es ist noch früh. Das ist erst die erste Episode.«

Ich: »Da hast du recht, Lars, es ist noch früh. Okay, *over and out*.«

Lars: »*Over and out*. Und Grüße von Phillip Christensen.«

Ich: »… Grüße zurück.«

Ich wende mich einigen Messungen zu und wirke überrascht. René, der Franzose, steht neben mir. (Er wird von Jérôme aus *The Returned* gespielt.)

Ich: »René, meine Messungen sind kompromittiert.« (Oder irgendein technischer Jargon.)

René: »Lass mich mal gucken. He, das ist komisch. Die Zahlen sinken. He, HK, sehen Sie sich das mal an.«

Der zweite Kommandant der Basis, HK – ein großer, freundlicher Mann, der von Ihm Selbst gespielt wird –, kommt und guckt René über die Schulter. HK betrachtet die Zahlen und wirkt schrecklich besorgt.

HK: »Übernehmen Sie, übernehmen Sie! Das ist keine Übung!«

Es gibt einen lauten Knall, die Wände erbeben, die Leute in der Begrüßungsversammlung wanken und fallen hin, das Licht flackert, erlöscht dann, alles ist dunkel.

Eine Stimme ertönt: »Ist das Ihre Hand, Mary Berry? Also, Sie schmutziges Luder!«

Außenaufnahme von igluförmiger, hell erleuchteter Basis, die dann in völlige Dunkelheit versinkt.

Die Credits.

Wie finden Sie das? Er Selbst und ich wollen das Nick Marston vorstellen, sobald wir aus dem eisigen Süden zurückgekehrt sind. Vielleicht ist es schon im Herbst im Fernsehen. Kommt ganz drauf an, ob Tom Dunne verfügbar ist.

Palmer Station!
Adeliepinguine!

10.30 Uhr
An einem blendend blauen Tag brechen wir in einem Zodiac nach Palmer Island auf, einer US-Forschungsstation.

Das Meer ist voller Eisbrocken, sodass es wirkt, als führen wir durch Slush-Puppie-Eisgetränk (mit Vanillegeschmack). Aber im Grunde haben wir großes Glück, weil die Insel bis vor Kurzem eingefroren war und niemand dort an Land gehen konnte. Und die Leute, die dort leben, konnten nicht weg. Das muss man sich mal vorstellen!

Gut, Palmer Station ist eine US-Forschungsstation mit vierundvierzig Mitarbeitern, die sich mit Krill und Ähnlichem befassen, und nur selten dürfen Schiffe dort anlegen, nur zehn pro Saison, und wir gehören zu den Glücklichen.

Die Gebäude sind aus Metall und ganz einfach, mit vielen Schildern, die mit Tesafilm an die Wände geklebt sind. Zum Beispiel: »Licht ausschalten«, oder: »Nicht mit dem Kopf

nach unten schlafen«, oder: »Quälen Sie nicht den Krill.«
Und Ähnliches mehr.

Vor der Reise habe ich ein Buch gelesen, es hieß *Antarktis*, und da wurde davon gesprochen, dass die Menschen hier manchmal ein bisschen den Verstand verlieren und ihren Kollegen einen Löffel ins Ohr zu stecken versuchen. (Sie werden sich erinnern, dass ich in dem Entwurf für meine Fernsehserie darauf Bezug genommen habe.) Aber der Anfall geht vorbei, und dann sind sie alle wieder gute Freunde. Bis zum nächsten Mal … Sie nennen es, »zu Toast werden«.

Ich wandere herum und gucke in Korridore und öffne Türen, die ich vielleicht nicht öffnen sollte, und mache mir überhaupt viele Notizen im Kopf für *Der Süden*.

Es gibt ein Sportstudio und Chocolate Brownies und einen Eimer voller Krills, antarktischer Krebse, der von allen fotografiert wird. (Ich selbst sehe nicht das Tolle daran.) Anscheinend gab es früher Haushunde hier, aber jetzt ist das nicht mehr erlaubt.

Wir fragten einen der Forscher, was er vermisst, und er sagte: »Frisches Gemüse«. Da sieht man mal wieder. Ich würde Twitter vermissen. Und den Fernseher.

14.45 Uhr

Nach dem Lunch machten wir uns auf den Weg zu einer Kolonie der Adeliepinguine auf einer anderen Insel. Kennen Sie Adeliepinguine überhaupt? Sie unterscheiden sich von den Eselpinguinen, den »klassischen« Pinguinen, dadurch, dass sie eine FABELHAFTE Frisur haben. So als hätten sie sich den Haaransatz abrasiert und dann den Rest toupiert, um die hochstehende Wirkung zu erzielen. So was von hipp, diese Pinguine.

Als wir uns dem Ufer näherten, sah ich ein Paar in der Ferne beim Steppen, aber als ich Ihn Selbst darauf aufmerksam machen wollte, hörten sie auf, steckten die Schwimmflossen in die Taschen und fingen an zu pfeifen.

Wir sahen jede Menge Junge, und die meisten waren so groß wie ihre Mütter, sahen aber wie eine andere Spezies aus: Sie waren rundlich und unbeholfen und trugen dem Anschein nach graue Mäntel aus Kunstfell. Sie waren so niedlich, wenn sie versuchten aufzustehen und dann flach aufs Gesicht fielen. Einer hatte gerade seine Schwimmflossen entdeckt und wedelte ausgelassen mit ihnen herum.

Die Eltern und Jungen standen in Gruppen zu etwa dreißig Tieren herum, aber hin und wieder lösten sich zwei bis drei der Pinguine von den anderen und watschelten im Höchsttempo davon und sahen von hinten aus wie alte Frauen mit schwarzen Kopftüchern und langen Jacken, die sich zur Messe verspätet hatten.

Und noch etwas – ab und zu hatten zwei von ihnen einen plötzlichen Einfall, streckten ihre Körper in die Länge, schlangen die Hälse umeinander und stießen laute Trompetenrufe in den Himmel, als wären sie komplett übergeschnappt und verrückt. Ein Paarungsritual? Oder einfach nur mal Dampf ablassen?

16.49 Uhr
Ich habe den Titel meiner dystopischen Fernsehserie geändert, jetzt heißt sie *Eisstarre*. Oder vielleicht *Eismenschen*. (Auch das war eine Idee von Ihm Selbst.)

17.42 Uhr
Ist das möglich, gerade wurde es mit großem Gong und per

Lautsprecher verkündet – eine Einladung zu einem Polarbad. Die Passagiere werden in ihrer Schwimmkleidung mit dem Zodiac-Boot rausgefahren und können vom Boot in das eisige Meer springen, und ich *werde da nicht mitmachen*. Mir ist das ganz egal. Ich brauche einmal nicht alles zu machen. Für mich ist das Leben schwierig genug, ohne dass ich auch noch in ein eisiges Meer springe. Er Selbst macht natürlich mit.

Und ich will noch nicht einmal zugucken. Mir kommt es grausam und schrecklich und furchtbar vor, und ich will einfach nur, dass es vorbei ist.

17.50 Uhr

Er Selbst sagt: »Du brauchst damit gar nichts zu tun zu haben.«

Ich sage: »Das werde ich auch nicht.«

Er sagt: »Du brauchst damit gar nichts zu tun zu haben.«

Ich sage: »Das werde ich auch nicht.«

Er sagt: »Habe ich Hausschuhe dabei?«

Ich sage: »Zieh doch Laufschuhe an.«

»Mit meinen Schwimmsachen?«

»Ja, mit deinen Schwimmsachen.«

»Hausschuhe wären besser.«

»Du hast keine Hausschuhe dabei.«

»Aber sie haben gesagt, man soll in Hausschuhen kommen.«

»Aber du hast keine Hausschuhe *dabei*.«

»Hilf mir, meine Hausschuhe zu suchen.«

»Da sind keine Hausschuhe! Da sind keine Hausschuhe! DA SIND KEINE HAUSSCHUHE!«

18.01 Uhr

Er ist weg. Um mich zu beruhigen, zähle ich jetzt meine Solpadeine.

18.13 Uhr

Er ist wieder da! Er gibt zu, dass es furchtbar kalt war. Er sagte, er sei »rein und wieder rausgesprungen«, aber der Holländer sei zu einem Eisberg geschwommen und hätte sich ein wenig aufgeplustert. Ich sagte: »Welcher Holländer?« Er sagte: »Kennst du den Holländer nicht?«

Weitere Neuigkeiten: Sein Glied ist »schlimm geschrumpft«, müsste aber mit der Zeit zu normaler Größe zurückkehren.

Noch weitere Neuigkeiten: Die Snacks à la Marks & Spencer seien schon angerichtet, aber mit Folie abgedeckt.

18.16 Uhr

Er sagt, niemand sei in Hausschuhen gekommen. Er sagt: »Ich glaube, es gab niemanden mit Hausschuhen.«

19.44 Uhr

Sideshow Bob ist nicht zum Essen gekommen! Er Selbst sagt, vielleicht hat er bei dem Polarschwimmen mitgemacht, und seine Frisur ist eingestürzt. Er Selbst sagt, der junge Mann musste vielleicht mit seiner Frisur den Arzt aufsuchen.

19.59 Uhr

Sideshow Bob kommt in den Speisesaal, und seine Frisur sieht frisch gemacht aus. Sie ist ungewöhnlich ananasartig und stachelig und beweglich. Er Selbst sagt, offensicht-

lich war der junge Mann beim Arzt, und der hat ihn »auf-
geputscht«.

20.45 Uhr

Nach dem Dinner gab es ein Schokoladenbuffet. Mit Scho-
koladenpinguinen! Und anderen Schokoladentieren! Und
dann! Als wir aufs Meer hinausblickten, zu dem seltsamen,
schönen Licht auf den Eisbergen, sahen wir acht Pinguine,
die auf uns zu schwammen und wie die Ankunft der Ka-
vallerie aussahen. Und dann!!! Ja! Drei Wale. Buckelwale. Mutter, Vater und ein Junges, sie kamen bis zum Schiff
geschwommen und blieben ziemlich lange an unserer Seite und machten das mit dem Blasloch, dann schlugen sie
alle, einer nach dem anderen, einen Bogen und zeigten uns
ihre Rückenflossen und dann, als wollten sie sich von uns
verabschieden, zeigten sie uns die Schwanzflossen und
verschwanden in der Tiefe und hinterließen drei Wasser-
kreise.

Ich habe nicht die Worte, um zu beschreiben, wie loh-
nend und bereichernd diese Reise ist. Als wäre ich trunken
vor Schönheit. Wohin ich den Blick wende, sehe ich die erstaunliche Erhabenheit der Natur. In diesem Moment gucke
ich aus dem Fenster und sehe einen Berg, der wie K2 aussieht. Und daneben ist noch einer, und noch einer, und es
gibt nichts, kein Zeichen, dass Menschen je existiert haben.
Alles ist still und in Ruhe; auch die Wolken stehen still. Es
ist so übernatürlich perfekt, dass es fast wie ein gemalter
Hintergrund aussieht.

Auch mein Geisteszustand ist wie verwandelt, seit ich
hier bin. Ich habe das Gefühl, verlangsamt worden zu sein,
als wäre mein Gehirn in ein Federbett gehüllt worden. Ich

habe buchstäblich vergessen, welcher Tag es ist. Als ob ich schon immer auf diesem Schiff gelebt hätte und für immer hierbliebe, und als ob alles, was ist, jetzt ist, aber auf eine leichte, lächelnde Weise, nicht finster und mit zusammengebissenen Zähnen, wie es so oft mit der Im-Moment-Leben-Haltung des Positiven Denkens einherzugehen scheint.

Nicht, dass ich die Kontrolle abgegeben hätte, aber ich brauche sie nicht, während ich mit offenem Mund immer aufs Neue auf atemberaubende Landschaften blicke.

Zu Hause finde ich die Tage viel zu lang. Eine halbe Stunde kann eine entsetzlich lange Zeit dauern. Aber hier ist die Zeit nichts. Ich habe haufenweise DVDs mitgebracht, habe aber nicht mehr geschafft als die erste Episode von *The Good Wife*. Ich lese fast nicht, und ich langweile mich nie, und ich werde selten von dieser Angst gepackt, bei der ich verzweifelt nach etwas suche, was mich beruhigen könnte.

Außerdem laufe ich halb verwildert herum. Ich benutze kein Make-up mehr, ich kämme mir nicht mehr die Haare, mein Gelish-Nagellack ist von mehreren Nägeln abgesplittert, und es ist überhaupt nicht wichtig, etwas dagegen zu tun.

Auf der ganzen Erde gibt es keinen Ort wie diesen. Nicht annähernd.

Was auch zu dem Gefühl beiträgt, dass mein Verstand sich wie eingehüllt in einen Kokon anfühlt, ist zweifellos die Liebenswürdigkeit der Besatzung. Jeder, von Iris am Empfang bis zu Joseph, der immer an meine Sprite Zero denkt, und Marvin, dem Klempner, der unsere Toiletten reparieren musste, sind sie warmherzig und behandeln mich mit einer großzügigen Geisteshaltung, die aufrichtig wirkt.

Ich mache mir oft Gedanken über wirtschaftliche Ungleichheit und darüber, dass Menschen, die so viel arbeiten müssen wie die Mitglieder einer Schiffsbesatzung etwa, sich über die reichen, verwöhnten westlichen Menschen ärgern, die sie versorgen. Aber hier scheint es anders zu sein. Mir scheint, dass jeder mit Stolz bestrebt ist, seine Arbeit ausgezeichnet zu verrichten, und wirklich möchte, dass unsere Reise ein großartiges Erlebnis ist. Und alle, die im Speisesaal arbeiten, scheinen (zu Recht) stolz auf das köstliche Essen und den umsichtigen Service zu sein, den sie uns bieten.

Was die zwölf Reiseführer angeht, so bin ich schwer beeindruckt, welche Mühe sie sich geben, unsere Reise zu einem vollen Erfolg zu machen. Und obwohl alles straff durchorganisiert ist, entsteht nie das Gefühl, dass die Reiseführer gereizt oder überanstrengt sind. Ihre Leidenschaft für die Antarktis scheint echt, und sie möchten, dass jeder Einzelne von uns das von der Reise hat, was er sich wünscht. Ich kann sie wirklich nicht genug rühmen.

ELFTER TAG
Überall Wale!
Ich habe Freunde gewonnen!

6.00 Uhr
Der große Gong weckt uns, dazu die Durchsage, dass ein Schwarm von ZWANZIG (20) Buckelwalen in der Nähe des Schiffes gesichtet worden sei. Wir steigen in unsere Thermowäsche und wattierten Jacken und andere wärmespendenden Sachen und rennen los. Wir schaffen es gerade noch, sie zu sehen, bevor sie uns die Schwanzflossen zeigen.

14.00 Uhr

Ich sehe eine Stunde lang vier Schwertwalen zu. Sie sind so wendig und anmutig und elegant in der riesigen Ausdehnung des dunkelblauen Meeres, und in mir ist es ganz friedlich.

Ich sollte vielleicht erwähnen, dass abgesehen von einem verschneiten Morgen das Wetter während der ganzen Reise hervorragend war. Sonnig, und der Himmel von einem herrlichen Blau. Ich habe kaum gefroren. Zugegeben, ich habe immer die ganzen Funktionsklamotten angezogen, aber trotzdem.

17.00 Uhr

Wir machen einen Ausflug mit dem Zodiac-Boot und fahren durch Felsenbögen und eine überwältigende und eigentümliche Landschaft. Das Boot springt durch die Wellen, und wir werden nass gespritzt, und Er Selbst sagt: »Das wird der Frisur von Sideshow Bob ganz schön übel mitspielen.«

Ich stimme ihm zu, aber mir ist bewusst, wie fabelhaft das für meine Fernsehserie ist – Zodiac-Boot braust durch enge Felsformationen und knapp unter felsigen Bögen hindurch und in Eishöhlen und blaue Eistunnel hinein. Ich sage Ihnen! Es wird ein Fall von »*Lost* trifft *James Bond* trifft einen kalten Ort«.

Und noch etwas kann ich über »meine« Show sagen: Die Hauptakteure haben aufregende und interessante Hintergrundgeschichten. Einschließlich – ja! –, dass sie gestorben sind.

Weitere Neuigkeiten

Er Selbst und ich haben uns mit anderen Passagieren angefreundet – einem Engländer, einer Schweizerin, einem Australier und einer Australierin. Ja! Ich wollte nichts darüber sagen, bis ich mir sicher war, dass es echt ist, aber es ist echt! Wir haben uns angewöhnt, bei den Mahlzeiten an einem Tisch zu sitzen, und sie sind eine lustige Gesellschaft, freundlich und richtig nett.

19.30 Uhr
Sideshow Bob erscheint im Speisesaal, sein Haar sieht ziemlich mitgenommen aus.

Ich habe Ihn Selbst gefragt, ob in *Eisstarre* die Menschen von den Toten zurückkommen, wie in *Lost*. Er sagt Nein. Aber insgeheim habe ich vor, mich gegen ihn zu wenden, und wenn wir in Harvey Weinsteins Büro in Los Angeles sitzen und unser Projekt vorstellen, werde ich das mit den Toten, die zurückkehren, einwerfen, und dann kann Er Selbst nichts machen! Hahahaha!

ZWÖLFTER TAG
Wir nehmen Kurs auf Zuhause!

Ja, das ist das Ende unserer Reise. Die Überfahrt nach Ushuaia dauert die nächsten zwei Tage. Ich bin ein bisschen traurig, aber es war eine unglaubliche Reise.

21.30 Uhr
… was soll ich sagen? Mir ist ein bisschen schlecht …

22.01 Uhr
Ja, eindeutig, mir ist schlecht.

22.11 Uhr
… Himmel, ich sterbe …

DREIZEHNTER TAG
In den »Klauen« der Drakestraße!

Das Meer ist wild, ungebärdig, und alle auf dem Schiff sind seekrank. Ich bleibe den Tag über im Bett, gehe nicht einmal zum Lunch. Er Selbst geht zu einem Vortrag nach unten und sagt, es waren nur fünfzehn Leute da, die meisten mit dem Kopf in einer Kotztüte.

18.03 Uhr
Das Schiff hat ruhigeres Wasser erreicht, und mir geht es so gut, dass ich mich »erheben« und zu unserem letzten Dinner gehen kann, das wir mit unseren neuen Freunden »einnehmen« werden.

19.11 Uhr
Beim Essen sehe ich mir meine Mitreisenden an …
… und dann waren es plötzlich vier – Hipsters, meine ich. Die Metamorphose des gewöhnlich aussehenden Asiaten ist vollzogen. Sein Haar, seine Kleidung, seine Brille, sein AL-LES. Er geht als voll geschlüpfter Hipster von Bord!

DRITTLETZTER TAG

7.00 Uhr
Wir erreichen den Hafen von Ushuaia und verlassen das

Schiff, und ich muss ein bisschen weinen, weil alles so wunderbar war. Aber vor allem habe ich unglaubliches Glück – es war die beste Reise meines Lebens!

Unser Flugzeug fliegt erst um ein Uhr, deswegen gehen wir – mit unseren vier neuen Freunden – ins Los Cauquenes, das schöne Hotel, wo wir die ersten beiden Nächte gewohnt haben. Wir sitzen bei Kaffee und freundlicher Unterhaltung zusammen, und um 11.30 Uhr brechen Er Selbst und ich zum Flughafen auf, um nach Buenos Aires zu fliegen, wo wir übernachten werden, weil wir für den heutigen Flug nach Heathrow zu spät dran sind.

Unser Flug hat Verspätung, aber das macht nichts. Als wir vor sieben Jahren in Argentinien waren, saßen wir acht Stunden im Flughafen El Calafate fest, wir sind also quitt. Schließlich kommt das Flugzeug, und wir fliegen los und machen eine kurze Zwischenlandung in einem Ort, der Trelew heißt, und die meisten Passagiere verlassen das Flugzeug, kommen aber nach fünf Minuten zurück und beschweren sich, dass dies NICHT Buenos Aires sei!

19.30 Uhr

Ich will Sie nicht mit den Einzelheiten von am Flughafen verlorenem Gepäck langweilen. Sie haben das zu oft von mir gehört, zu viele Male. Dann gehen wir ins Park Hyatt, wo wir erfahren, dass man uns ein Upgrade für die Presidential Suite gegeben hat. Meine Güte, mir fehlen die Worte! Es ist wunderschön und üppig und RIESIG! Wir haben ein Wohnzimmer, ein Speisezimmer, eine Küche und ZWEI (2) Badezimmer.

Wir haben keine Ahnung, warum wir das Upgrade bekommen haben. (Das ist keine Koketterie, alles ist im Namen von Ihm Selbst gebucht. Vielleicht ist Er Selbst hier berühmt …)

ZWEITLETZTER TAG

Als wir zum Flughafen fahren, mache ich eine Bemerkung über die breiten Straßen in Buenos Aires und sage, dass einige der Straßen so breit wie die O'Connell Street in Dublin sind, worauf Er Selbst sagt, manche seien sogar breiter als die O'Connell Street.

… aber das kann nicht wahr sein. Die O'Connell Street ist die breiteste Straße der Welt. Oder? (Da fällt mir die Reise vor sieben Jahren ein, als Eileen und ich in Brasilien waren und einen Flug über den Amazonas machten, und der Pilot sagte, der Amazonas sei der längste Fluss der Welt, und ich sagte: »Richtig, außer dem Shannon.« Und der Pilot, ein alter Stinkefuß, sagte: »Was reden Sie da?« Und ich sagte: »Der Amazonas ist zwar der längste Fluss der Welt. Aber außer dem Shannon. Der ist der *wahre* längste Fluss. Also ist der Amazonas der zweitlängste Fluss der Welt. Außer dem Dodder. Und vielleicht dem Dargle.« Und der Pilot war richtig verärgert. Er hat mich überhaupt nicht verstanden.)

11.10 Uhr
Bei der Passkontrolle spielen sie Tangomusik.
Das ist echt nicht gelogen.

LETZTER TAG
Heathrow!

Dann Dublin!

Wir sind zu Hause. Und hier endet Marians Tagebuch der Antarktis.

mariankeyes.com, Januar 2014

Werkverzeichnis der im Heyne Verlag von Marian Keyes erschienenen Titel

© Holger Jacoby

Über die Autorin

Werkverzeichnis

HEYNE❮

Die Autorin

Marian Keyes wurde 1963 als ältestes von fünf Kindern im irischen Limerick geboren. Sie wuchs in Dublin auf, wo sie auch Jura studierte. 1986 siedelte sie nach London über, hielt sich mit Gelegenheitsjobs über Wasser und machte einen Abschluss in Buchprüfung. 1993 begann sie zu schreiben, und als sie ihre Kurzgeschichten an einen Verlag schickte, behauptete sie, ihr erster Roman sei teilweise fertig. Als sich der Verlag interessiert zeigte, musste sie den Roman tatsächlich schreiben: So entstand *Wassermelone*. Dieser Roman wurde ebenso wie alle folgenden zum internationalen Bestseller. Marian Keyes lebt mit ihrem Ehemann in Dublin.

Pressestimmen

»Die Königin des modernen Frauenromans!«   *Hello*

»Eine einzigartige Erzählerin, die ihren Bestsellerstatus voll und ganz verdient hat.«   *Irish Independent*

»Marian Keyes ist einfach eine Klasse für sich! Was sie aufs Papier zaubert, wie sie den Leser zum Lachen, Träumen und Leiden bringt – mit so vielen guten Romanen! –, das ist in diesem Genre schon einmalig. Wer gern moderne Frauenliteratur liest, kommt an Marian Keyes nicht vorbei.«   *Bild*

»Erfrischend, überraschend und nie um einen Witz verlegen: Marian Keyes kennt die Frauen.«   *Für Sie*

Werkverzeichnis

1. Die Romane um die Walsh-Familie

Wenn das Leben aus den Fugen gerät, hilft nur noch die chaotische Familie Walsh

Wassermelone

Bis zu dem Tag, an dem ihre Tochter zur Welt kam, war Claires Leben eitel Sonnenschein (glaubt sie). Jetzt ist sie eine verlassene Mutter mit einem ständig schreienden Säugling und sieht dazu noch aus wie eine Wassermelone in Stiefeln (findet sie). Verzweifelt flüchtet sie zurück ins elterliche Heim und durchleidet dort die notwendigen Phasen der Trennung mit einer Intensität, die Außenstehende zum Wahnsinn  treiben kann (behauptet ihre Familie). Doch die Zeit heilt alle Wunden, und als Ehemann James plötzlich wieder vor der Tür steht, erwartet ihn eine Überraschung …

Rachel im Wunderland

Rachel hat ein Problem, aber keines, das sie sonderlich interessiert. Viel spannender sind schließlich das Großstadtleben, die vielen Partys und Luke, ihr neuer Freund. Dass sie nach einer heißen Nacht mit einer Überdosis Drogen im Krankenhaus landet, ist nicht mehr als ein peinlicher Unfall – denkt Rachel. Luke und ihre Dubliner Familie sehen das allerdings anders und schicken sie zur Erholung auf eine Gesundheits-
farm. Eine Reise mit vielen Überraschungen. Denn in »The Cloisters« gibt es keine Sauna, kein Fitness-Studio, keinen Whirlpool – aber vielleicht eine Lösung für Rachels Problem …

Auszeit für Engel

Eine Schachtel Schokotrüffel ist schuld daran, dass Maggie Walsh plötzlich vor den Trümmern ihrer Ehe steht. Als sie dann auch noch ihren Job verliert, lässt sie kurz entschlossen alles hinter sich. Bei ihrer Freundin Emily in Hollywood entdeckt sie, angeregt durch Sonne, Glamour und zahlreiche Martini-Cocktails, was das Leben sonst noch zu bieten hat.

Erdbeermond

Anna, die vierte der Walsh-Töchter, lässt sich nach einem schlimmen Auto-unfall im Kreise ihrer liebenswert-chaotischen Familie aufpäppeln. Vor-sichtig tastet sie sich in ihr früheres Leben in New York zurück – in einem anrührenden und zugleich urkomi-schen Par-Force-Ritt durch die Ver-rücktheiten des Alltags. Doch es gelingt ihr nicht recht. Denn davor muss sie sich noch dem großen Geheimnis in  ihrer Vergangenheit stellen. Eine erschütternde Enthüllung, zwei Geburten, eine merkwürdige Hochzeit und ein kleines Wunder später ist sie schon fast am Ziel …

Glücksfall

Für Helen Walsh kommt es knüppel-dick: Sie ist so knapp bei Kasse, dass sie ihre Wohnung räumen und wieder bei ihren Eltern, den berüchtigten Walshs, einziehen muss. So deprimiert, dass sie statt Möwen schon Aasgeier über der Tankstelle kreisen sieht. Und so ver-zweifelt, dass sie einen beruflichen Auf-trag ihres attraktiven Exfreundes an-nimmt. Doch dann erweist sich der Job, der als Höllenfahrt beginnt, unerwartet als Glücksfall …

2. Einzelromane

Lucy Sullivan wird heiraten

Mit absoluter Zielsicherheit gerät Lucy immer wieder an den Falschen. Auch der neue Lover scheint wieder ein absoluter Fehlgriff zu sein, obwohl doch eine Wahrsagerin ihr eine baldige Heirat prophezeit hat. Sollte sie sich geirrt haben? Aber manchmal liegt das Glück zum Greifen nah …

Pusteblume

Seit Kindertagen sind Tara, Katherine und Fintan eng befreundet. Mittlerweile haben sie die dreißig überschritten und teilen immer noch Freud und Leid. Während Tara dringend geheiratet werden möchte, hat Katherine mit Männern nichts am Hut. Dann erkrankt Fintan plötzlich schwer, und alle Lebensentwürfe erscheinen in neuem Licht.

Sushi für Anfänger

Lisa kann es nicht fassen. Anstatt in den aufregenden Wirbel New Yorks wird sie ins nasskalte Dublin geschickt, um dort eine Stelle als Chefredakteurin anzutreten. Wie soll sie dort, wo man ihrer Meinung nach weder von Mode noch von Lifestyle etwas versteht, ein erfolgreiches Frauenmagazin aufbauen? Lisa nimmt die Herausforderung an. Sie ist fest entschlossen, es den irischen Provinzlern so richtig zu zeigen. Doch  bald merkt sie, dass sie ihre neuen Kollegen gewaltig unterschätzt hat.

Neue Schuhe zum Dessert

Für Gemma Hogan kommt es knüppeldick: Ihr Vater lacht sich eine junge Geliebte an, und Gemma muss sich um ihre verzweifelte Mutter kümmern. Dabei hat sie selbst gerade erst ihre große Liebe verloren – ausgerechnet an ihre beste Freundin. In E-Mails an ihre Freundin Susan schreibt Gemma sich den Frust von der Seele. Doch dann leitet Susan die Briefe an eine Literaturagentin weiter, und plötzlich eröffnen sich ganz neue Möglichkeiten.

Märchenprinz

Lola scheint sich den Traummann gesichert zu haben: Paddy de Courcy ist charmant, mächtig und unglaublich gut aussehend. Und er gibt seine Verlobung bekannt! Nur leider mit einer anderen …

Lola ist am Boden zerstört. Sie zieht sich an die wilde irische Westküste zurück und trauert ausgiebig. Dann wird sie unvermutet von der Journalistin Grace aufgestöbert. Auch ihr wurde von Paddy übel mitgespielt. Sie braucht dringend Lolas Hilfe. Und konfrontiert sie mit einer schrecklichen Wahrheit.

Der hellste Stern am Himmel

Die Emotionen kochen hoch in der Dubliner Star Street 66: Katie aus dem dritten Stock glaubt nicht mehr so recht an ihre Beziehung zum BlackBerry-süchtigen Conall. Dafür geht ihr der attraktive Gärtner vom ersten Stock nicht mehr aus dem Sinn. Und auch Conall beginnt, sich für eine andere Hausbewohnerin zu interessieren … Matt und Maeve aus dem Erdgeschoss galten unterdessen als das perfekte Liebespaar, doch dann holt die Vergangenheit sie ein. Die Ereignisse spitzen sich zu, und was als heiterer Liebesreigen begann, droht in der Katastrophe zu enden.

Mittelgroßes Superglück

Um ein gutes Karma zu erlangen, lässt Stella einem protzigen Range Rover den Vortritt im Straßenverkehr. Es folgen: ein Unfall, Ehestreit und eine geheimnisvolle Krankheit, die Stella ein halbes Jahr lang komplett lähmt. Aber wie kann es sein, dass Stella nur wenig später eine glücklich verliebte Berühmtheit ist – und eine Neiderin hat, die ihr ihr Leben und ihre neue große Liebe stehlen will?

3. Kolumnenbände/Stories

Unter der Decke

»Wenn ich den Leuten erzähle, dass ich Schriftstellerin bin, stellen sie sich automatisch vor, mein Leben sei eine endlose Karussellfahrt, bestehend aus Limousinen, Fernsehauftritten, Hairstyling, hingebungsvollen Fans, hartnäckigen Verehrern und all dem Glitzerwelt-Brimborium, das einer öffentlichen Person zuteil wird«, schreibt Marian Keyes, und: »Es ist an der Zeit, Klartext zu reden«. Das tut sie denn auch: Sie  berichtet über all die Widrigkeiten und Freuden des Alltags, über Fahrstunden, Familienfeiern, Ferien mit Freund und andere Feuerproben. Über Schuhe, verlorenes Gepäck und endlose Diäten. Denn letztendlich ist Marian wie Sie und ich.

Pralinen im Bett

Bereits in ihrem Bestseller »Unter der Decke« gab Marian Keyes wunderbar witzige Einblicke in ihr Leben. Nun setzt sie nach und verrät alles über ihre ganz große Liebe – Prada –, über die irische Luftgitarrenmeisterschaft, die Tücken eines Urlaubs mit der Groß-familie Keyes, die bizarre Schönheit des Weihnachtsbingo und vieles mehr! Gleichzeitig legt sie erstmals auf Deutsch sämtliche sieben Kurzgeschichten vor, die sie je geschrieben hat.

4. Diverses

Glück ist backbar

Wie kommt die Bestsellerautorin Marian Keyes zum Backen? Während einer schweren persönlichen Krise entdeckt sie diese ganz neue, ungeahnte Leidenschaft, die ihr hilft, neuen Lebensmut zu finden. In diesem zauberhaften Backbuch präsentiert sie erstmals ihre Lieblingsrezepte: Chocolate Cheesecake Cupcakes, Pistazien-Macarons oder Mom's Apple Tart. Alle Rezepte sind auch für Anfänger leicht nachzubacken und machen garantiert glücklich.